盘口语言解密与实战

（第二版）

毕全红　著

地震出版社
Seismological Press

图书在版编目（CIP）数据

盘口语言解密与实战/毕全红著．—2版．—北京：地震出版社，2017.10

ISBN 978-7-5028-4795-1

Ⅰ.①盘…　Ⅱ.①毕…　Ⅲ.①股票交易－基本知识　Ⅳ.①F830.91

中国版本图书馆CIP数据核字（2016）第289052号

地震版　XM3890

盘口语言解密与实战（第二版）

毕全红　著

责任编辑：薛广盈　吴桂洪

责任校对：孔景宽

出版发行：地震出版社

北京市海淀区民族大学南路9号　　邮编：100081

发行部：68423031　68467993　　传真：88421706

门市部：68467991　　传真：68467991

总编室：68462709　68423029　　传真：68455221

证券图书事业部：68426052　68470332

http://www.dzpress.com.cn

E-mail：zqbj68426052@163.com

经销：全国各地新华书店

印刷：廊坊市华北石油华星印务有限公司

版（印）次：2017年10月第二版　2017年10月第五次印刷

开本：787×1092　1/16

字数：316千字

印张：15.25

书号：ISBN 978-7-5028-4795-1/F（5494）

定价：48.00元

谨以此书献给过去 18 年我作为交易员时的同人、股民朋友、师长，你们的交易技能、操作技巧给了我极大的帮助，这是我一生最大的财富。同时希望此书能够对众多的股票交易人员有所帮助。

前 言

盘口语言反映一切

20 多年来，中国的股市从无到有、从有到快速地发展壮大。中国股市从 8 只股票开始，到现在已经有包括 A 股、B 股、中小板、创业板四大体系近 3000 只股票。市场千变万化，影响股价波动的因素错综复杂，但是最终都会通过盘口语言表现出来。如国家政策、国际形势、各种利好利空消息、投资者的心理预期等。

作为一个股票投资者，无论你投资操作的时间长短、经验多少，他都要学习。从初期的 K 线、成交量、均线、指标到更高深的江恩理论、艾略特波浪理论。但是，从实战的交易结果看，大多数人实际上还是很不理想。亏损、套牢、焦虑一直在伴随你。

难道这种窘境就不能改变吗？当然不是。本人曾经也是一个普通的散户。自 1995～1998 年一直从事股票的操作，期间也是和其他股民朋友一样赚少亏多。但自从在上海长时间跟随恩师——机构泰斗盛宗元后才有了对股票操作、对主力的操盘细节产生常人所不能达到的认识。

我们进行交易的依据多数就是利用技术分析和基本面分析。没错，几乎人人都是如此。但是这种分析方法有很大的弊端，那就是严重的滞后。依据技术分析无非是从 K 线到 K 线组合、K 线组合到形态、形态到浪型、浪型到趋势。我们只有在趋势形成之后才敢于交易。殊不知，一旦进场，多数都是买在最高点而出现亏损。那么为什么会出现这样的情况呢？原因我在1998年到上海才找到，那就是我并没有注意K线形成之前的细节——挂单决定了分时成交，分时成交决定了分时波形走势，分时波形走势才决定了K线。大多数人都不会去关注分时图，也就是分时图盘口，所以造成我们对盘口细节的地方没有把握。主力是在建仓？出货？洗盘？全然不知。要想成为股市中的赢家，就必须能够读懂主力资金的语言，看懂主力行为背后的真实意图。笔者总结17年股票盘口操作的经验与技巧，希望读者朋友能够踏上成功的捷径。

《盘口语言解密与实战》首先讲解我们广大的投资者操作时为什么会经常犯错误，讲述我们经常运用技术分析来操作的劣势在哪里；第二章阐述盘口的重要性、什么是盘口、盘口的基础理论、怎么样看盘口和用盘口的细节来把握主力的操盘意图，抛开技术分析的理论用盘口来将买点和卖点如何把控，怎么样用挂单、量峰的关系来配合操作；第三章是本书的重点，讲述笔者是如何猎庄的方法（一个重要的进场模型——"15"模型）；第四章教会大家写操盘计划，并通过实战中的案例来讲述"15"模型的运用，这是为了便于读者朋友对"15"模型做更深入地理解和把控；第五章是笔者通过在实战中的每一笔交割单来讲笔者的买入和卖出的原因，其中的"黑天鹅事件"重庆啤酒的成功盈利并回避大风险的交易可以称为"绝杀"；第六章是实战中资金操作的比例和技巧；第七章是习题检验学习效果；最后一章是笔者的一点儿操作心得。总之，这本书是笔者近20年股票操作沉淀下来的心得，希望本书给朋友们以帮助，祝大家在未来的日子里财源广进，操作顺利，开心每一天。

毕全红

2013年2月于深圳

目 录

第一章 技术分析的弊端和技术骗线

第二章　盘　　口

第三章　盘口猎庄

第四章　怎样写操盘计划

第五章 实战操盘日志

第六章 资金操作规模管理模式

第七章 学习效果测试试卷

第八章 操作心得

第一章
技术分析的弊端和技术骗线

“不是我们无能，是主力太狡猾了。”从我国证券市场的建立到现在已经20多年了，我们的每一位投资者，在市场中都受过煎熬，亏损、套牢、抑郁长时期伴随。但是在主力面前我们就没有办法了吗？当然有。在市场中了解主力操作的每个动作非盘口莫属。当然，笔者并不是完全反对运用技术分析，在实战中适当地使用技术分析是必要的，但是要客观，必须配合盘口技术的掌握。

有人问笔者：请问毕老师技术分析是不是股票投资最好的分析途径？

笔者回答：当然不是。因为自从中国股市开市以来20多年的时间里，大多数投资者几乎全是以技术分析来引导操作的。技术分析的方法有K线理论、波浪理论、江恩理论、黄金分割率等等，但是这些理论掌握了就可以高枕无忧吗？回答当然不是。主力深深地知道这一点并利用技术做骗线让我们广大散户上当。

技术骗线的种类有多种，而主力常用的有两种：一是向上做假突破的技术骗线；二是向下做破位的技术骗线。

一、向上做假突破的技术骗线

主力在运作一只股票的过程中往往采取拉高出货的手法进行派发。而波段性的操作是主力常用手段，所谓波段性的操作就是指主力经过对股价连续多日的打压后，逢低吸纳低价的筹码，而后拉高股价，日K线图走势一般表现为上涨较为强劲。这种上涨从技术分析的角度会表现为：箱体突破、波浪理论的第5浪上升、放量攻击前期股价的高点。可是往往这些情况出现后股价不仅没有继续上涨，反而日后股价会连续快速下跌，这就是主力利用技术性的骗线吸引不明真相的投资者在高位进场，自己出货，达到赢取波段利润的目的。

这种突破就是向上的假突破。

我们来看这种情况的案例：

1. 方大集团（000055）2005 年 3 月 3 日至 4 月 28 日假突破

图 1—1 是方大集团（000055）2005 年 3 月 3 日至 4 月 28 日走势。读者朋友，你看完了这幅图，下面我们用技术分析一下方大集团的走势，然后请你在心里做个判断，方大集团后市是看涨还是看跌呢？

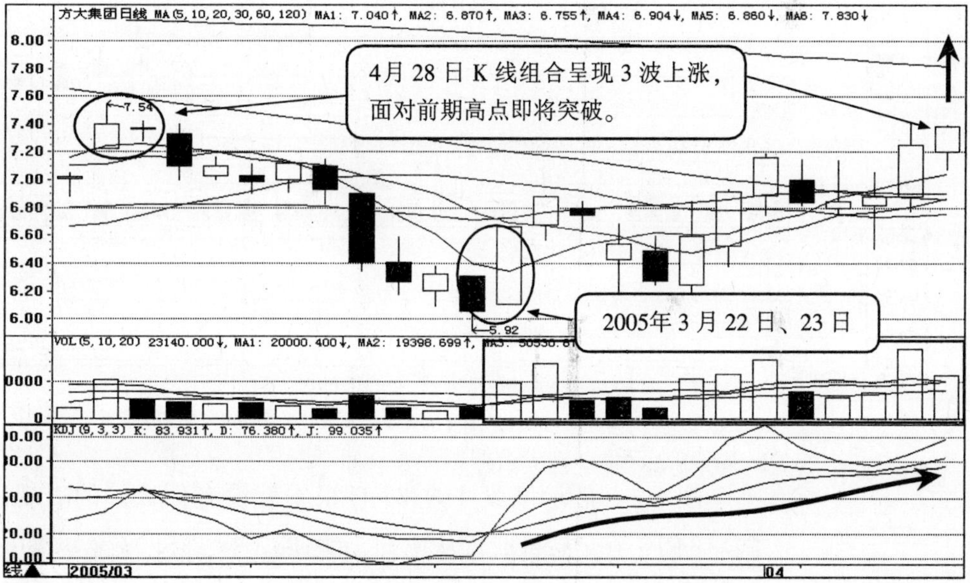

图 1—1

该股从 2005 年 3 月 23 日至 4 月 28 日日 K 线走势上很漂亮。走出连续 13 天震荡上涨的行情，也就是震荡攀升的第 5 浪，理论上应该后市很值得期待的。从当时的成交量情况分析：温和放量，量价配合很合理。

4 月 28 日的 K 线也明显要对前期高点的 K 线形成突破。KDJ 指标继续向上盘升。综合各种技术分析加上基本面分析，这只股票如果买进，那未来收益应该远远大于风险的。现在相信大家都做出了自己的判断，如果你是看涨，很遗憾，你看错了；如果你是看跌，那恭喜你，你看对了，逃过了一劫。下面由图 1—2 为我们揭开谜底。

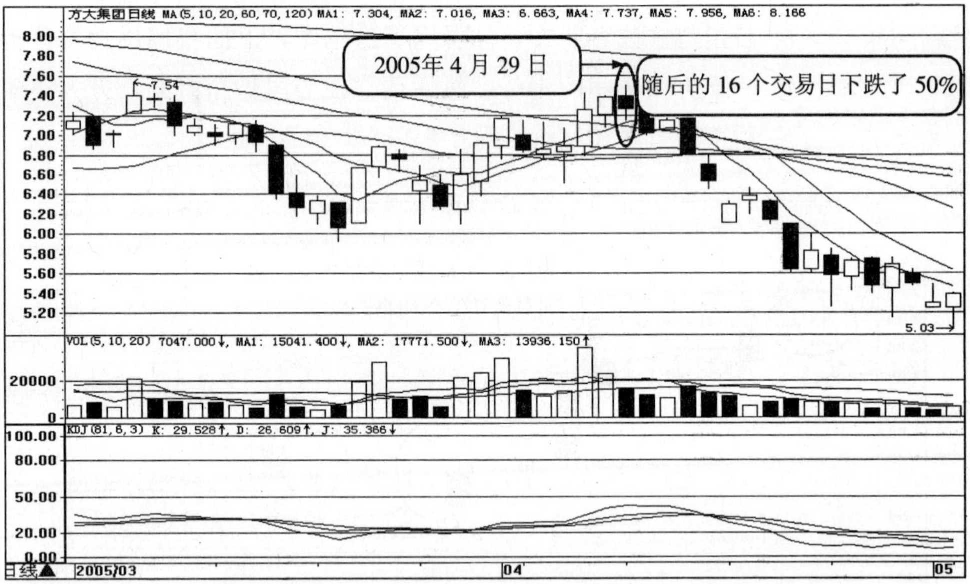

图 1—2

图 1—2 显示该股 4 月 29 日根本就没有什么好的表现。随后的 16 个交易日股价从 7.50 元一路下探到 5.03 元，途中也根本没有像样的反弹，不给买进的投资者反弹止损的机会，高位买进的投资者损失惨重。同期大盘还保持很强的上涨趋势，在这种情况下持有该股的多数投资者错以为这只是主力的洗盘而已，一旦洗盘结束，将来还是有机会的。实际上该股的主力在 4 月 28 日之前是故意做出漂亮的技术图形来骗取散户做多进场，而自己在有条不紊地完成派发。

警示：漂亮的蘑菇好看，但是小心有毒。

2. 国药一致（000028）2003 年 1 月 14 日至 4 月 28 日技术骗线

图 1—3 是国药一致 2003 年 1 月 14 日至 4 月 28 日走势。还是用老办法，你看完了这幅图，下面我们用技术分析一下一致药业的走势，然后请你在心里做个判断，一致药业后市是看涨还是看跌呢？

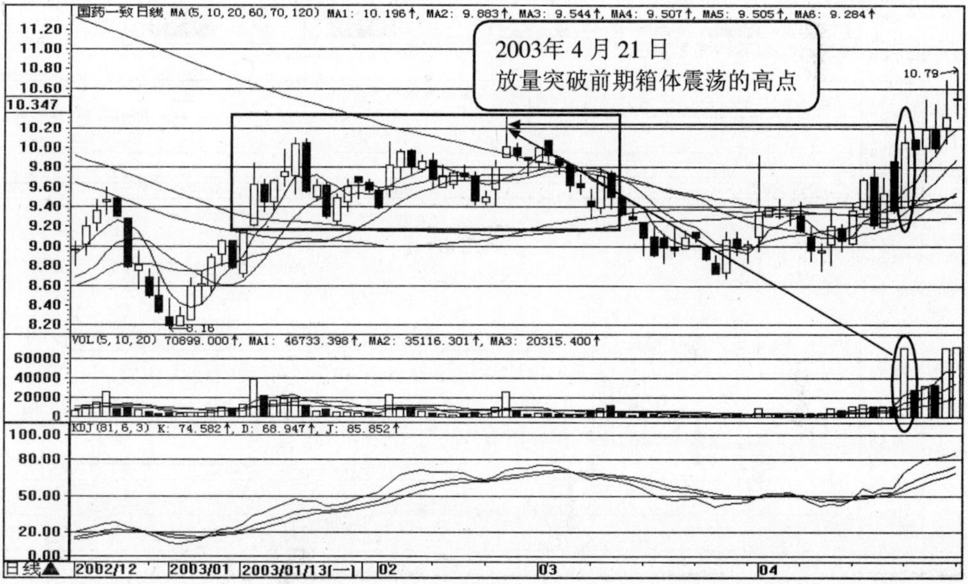

图 1—3

由于 2003 年 4 月 21 日这一天有利好的刺激，该股放量上攻拉出长阳线，对前期震荡箱体的高点产生突破的态势，之后几天股价果然突破了。而且股价连续 5 天就紧紧挨着 5 日均线继续上扬。

把 2003 年 4 月 15 日至 4 月 28 日的 K 线放大看一下。

图 1—4 放大后 K 线的走势很明显了，主力刻意采取这种阴阳交错很有规律的效果来告诉散户：上涨还会继续，而且

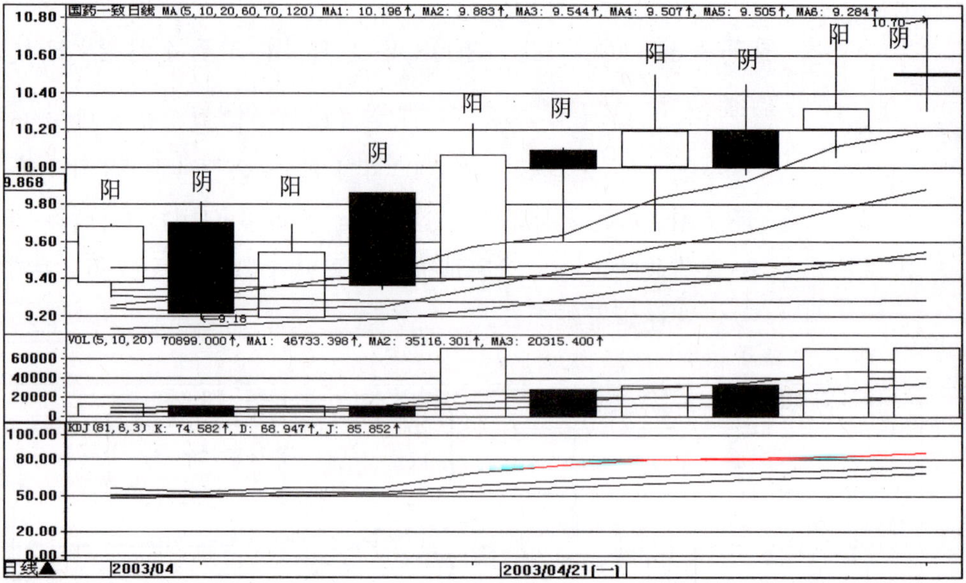

国药一致日线 MA(5,10,20,60,70,120) MA1: 10.196↑, MA2: 9.883↑, MA3: 9.544↑, MA4: 9.507↑, MA5: 9.505↑, MA6: 9.284↑
10.70
9.18
阳
阴
阳
阴
阳
阴
阳
阴
阳
阴
VOL(5,10,20) 70899.000↑, MA1: 46733.398↑, MA2: 35116.301↑, MA3: 20315.400↑
KDJ(81,6,3) K: 74.582↑, D: 68.947↑, J: 85.852↑
日线
2003/04
2003/04/21[一]

图 1—4

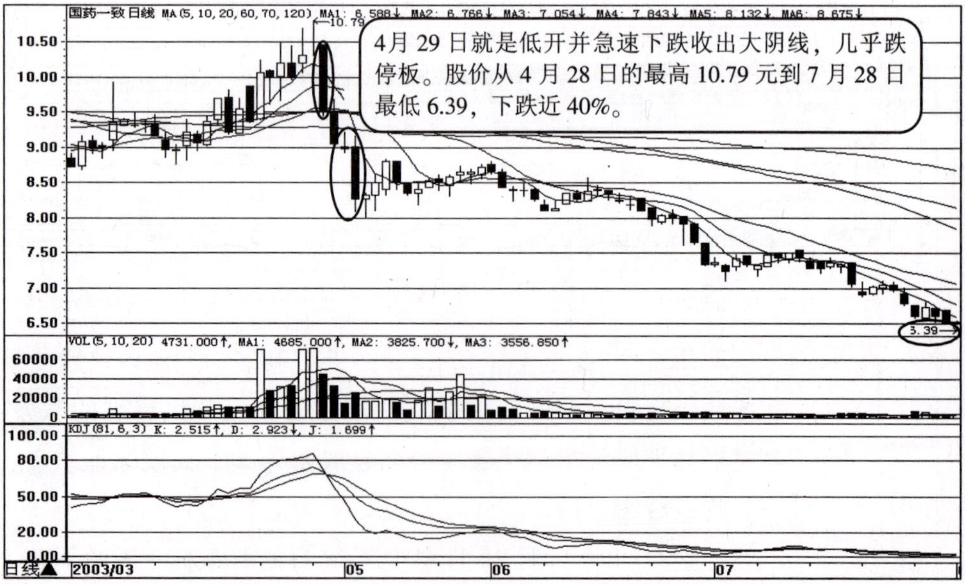

国药一致日线 MA(5,10,20,60,70,120) MA1: 6.588↓, MA2: 6.766↓, MA3: 7.054↓, MA4: 7.843↓, MA5: 8.132↓, MA6: 8.675↓
10.79
4月29日就是低开并急速下跌收出大阴线，几乎跌停板。股价从4月28日的最高10.79元到7月28日最低6.39，下跌近40%。
6.39
VOL(5,10,20) 4731.000↑, MA1: 4685.000↑, MA2: 3825.700↓, MA3: 3556.850↑
KDJ(81,6,3) K: 2.515↑, D: 2.923↓, J: 1.699↑
日线
2003/03
05
06
07

图 1—5

你们可以按照这种规律大胆地做高抛低吸。这是不是真的呢？现在相信大家都做出了自己的判断，如果你是看涨，很遗憾，你看错了；如果你是看跌，那恭喜你，你看对了，又逃过了一劫。下面由图1—5为我们揭开谜底。

4月29日就是低开并急速下跌收出大阴线，几乎跌停板。股价从4月28日的最高10.79元到7月28日最低6.39元，下跌近40%。

警示：股市里一旦规律形成，那就是主力给散户挖的深坑。

3. 招商地产（000024）2010年1月14日至4月2日假突破

图1—6是招商地产（000024）2010年1月14日至4月2日走势。如果你持有这只股票，你是继续持有还是在下一个交易日择机卖出呢？如果你没有这只股票，你会买进吗？

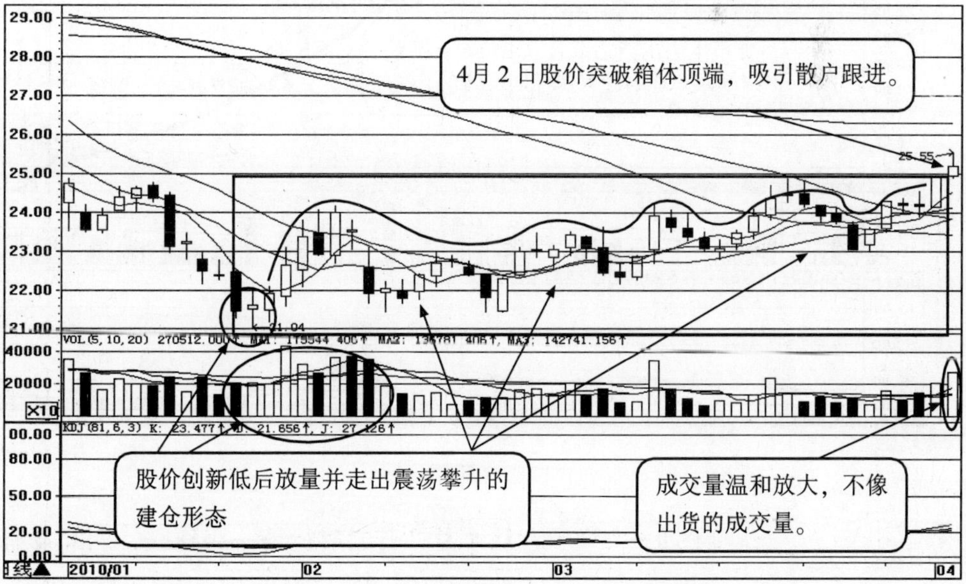

图1—6

2004 年 4 月 2 日的市场情况：盘面中地产板块引领大盘强势上涨，而招商地产又是这次地产股行情的龙头。由于它走势强劲，处于龙头地位，吸引了大量市场短线资金的关注。

盘面看股价一直走下降通道。到 2010 年 1 月 27 日股价创 21.04 元的新低，从这一天开始连续 6 天的放量上攻。而后震荡攀升走出进场吸货的箱体形态。在 4 月 2 日这一天突然高开突破箱顶，属温和放量突破长期的震荡箱体走势。现在相信大家都做出了自己的判断，如果你是选择了持有或买进，很遗憾，你看错了；如果你是选择了卖出或没买，那恭喜你，你看对了，又逃过了一劫。

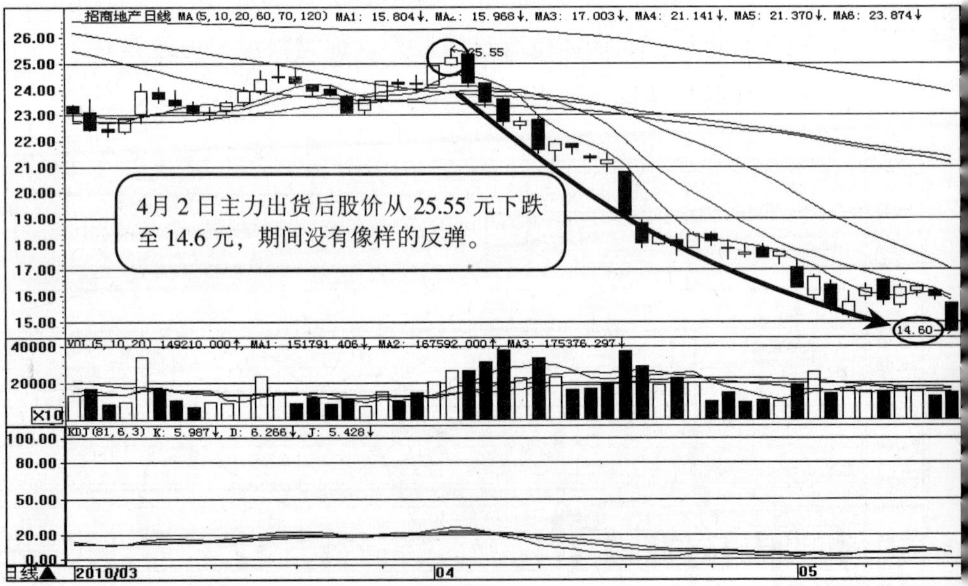

图 1—7

图 1—7 显示，从 4 月 2 日之后行情一路狂跌，期间没有一次像样的反弹，股价从 25.50 元附近一直跌倒 14.60 元，当然，这次假突破使得高位追进的投资者套牢，损失惨重。

警示：主力非常了解我们广大散户的操作心理：一旦突破技术分析关键压力位（箱体突破、前期高点、形态等等），我们必须要擦亮眼睛，仔细看懂盘口，分析是否是真突破。防止主力下套儿、害人。

4. *ST 国商（000056）2008 年 3 月 26 日至 6 月 11 日技术骗线

图 1—8 是*ST 国商（000056）2008 年 3 月 26 日至 6 月 11 日的走势。6 月 11 日*ST 国商收出一个带有下影线大阳线，这还是涨停板的大阳线。从趋势看，股价已经形成向上突破。依波浪理论分析：股价从前期的低点启动，走出标准的 5 浪上升态势，而第 4 浪洗盘结束后，6 月 11 日刚好拉出一个涨停板大阳线，可以完全确定上升的第 5 浪就开始了。

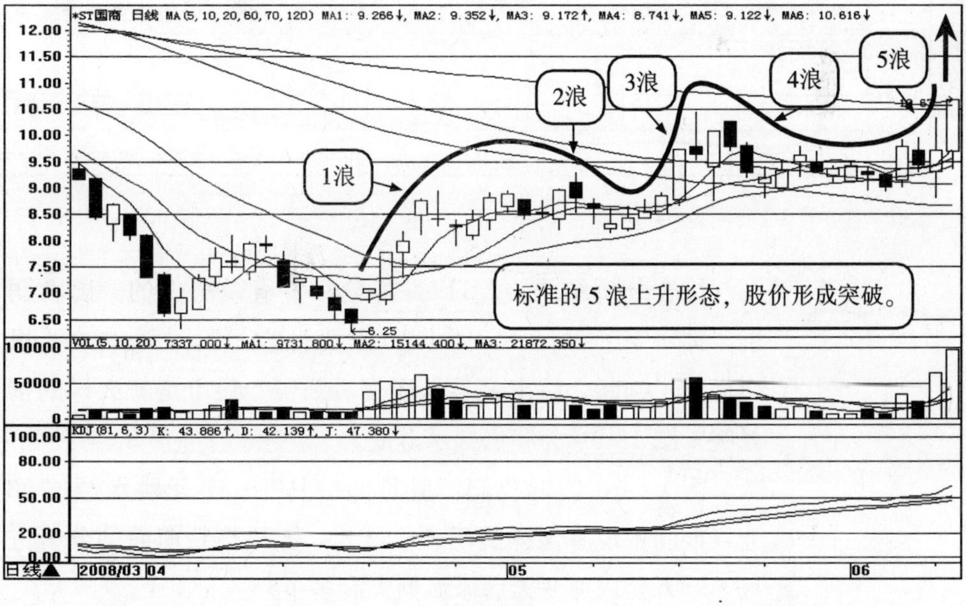

图 1—8

根据前面套牢盘情况看，如图1—9所示，6月11日是以涨停板形式上攻的，主力把昨日的阳线上影线和5月17日高位的K线上影线全部吃掉。也就是说，把前期的套牢盘全解套了，有经验的投资者都会认为：主力把很多套牢盘解套了，股价后期必然有更高的上涨空间。

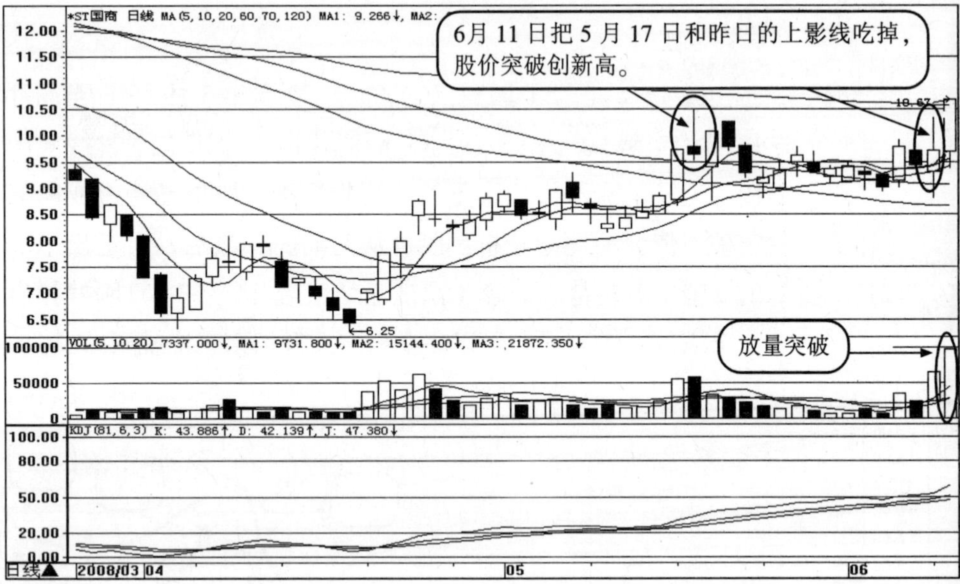

图1—9

综合分析结果：*ST国商是非常值得操作的。读者朋友，你看完了图1—8、图1—9以及上述分析，相信你在心里也做出了判断，后市是看涨还是看跌呢？后市是怎么样的情景呢？图1—10为我们揭示谜底。

图1—10告诉我们：股价随后从10.67元跳水至5.58元，期间也没有像样的反弹。试想，如果按照前面的分析进场100万元，那9天后账面损失有多少？

警示：涨停板的性质有三：建仓、拉升、出货。而笔者把涨停板分为两类：可爱的和可恶的。主力用涨停板出货，

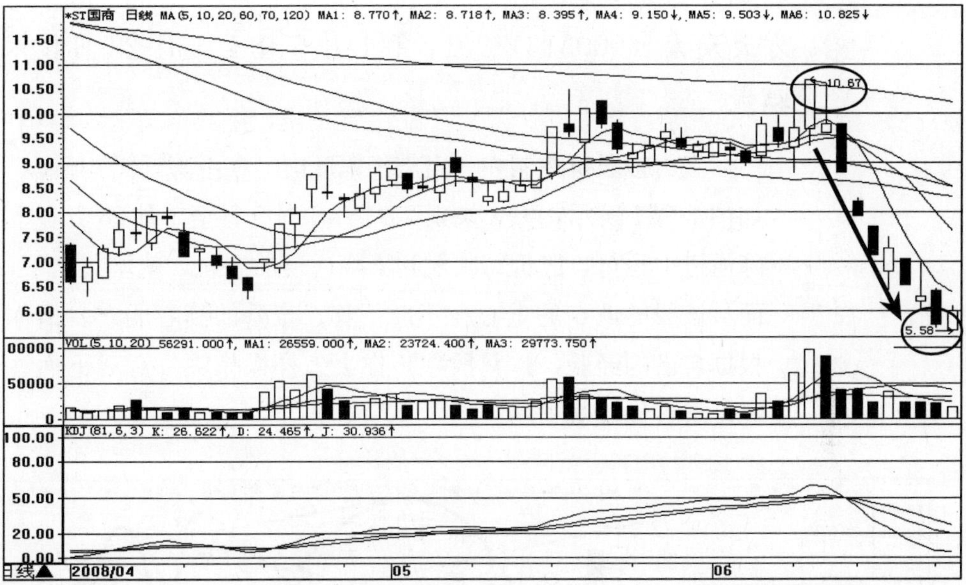

图 1—10

吸引散户给他买单。看好盘口，必须读懂主力，抓可爱的涨停板。而*ST国商的这个涨停板是可恶的涨停板，是万万不能碰的。

二、向下做破位的技术骗线

破位就是指股票在经过一段时间的下跌后，股价在某一时刻跌破了前期的低点，或者跌破震荡整理的箱体而出现可能继续加速下跌的趋势。主力为了达到逢低收集筹码，清洗浮筹的目的，一般会利用打压股价形成破位来恐吓散户卖出手中的股票，而做破位的技术骗线。

我们来看这种情况的案例：

1. 方大炭素（600516）2011年1月5日至1月28日技术骗线

主力把股价控制在一定震荡幅度内，在下降通道中洗盘。如图1—11所示，方大炭素2011年1月5日至1月28日在下降通道中运行，股价每次触到下降通道的上轨，就调头向下，而且该股的低点的重心在不断下移。亲爱的读者朋友，请你根据自己的经验，这只股票，你会怎样操作呢？对对下面答案，看看你做对了吗？

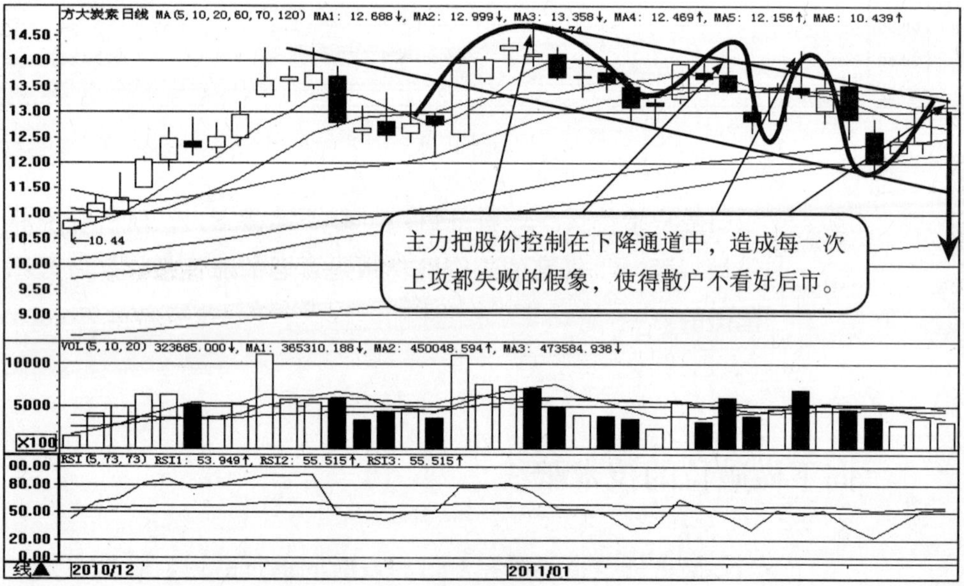

图1—11

1月28日后的走势，如图1—12所示。

图1—12告诉我们：主力刻意造成技术突破失败，给市场造成对下降通道的箱顶难以突破的假象。而且该股的低点的重心在不断下移，使得散户觉得风险来临，抛出手中筹码，主力照单全收。

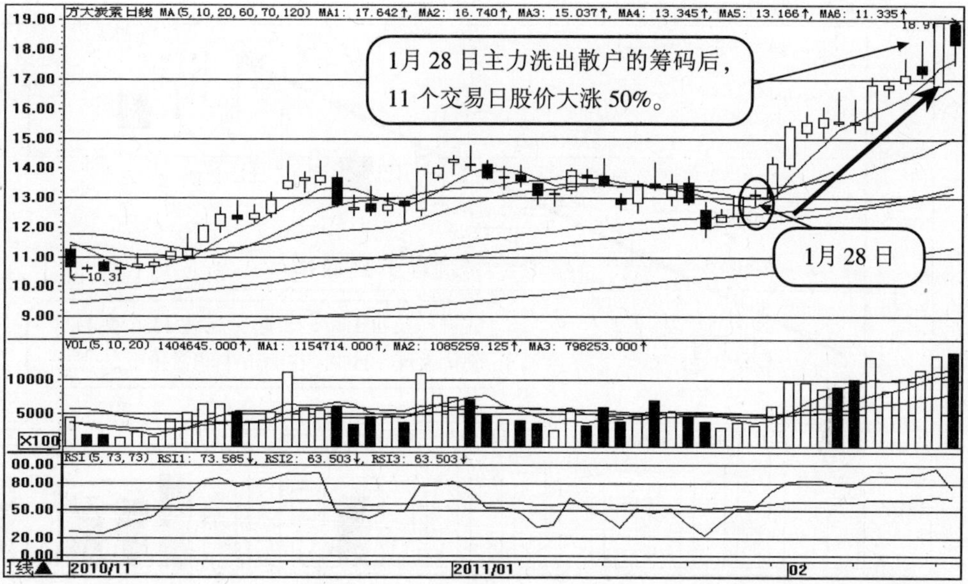

图 1—12

警示：按照技术分析进行操作是基于对以往发生过的事情进行分析和研判，但是事后诸葛亮，往往非常容易失误，对主力洗盘、建仓的步骤进行分析时会得到相反的结果。我们运用的时候要慎重。

2. 猛狮科技（002684）2012 年 7 月 24 日向下破位的技术骗线

猛狮科技（002684）是一个上市不久的次新股。自上市之日起，在大盘走熊的情况下走出了一波非常凌厉的上涨走势，请看图 1—13。

股价上涨至 42 元开始震荡回落，到了 2012 年 7 月 24 日走出明显的三角形整理形态，见图 1—14。

该股 7 月 24 日盘中走势情况如下，见图 1—15。

如图 1—15 所示，猛狮科技股价在 10 点开始急速跳水，伴随股价快速下跌，成交量明显放大，换手率提升。

而当时的 K 线情况是呈现向下破位的走势（以 60 分钟 K

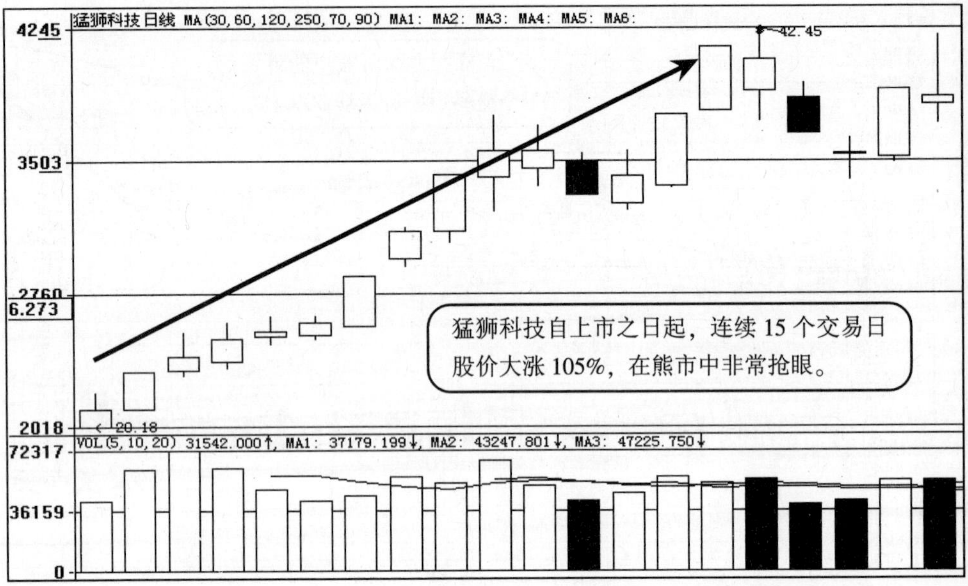
猛狮科技 日线 MA(30,60,120,250,70,90) MA1: MA2: MA3: MA4: MA5: MA6:
4245
3503
2760
6.273
2018
42.45
20.18
猛狮科技自上市之日起，连续 15 个交易日股价大涨 105%，在熊市中非常抢眼。
VOL(5,10,20) 31542.000↑, MA1: 37179.199↓, MA2: 43247.801↓, MA3: 47225.750↓
72317
36159
0

图 1—13

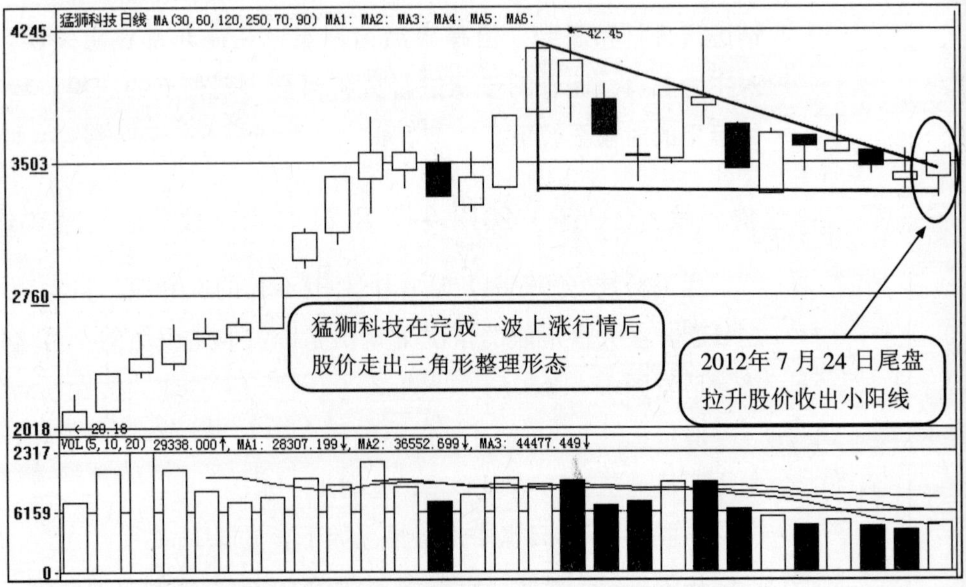
猛狮科技 日线 MA(30,60,120,250,70,90) MA1: MA2: MA3: MA4: MA5: MA6:
4245
3503
2760
2018
42.45
20.18
猛狮科技在完成一波上涨行情后股价走出三角形整理形态
2012年 7 月 24 日尾盘拉升股价收出小阳线
VOL(5,10,20) 29338.000↑, MA1: 28307.199↓, MA2: 36552.699↓, MA3: 44477.449↓
2317
6159
0

图 1—14

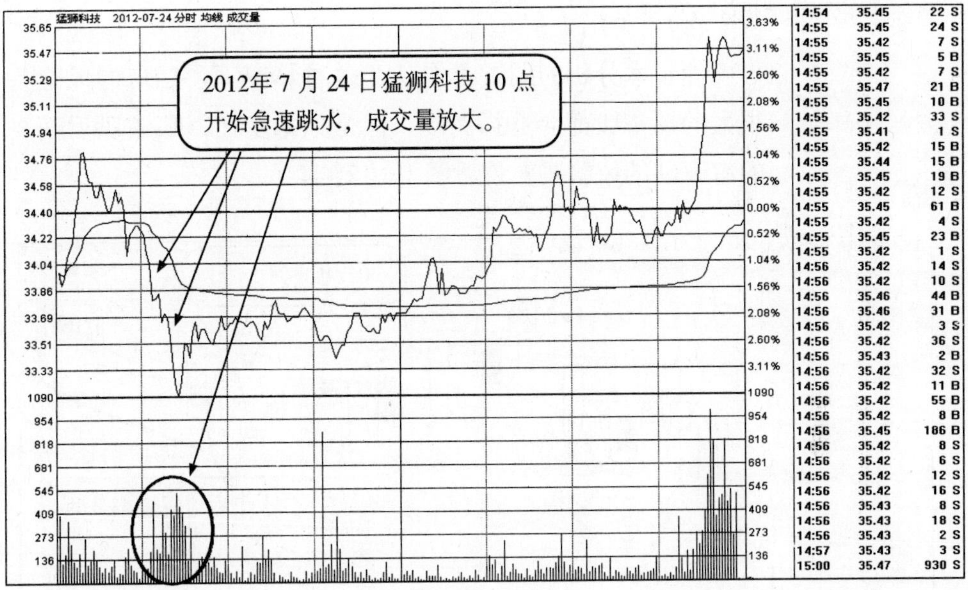
猛狮科技 2012-07-24 分时 均线 成交量
2012年7月24日猛狮科技10点开始急速跳水，成交量放大。
14:54 35.45 22 S
14:55 35.45 24 S
14:55 35.42 7 S
14:55 35.45 5 B
14:55 35.42 7 S
14:55 35.47 21 B
14:55 35.45 10 B
14:55 35.42 33 S
14:55 35.41 1 S
14:55 35.42 15 B
14:55 35.44 15 B
14:55 35.45 19 B
14:55 35.42 12 S
14:55 35.45 61 B
14:55 35.42 4 S
14:55 35.45 23 B
14:55 35.42 1 S
14:56 35.42 14 S
14:56 35.42 10 S
14:56 35.46 44 B
14:56 35.46 31 B
14:56 35.42 3 S
14:56 35.42 36 S
14:56 35.43 2 B
14:56 35.42 32 S
14:56 35.42 11 B
14:56 35.42 55 B
14:56 35.42 8 B
14:56 35.45 186 B
14:56 35.42 8 S
14:56 35.42 6 S
14:56 35.42 12 S
14:56 35.42 16 S
14:56 35.43 8 S
14:56 35.43 18 S
14:56 35.43 2 S
14:57 35.43 3 S
15:00 35.47 930 S

图 1—15

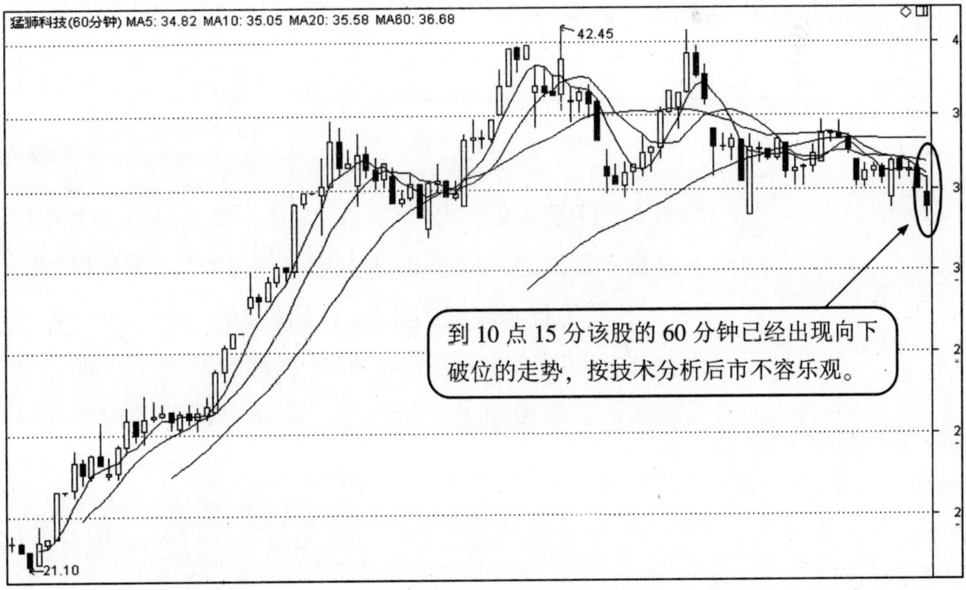
猛狮科技(60分钟) MA5: 34.82 MA10: 35.05 MA20: 35.58 MA60: 36.68
42.45
21.10
到10点15分该股的60分钟已经出现向下破位的走势，按技术分析后市不容乐观。

图 1—16

线来看)，见图 1—16。

懂技术分析的朋友都会认为这种情况下，后市的风险是很大的，一般都会选择离场。但是如果卖出，那该股后面真的有下跌的风险吗？请看图 1—17。

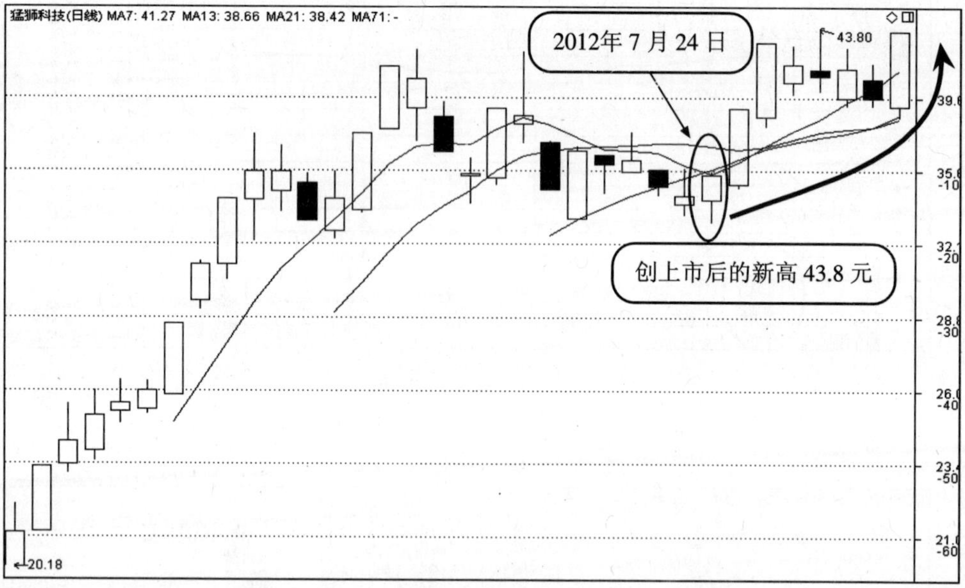

图 1—17

如图 1—17 所示，2012 年 7 月 24 日，猛狮科技主力在借助向下做技术骗线之后股价迅速上涨了近 30%，并且再创新高 43.8 元。可见技术骗线的杀伤力是很大的。

读者朋友，以上 6 只股票，如果你都判断对了，那就请为自己鼓掌；如果做错了一半以上，那本书以下的内容你可不能错过。

第二章
盘　口

股票价格的产生首先是由挂单来决定。

本章将讲述盘口的构成、挂单、量峰、分时成交。其中挂单和量峰是重点，尤其是几种挂单形态、量峰的性质。挂单分五种：压迫式挂单、拦截式挂单、夹板式挂单、蜂窝式挂单和自然式挂单。而重点是压迫式挂单、拦截式挂单和夹板式挂单，这三种挂单形式又分成几种挂单形态，朋友们要给予重视。学习并掌握是必须的，因为只有这样，才能为学习好盘口打好基础，为将来的盈利做好准备。

在本章讲述之前，笔者不得不提一下指标。在证券市场中我们大多数朋友喜欢看指标，也非常乐于用指标来研判趋势。笔者认为，这样做无可厚非，因为这是投资者的习惯。但是所有的指标都是基于过去的信息向我们展示当前的市场状况，却不能准确地指出未来的走向，也就是说指标都是滞后的。那么到底有没有百分百准确超前的指标呢？这个真的很难。而我们暂且不考虑超前指标是否存在，笔者认为，在这个市场中谁做到“同步”，用细节同步了解主力的每一个操盘动作，那对盈利和风险的把控会做到游刃有余，那我们的财富将会像山一样堆积起来。

做到细节同步了解就是最超前的指标。要做到这一点我们必须也只能从盘口学起。

本章节讲述盘口的构成。其中挂单是股价产生的源泉，量峰是挂单的结果，这两个是本章讲述的重点，请读者朋友认真学习。

一、盘口的构成

盘口语言能解释盘面的一切。通常情况下，我们讲的盘口语言其实就是盘口。但是笔者给予更确切的叫法——分时盘口交易图。

盘口是由四个部分组成的：①挂单；②分时成交；③分时走势波形（波形）；④量峰。

以图 2—1 来看：

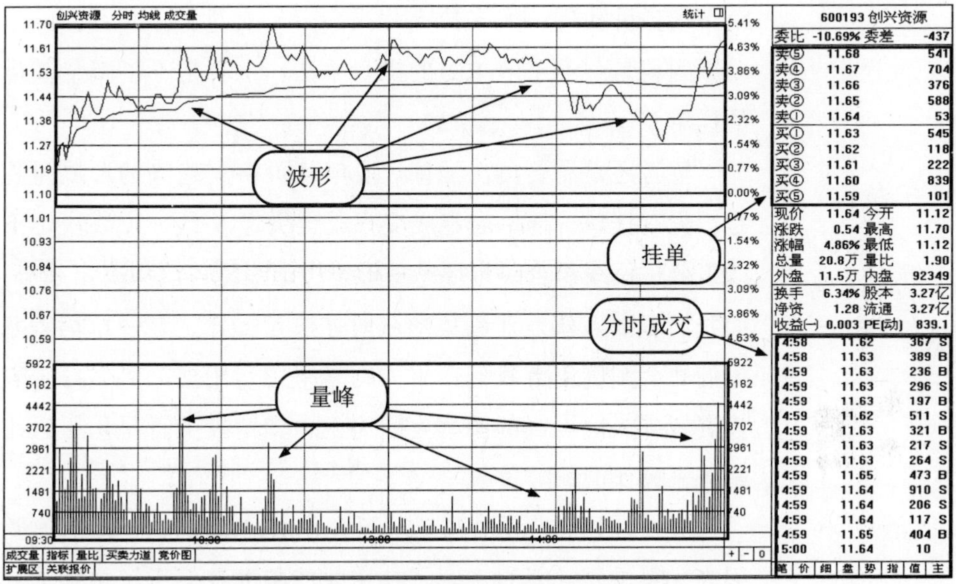

图 2—1

从股票价格的产生到K线，再到K线组合，而后出现明显的趋势技术图表。这个过程实际上是一个从微观到宏观的过程。那么股票的价格是由什么决定的呢？是先有卖还是先有买？目前技术分析人士认为：卖决定了价格。笔者依据盘口的出发点认为：挂单决定了股票的实际成交价格。因为，如果没有卖出的价格和卖出的数量挂出，没有买入的价格和数量的挂出，那么，投资者怎么能考虑股票值得买进或者风险来临而卖出呢？这是多数投资者容易忽略的问题，也是投资者不了解股票涨与跌的内在原因。

多数人都乐于研究和学习技术分析，因为技术分析的各种图表很丰富，很多技术理论也很深奥，只要把这些学精、学透就可以在股市驰骋。但是笔者强调的是：最基本的也是最重要的应该是盘口。好比我们上学要从幼儿园开始学习，之后有初中、高中、大学。不学习盘口就如同我们没有基础教育直接上高中、大学。可以想象这样做会有什么结果。这个市场告诉我们：大多数人亏损，少数人盈利。而亏损的主要原因就是：不了解主力的操盘手法，也就是不了解最基础的挂单原理。

笔者还是需要再次强调，股票从价格到趋势的形成过程是：先有挂单—挂单决定成交—成交决定K线—K线决定K线组合—K线组合决定形态—形态决定浪型—浪型决定趋势。而我们多数人就是在趋势形成时才决定操作。上一章笔者拿出的几个案例告诉我们：主力就是坚持运用把趋势做好等着投资者进入他设好的圈套，因为主力知道投资者是乐于运用趋势来操作的。

所以，我们还是必须要从源头，也就是盘口挂单来学习，因为这很重要，因为理解了挂单才能帮助我们了解主力的操盘意图。

二、挂单的五种形式以及在实战中的运用

在盘口细节的把握过程中，挂单这个环节是至关重要的。盘口挂单是动态的，会经常变化，很多朋友不可能有足够的时间盯住一只或者几只盘口的挂单变化。那怎么才能帮助大家看分时图各个时刻的挂单呢？在讲挂单这个环节之前，笔者先教会大家怎么样运用软件看当天分时图的每时刻的挂单。首先笔者要朋友们在网上下载大智慧6.0经典版软件，之后打开股票的分时图界面，见图2—2。

点击“画面”后会出现下面的界面，见图2—3。

点击界面中的“分笔成交再现”，于是就会在“分笔成交再现”这行字的左面出现“对勾”了。下面再回到分时图界面，用键盘的“左键”或者“右键”进行移动就可以看到各

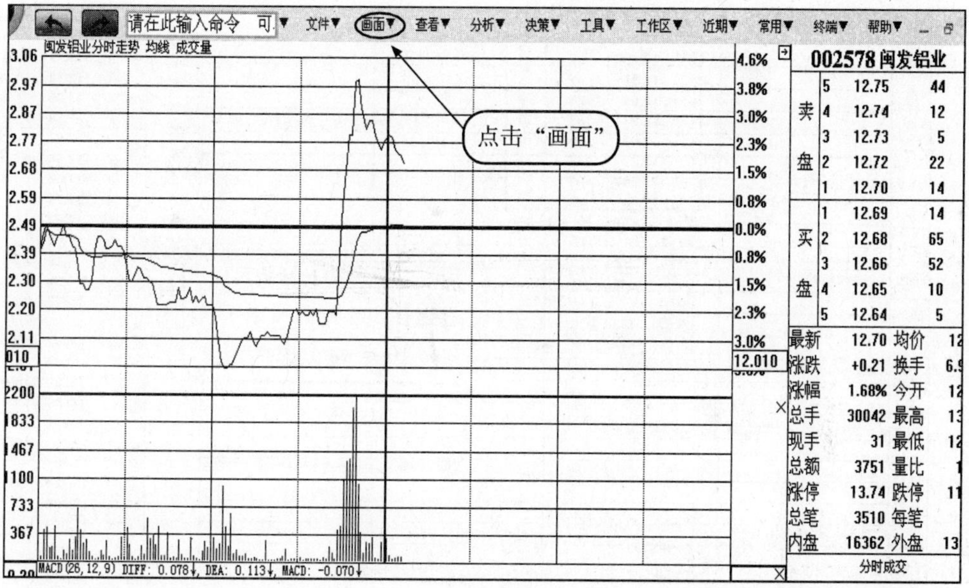
请在此输入命令
文件
画面
查看
分析
决策
工具
工作区
近期
常用
终端
帮助
闽发铝业分时走势 均线 成交量
点击“画面”
002578闽发铝业
卖盘
买盘
最新
涨跌
涨幅
总手
现手
总额
涨停
总笔
内盘
均价
换手
今开
最高
最低
量比
跌停
每笔
外盘
分时成交
MACD (26, 12, 9) DIFF: 0.078↓, DEA: 0.113↓, MACD: -0.070↓

图 2—2

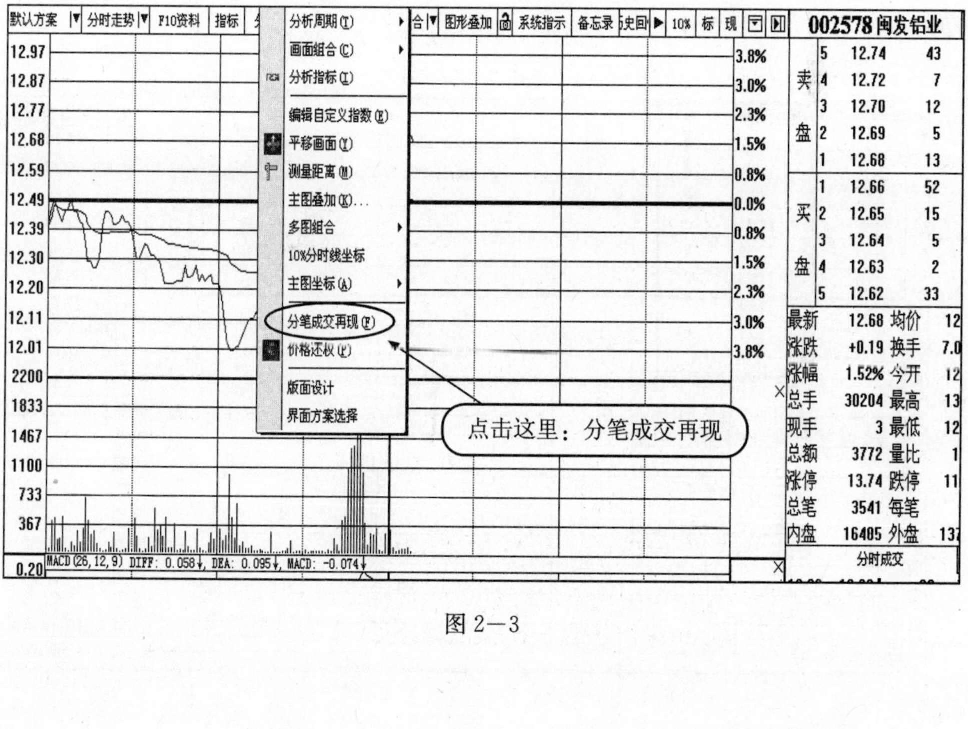
默认方案
分时走势
F10资料
指标
图形叠加
系统指示
备忘录
分析周期(T)
画面组合(C)
分析指标(I)
编辑自定义指数(E)
平移画面(Y)
测量距离(M)
主图叠加(K)...
多图组合
10%分时线坐标
主图坐标(A)
分笔成交再现(F)
价格还权(P)
版面设计
界面方案选择
点击这里：分笔成交再现
002578闽发铝业
卖盘
买盘
分时成交
MACD (26, 12, 9) DIFF: 0.058↓, DEA: 0.095↓, MACD: -0.074↓

图 2—3

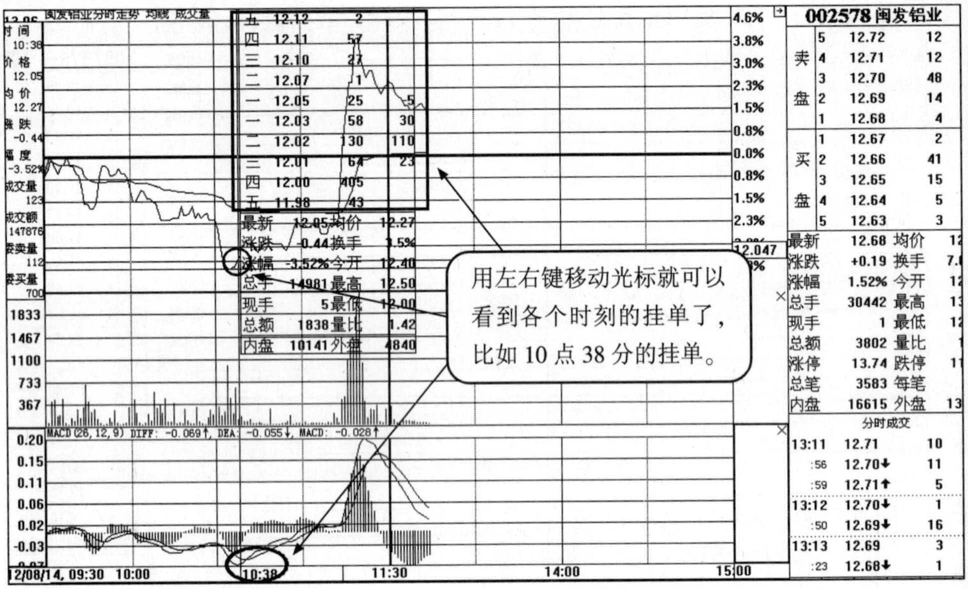

图 2—4

个时刻的挂单了。如图 2—4 所示。

图 2—4 显示的是 10 点 38 分的挂单。

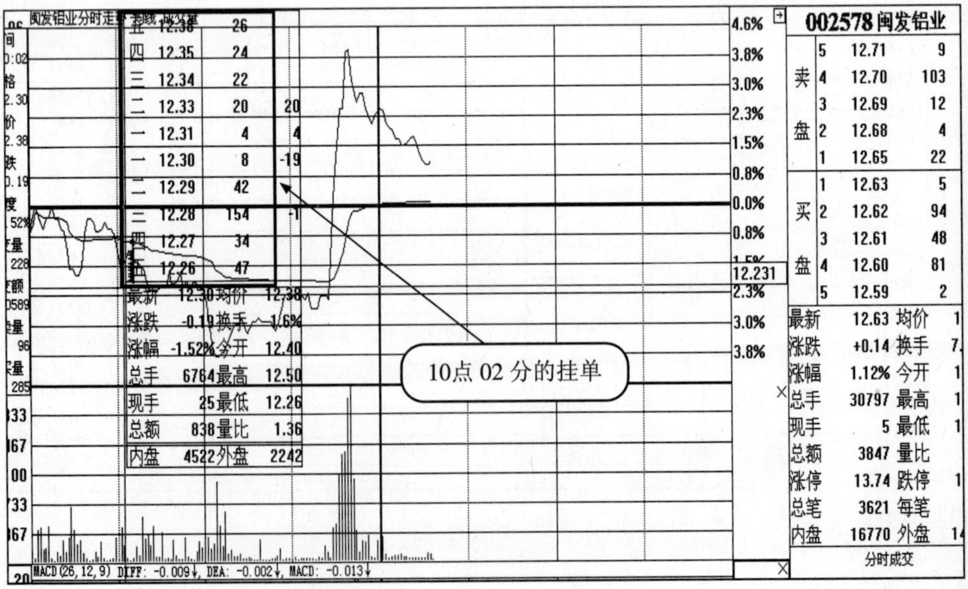

图 2—5

图 2—5 显示的是 10 点 02 分的挂单。通过移动左右键可以看到任何时刻的挂单了。

挂单有五种形式：①压迫式挂单；②拦截式挂单；③夹板式挂单；④蜂窝式挂单；⑤自然式挂单。

1. 压迫式挂单

压迫式挂单是主力进场和出货的常用挂单。压迫式挂单就是指股票在分时图中的某一瞬间“卖盘”栏中从卖一到卖五所挂出的卖单量相加远大于下档的“买盘”栏中买一到买五所挂出的买单量的和。视觉效果如同“泰山压顶”，盘面显示抛压非常重。如图 2—6 和图 2—7 所示。

601222 林洋电子			
卖盘	5	10.36	186
	4	10.35	308
	3	10.34	535
	2	10.33	952
	1	10.32	75
买盘	1	10.31	46
	2	10.30	90
	3	10.28	24
	4	10.27	10
	5	10.26	13

图 2—6

600456 宝钛股份			
卖盘	5	15.78	100
	4	15.77	116
	3	15.76	131
	2	15.75	279
	1	15.74	296
买盘	1	15.72	62
	2	15.71	1
	3	15.70	13
	4	15.69	40
	5	15.68	19

图 2—7

从图 2—6 中可以看出：林洋电子上档卖一到卖五的总量为：75＋952＋535＋308＋186＝2056 手，下档买一到买五的总量为：46＋90＋24＋10＋13＝183 手。比较一下此时的抛压盘比承接盘要大 10 倍之多，这就是明显的压迫式挂单。

而图 2—7 告诉我们：宝钛股份的上档卖一到卖五的总量为：296＋279＋131＋116＋100＝921 手，下档买一到买五的总量为：62＋1＋13＋40＋19＝135 手。比较一下此时的抛压是承接盘的 6 倍，这也是明显的压迫式挂单。

压迫式挂单在不同的情形下还有不同的形态，这是因为市场是在不停地变化的，主力在操作股票时会利用不同的压迫式挂单形态来吸引散户追涨或者杀跌。这就要求我们必须做到心明眼亮，洞察主力的真实操盘意图了。

压迫式挂单按形态分为四种：①递增压迫形态；②递减压迫形态；③“一”字压迫形态；④上蜂窝压迫形态。

（1）递增压迫形态。

卖盘	5	695	1799
	4	694	1077
	3	693	287
	2	692	245
	1	691	222
买盘	1	690	7
	2	689	403
	3	688	936
	4	687	179
	5	686	83

图 2—8

如图 2—8 所示，上档的总量明显大于下档的总量，是压迫式挂单。而我们又发现上档从卖一开始到卖五挂单量是逐级递增的。此时的挂单告诉我们该股越往上抛压越重，未来股价上涨的压力也就越大。但是，只要我们细心地观察就会发现，如果这个股票的股价是刚刚启动上涨，那上面卖四和卖五的 1077 手和 1799 手一般是不会成交的，股价一旦到这个位置挂单会马上撤掉，这是主力常用的手法——骗散户卖出。

当然，如果某只股票前期上涨了比较大的幅度，那么出现这样的挂单，我们要另眼相看了。

图 2—9 告诉我们：2012 年 7 月 20 日潜能恒信高开高走，上午 10 点 05 分快速拉升，股价上涨 7.4%。而该股十几个交

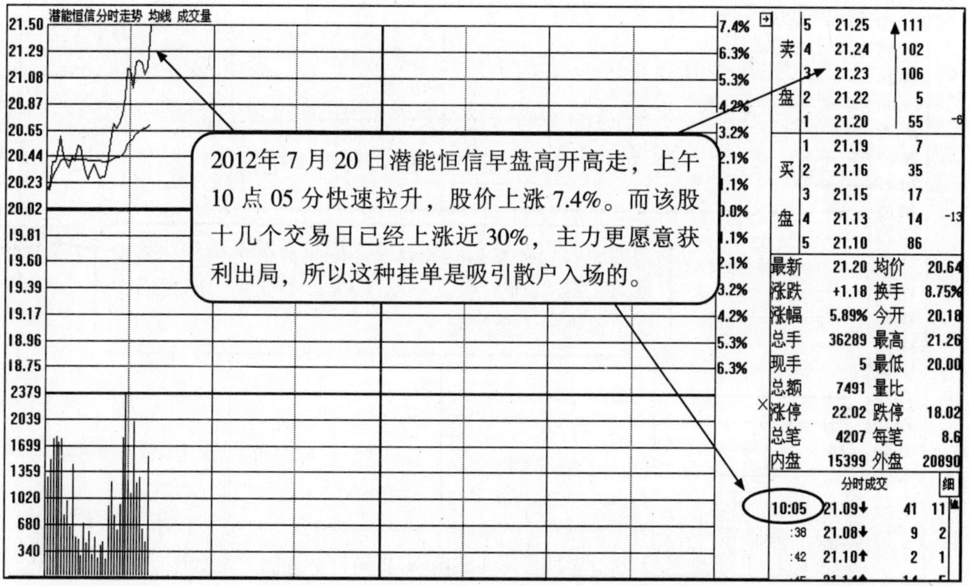

图 2—9

易日已经大涨30%，同期大盘是在下跌的。这一瞬间的挂单就是递增压迫形态的挂单，主力是在拉高股价吸引散户进场，自己在出货。

请继续看10点05分之后的走势。

图2—10告诉我们：当天10点05分之后的行情让人大跌眼镜，那些不懂主力在出货的高位追进的人全部套牢。那么7月20日之后它的走势又是什么样呢？请看图2—11。

7月20日后的K线图显示：7个交易日内股价下跌25%。

下一个案例，见图2—12。

2012年6月7日，大盘处于连续下跌的熊市状态。同力水泥在整个水泥板块连续走强、多日上涨的市场情况下也成为盘中的强势热点。在当天下午股价震荡拉升，14点01分上涨到7.7%的时候，上档的挂单就是递增压迫形态挂单。这也是典型的主力出货挂单。

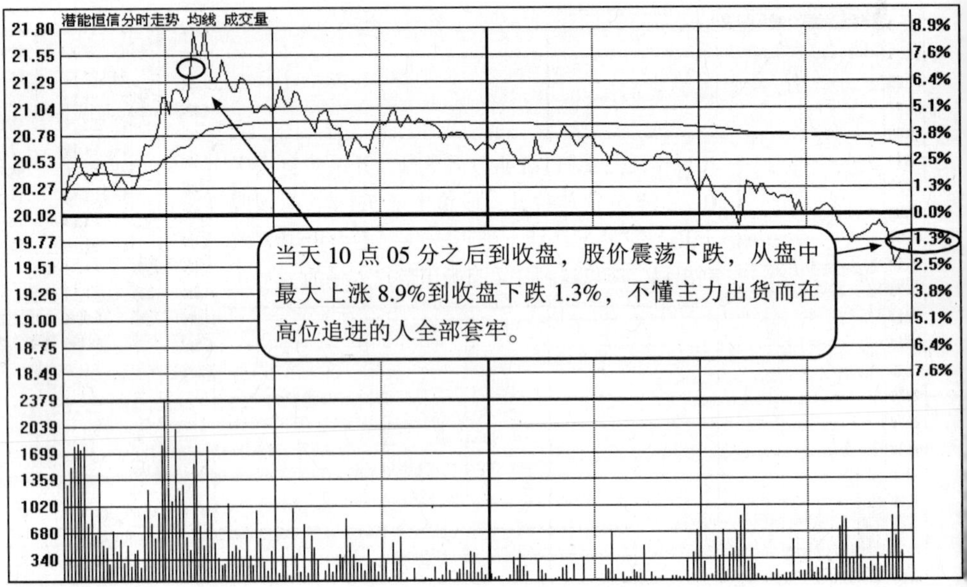
潜能恒信分时走势 均线 成交量
当天10点05分之后到收盘，股价震荡下跌，从盘中最大上涨8.9%到收盘下跌1.3%，不懂主力出货而在高位追进的人全部套牢。

图 2—10

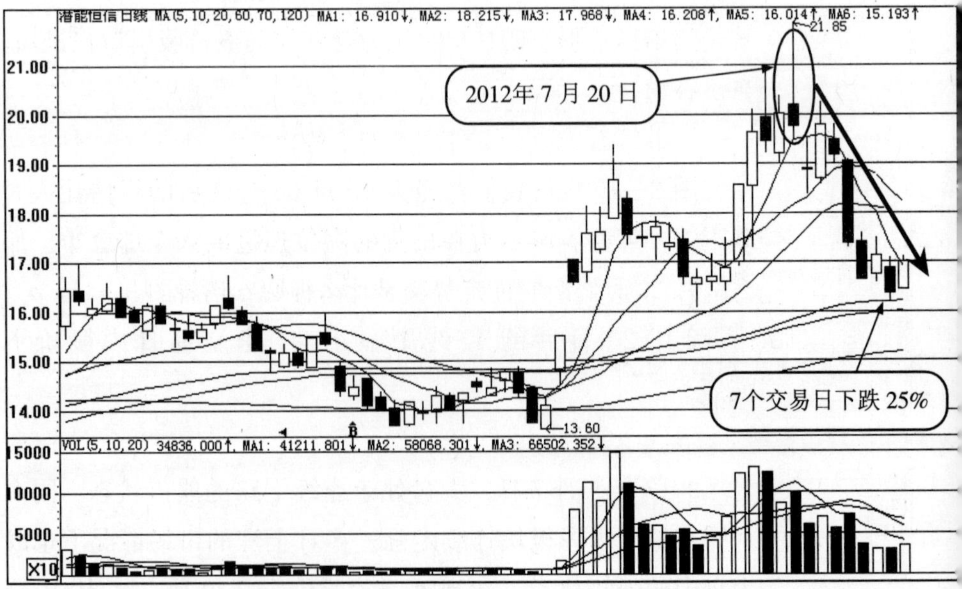
潜能恒信日线 MA(5,10,20,60,70,120) MA1: 16.910↓, MA2: 18.215↓, MA3: 17.968↓, MA4: 16.208↑, MA5: 16.014↑, MA6: 15.193↑
2012年7月20日
7个交易日下跌25%
VOL(5,10,20) 34836.000↑, MA1: 41211.801↓, MA2: 58068.301↓, MA3: 66502.352↓

图 2—11

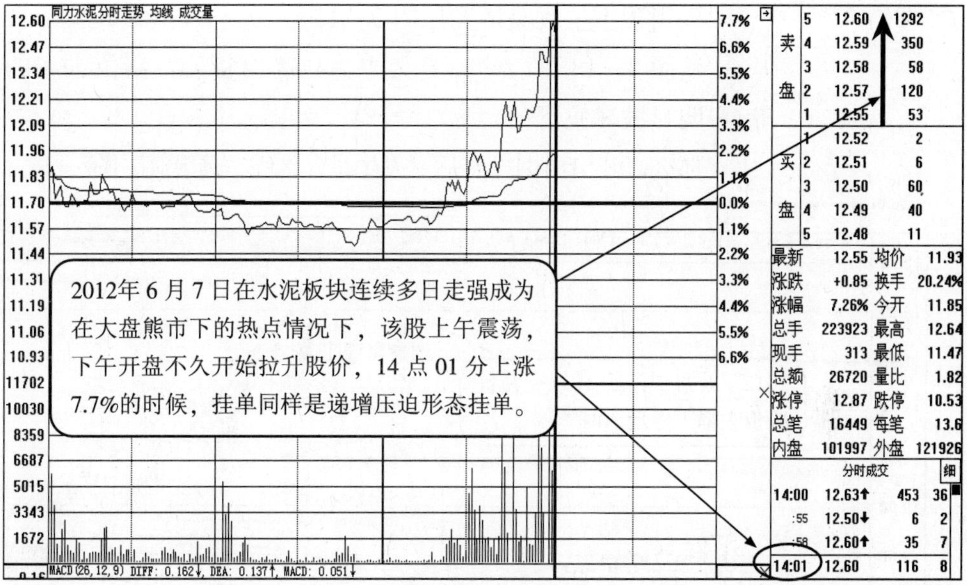
同力水泥分时走势 均线 成交量
2012年6月7日在水泥板块连续多日走强成为在大盘熊市下的热点情况下，该股上午震荡，下午开盘不久开始拉升股价，14点01分上涨7.7%的时候，挂单同样是递增压迫形态挂单。
卖盘
买盘
最新 12.55 均价 11.93
涨跌 +0.85 换手 20.24%
涨幅 7.26% 今开 11.85
总手 223923 最高 12.64
现手 313 最低 11.47
总额 26720 量比 1.82
涨停 12.87 跌停 10.53
总笔 16449 每笔 13.6
内盘 101997 外盘 121926
分时成交
14:01 12.60 116 8

图 2—12

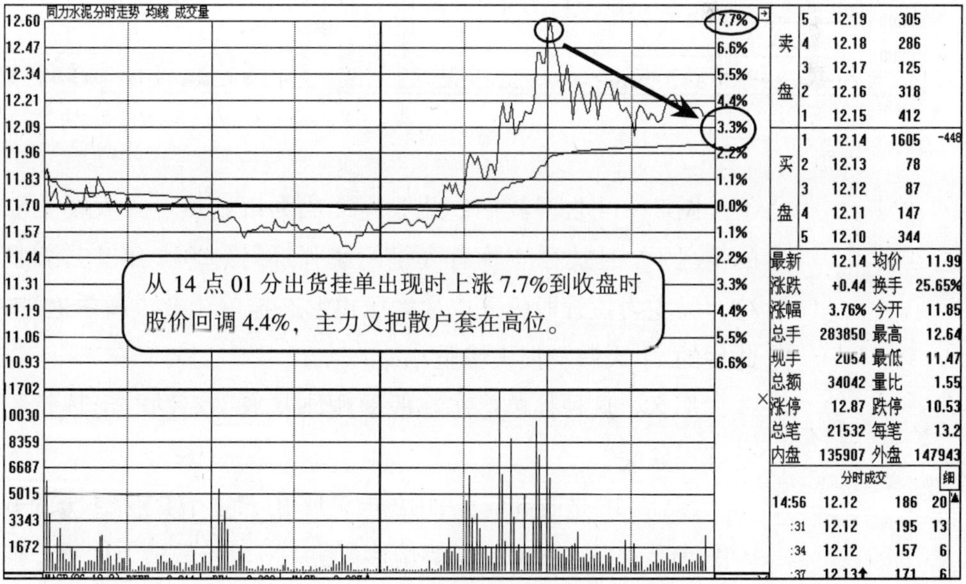
同力水泥分时走势 均线 成交量
从14点01分出货挂单出现时上涨7.7%到收盘时股价回调4.4%，主力又把散户套在高位。
卖盘
买盘
最新 12.14 均价 11.99
涨跌 +0.44 换手 25.65%
涨幅 3.76% 今开 11.85
总手 283850 最高 12.64
现手 2054 最低 11.47
总额 34042 量比 1.55
涨停 12.87 跌停 10.53
总笔 21532 每笔 13.2
内盘 135907 外盘 147943
分时成交

图 2—13

到当天下午收盘情况见图 2—13。

从图 2—13 可以看出当天主力拉高出货后，高位进场的散户明显被套牢了。

那么 2012 年 6 月 7 日后又发生了什么呢？请继续看图2—14。

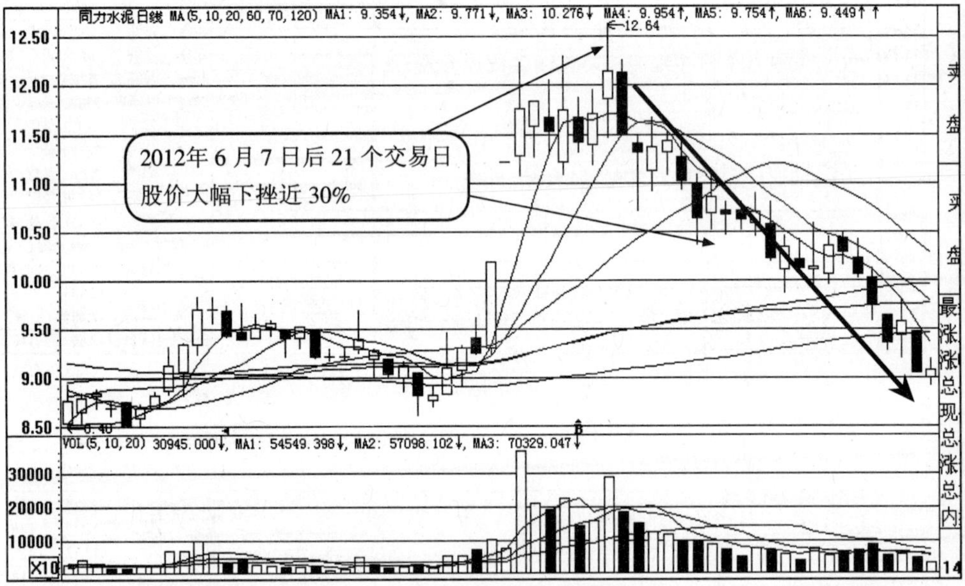

图 2—14

图 2—14 告诉我们：此股连续成为市场热点并大幅上涨的情况下，主力手中拥有大量的获利筹码。2012 年 6 月 7 日这一天主力拉升股价采取递增压迫形态挂单让散户高位追进，此后的 21 天散户损失惨重。

那么，这种挂单形态在股票刚刚从底部启动时出现是不是好现象呢？

图 2—15 是西部证券 2012 年 5 月 10 日上午 9 点 54 分的分时图情形。当时股价的走势情形是上攻 1.4%后马上回落，挂单就是递增压迫形态，意思是告诉市场上档的抛压沉重。而该股上市仅仅 6 天，第一天的换手很高，达到 70%以上，又是具

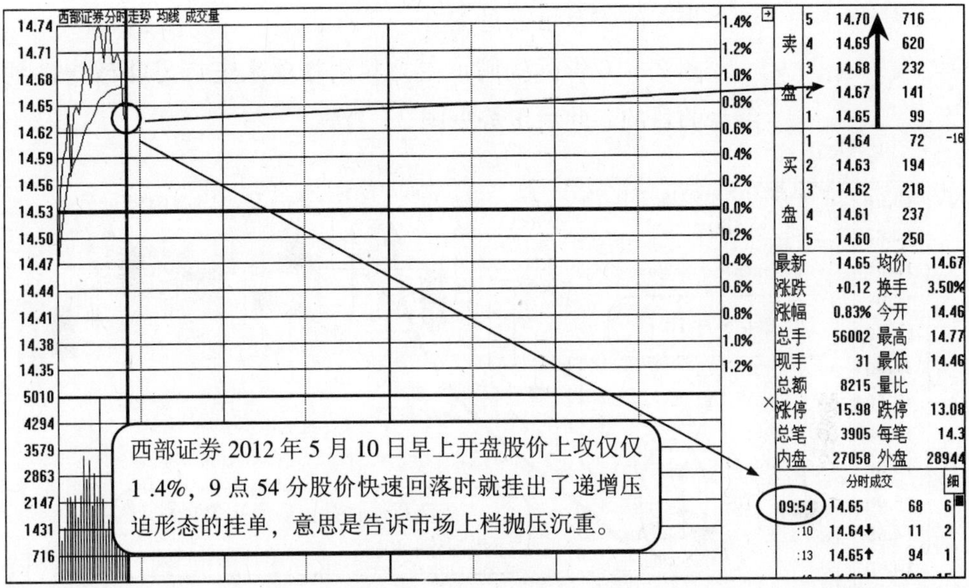

图 2—15

有券商概念，说明有主力资金关注。上午 9 点 54 分的挂单极有可能说明主力是用来吓唬跟风的散户达到清洗浮筹的目的。

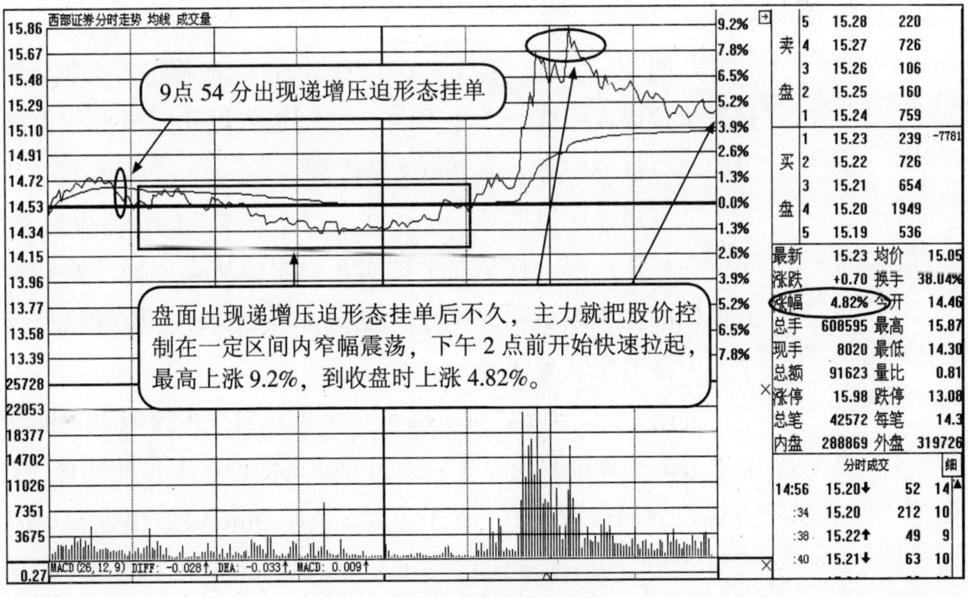

图 2—16

当天的收盘情况见图 2—16 所示。

图 2—16 告诉我们：主力利用挂单来进行恐吓散户达到洗盘的目的。此后走势见图 2—17。

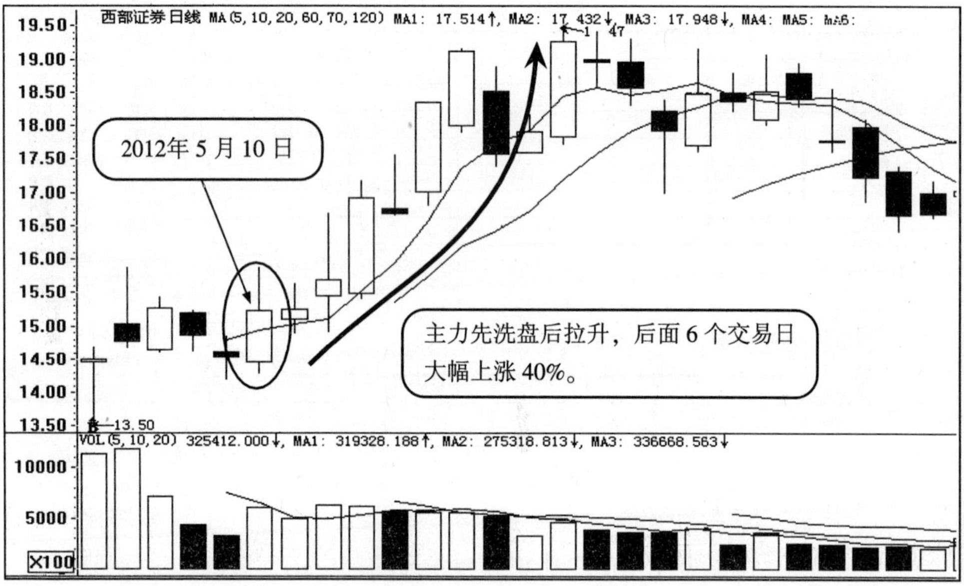

图 2—17

从图 2—17 可以看出：2012 年 5 月 10 日后连续 6 个交易日股价拉出大阳线，大涨 40%。此例也告诉我们懂得主力洗盘时盘口挂单的意义该有多么的重要。

（2）递减压迫形态。

递减压迫形态就是在上档卖盘栏里面从卖一档开始到卖五依次的挂单数量明显减少。盘面告诉我们：抛压越往上越小，上涨的空间有望展开。

如图 2—18 所示，卖一档 6.40 元的位置挂了 3091 手，卖二 6.41 元的位置挂了 1679 手，卖三 6.42 元的位置挂了 1159 手，卖四 6.43 元的位置挂了 748 手，卖五 6.44 元的位置挂了 341 手。很明显该股的抛压是依次减小的，这就是递减压迫形态挂单。这

卖盘	5	644	341
	4	643	748
	3	642	1159
	2	641	1679
	1	640	3091
买盘	1	639	98
	2	638	25
	3	637	183
	4	636	202
	5	635	336

图 2—18

种挂单形态在盘中是经常出现的，而出现的位置一般是在股价已经上涨到相对的高位，是主力出货经常采取的挂单形态。

如图 2—19 所示，大元股份 2012 年 7 月 20 日早盘低开震荡，10 点 55 分快速拉升股价突破前一天的收盘价，当时的挂单就是递减压迫形态：从卖一的位置挂 159 手依次到买五的位置挂 13 手是减少的。意思是告诉市场抛压越来越少了，大家快来抢啊。可是一旦追进是什么结果呢？

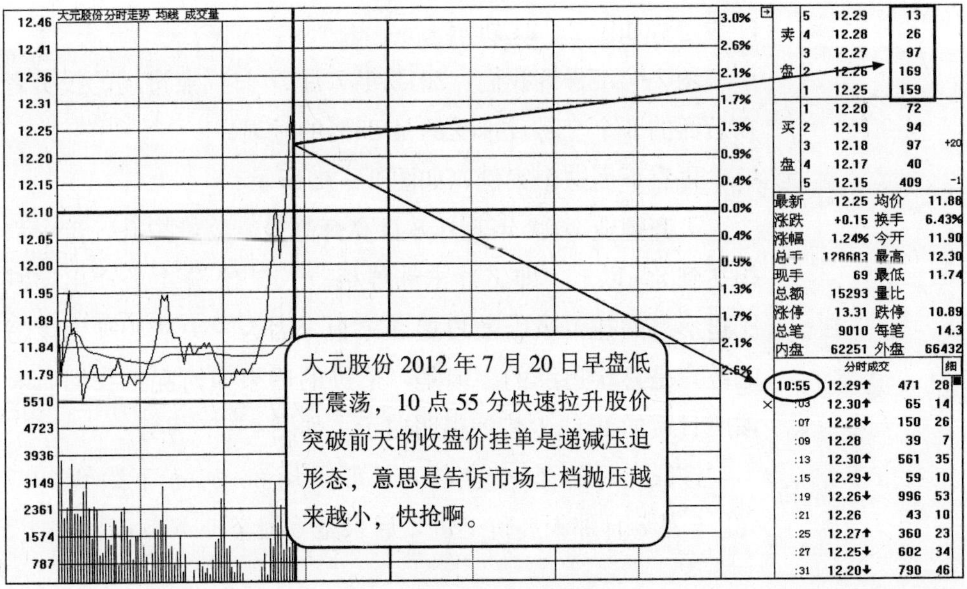

图 2—19

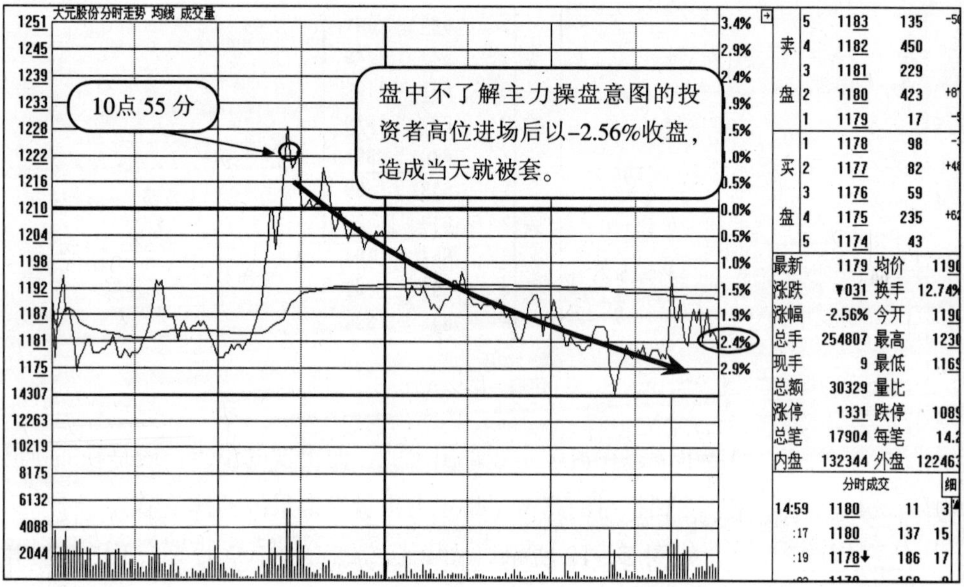

图 2—20

图 2—20 告诉我们：上午 10 点 55 分递减压迫形态出现后，散户在不了解主力操作意图的情况下，如果在当天的高位追进，后果是收盘下跌 2.56%，总亏损 3.5%。之后的日 K 线走势如图 2—21 所示。

图 2—21 告诉我们：2012 年 7 月 20 日高点进场的投资者在后面的 6 个交易日承受的是 25%的亏损。

再看下面这个案例，如图 2—22 所示。

天齐锂业 2012 年 6 月 8 日高开高走，放量拉升，盘中涨幅达到 8%以上，即将冲击涨停板。9 点 49 分主力挂出递减压迫形态的挂单吸引散户追涨停板，因为主力从心理因素考虑散户是喜欢追涨的。但是，追进的后果如何呢？我们看看该股日后的 K 线走势就很明白了。如图 2—23 所示。

该股此后的 35 个交易日，股价从 36.56 元下跌到 27.7 元。6 月 8 日那天高价追进，后果是亏损至少 40%以上。

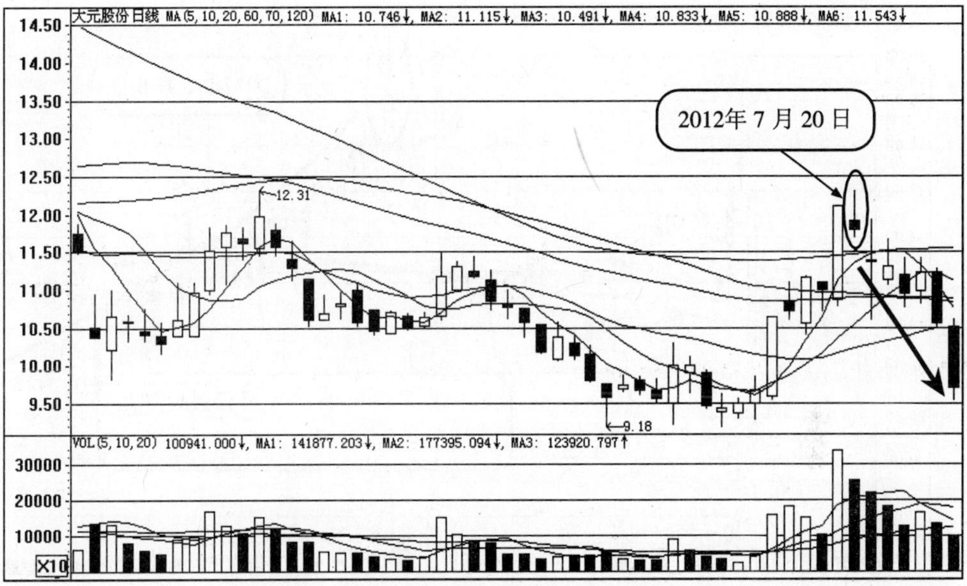
大元股份日线 MA(5,10,20,60,70,120) MA1: 10.746↓, MA2: 11.115↓, MA3: 10.491↓, MA4: 10.833↓, MA5: 10.888↓, MA6: 11.543↓
2012年7月20日
12.31
9.18
VOL(5,10,20) 100941.000↓, MA1: 141877.203↓, MA2: 177395.094↓, MA3: 123920.797↑

图 2—21

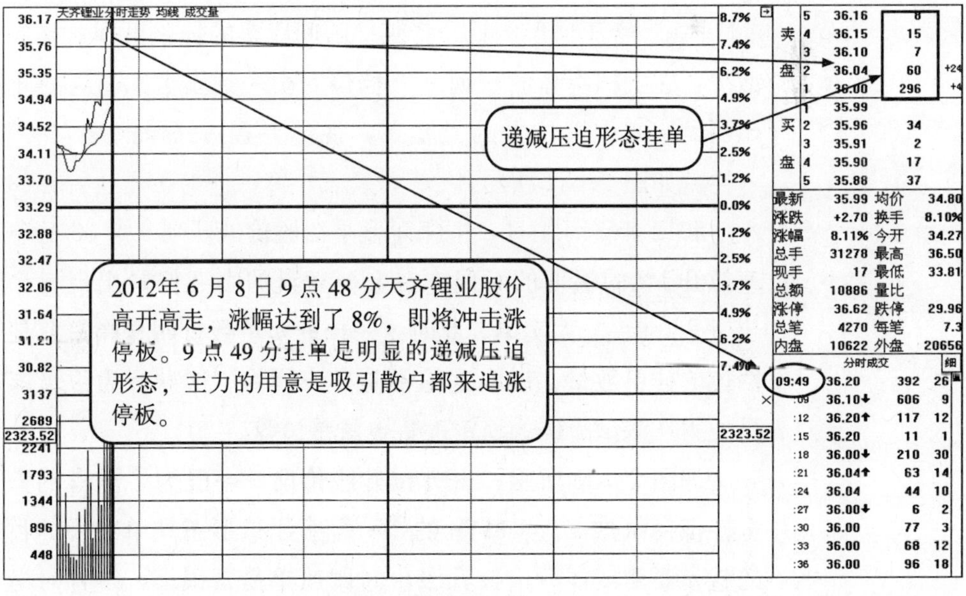
天齐锂业分时走势 均线 成交量
递减压迫形态挂单
2012年6月8日9点48分天齐锂业股价高开高走，涨幅达到了8%，即将冲击涨停板。9点49分挂单是明显的递减压迫形态，主力的用意是吸引散户都来追涨停板。
卖盘
买盘
分时成交
09:49

图 2—22

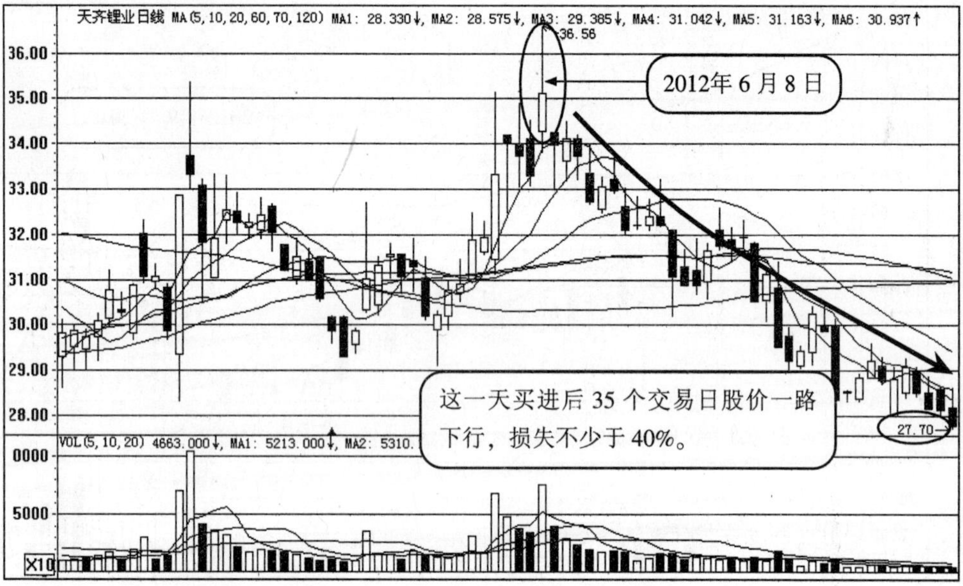

图 2—23

(3)“一”字压迫形态。

“一”字压迫形态就是指某一瞬间股票的挂单出现这样的情况：在上档卖盘的任何一个档位（卖一到卖五）出现一个比明显比其他档位大的大卖单，视觉上看，好像汉字“一”一样。如图 2—24 所示。

2012 年 8 月 1 日，中海海盛早盘股价低开到 9 点 39 分急速拉升 1%的幅度的时候，在上档卖盘的卖五位置出现一个超过 2000 手的大卖单。此时这一档的卖单数量明显超过其他档位的挂单数量，说明这绝不是散户所为。这种行为很可能是主力在测试筹码的稳定度，也就是试盘。

如图 2—25 所示，主力拉升股价前，一般为了操盘的安全性都会试盘。9 点 39 分的“一”字压迫形态挂单出现的目的就是要测试在后市拉升股价时跟风单是否很多，拉升时抛盘是不是也很多，毕竟主力拉升股价希望市场里的跟风盘和抛压盘都少一些。

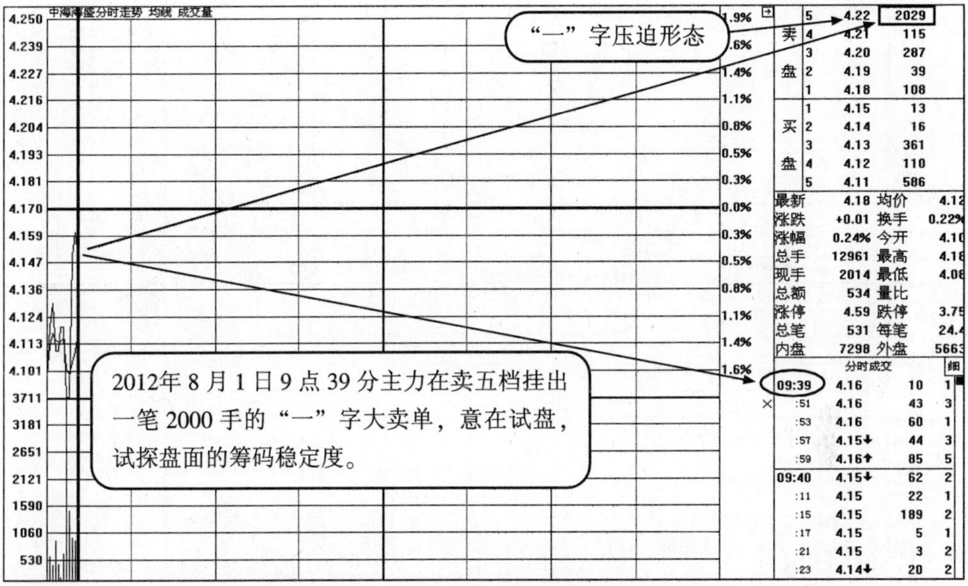
中海海盛分时走势 均线 成交量
"一"字压迫形态
2012年8月1日9点39分主力在卖五档挂出一笔2000手的"一"字大卖单，意在试盘，试探盘面的筹码稳定度。
卖盘
买盘
最新 4.18 均价
涨跌 +0.01 换手
涨幅 0.24% 今开
总手 12961 最高
现手 2014 最低
总额 534 量比
涨停 4.59 跌停
总笔 531 每笔
内盘 7298 外盘
分时成交
09:39 4.16 10
09:40 4.15 62

图 2—24

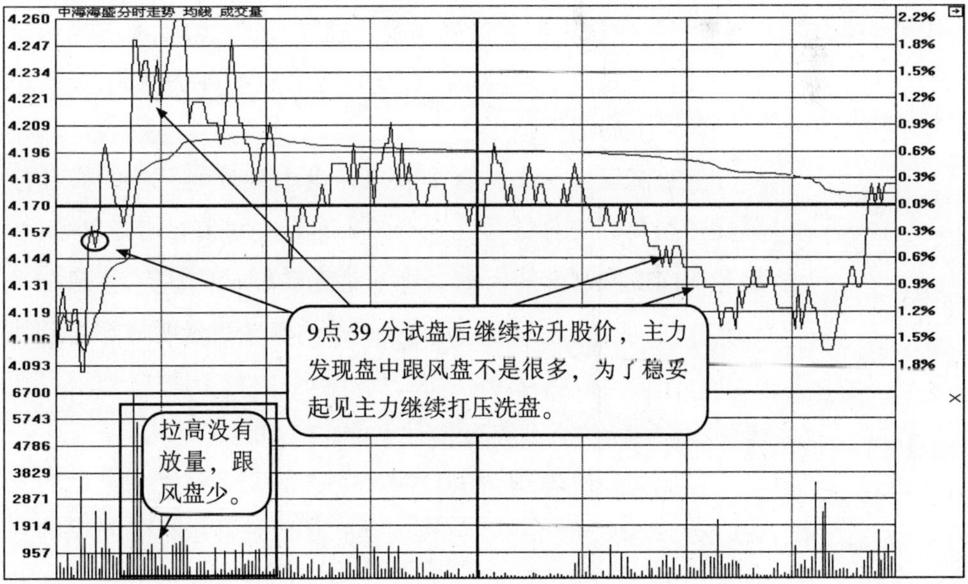
中海海盛分时走势 均线 成交量
9点39分试盘后继续拉升股价，主力发现盘中跟风盘不是很多，为了稳妥起见主力继续打压洗盘。
拉高没有放量，跟风盘少。

图 2—25

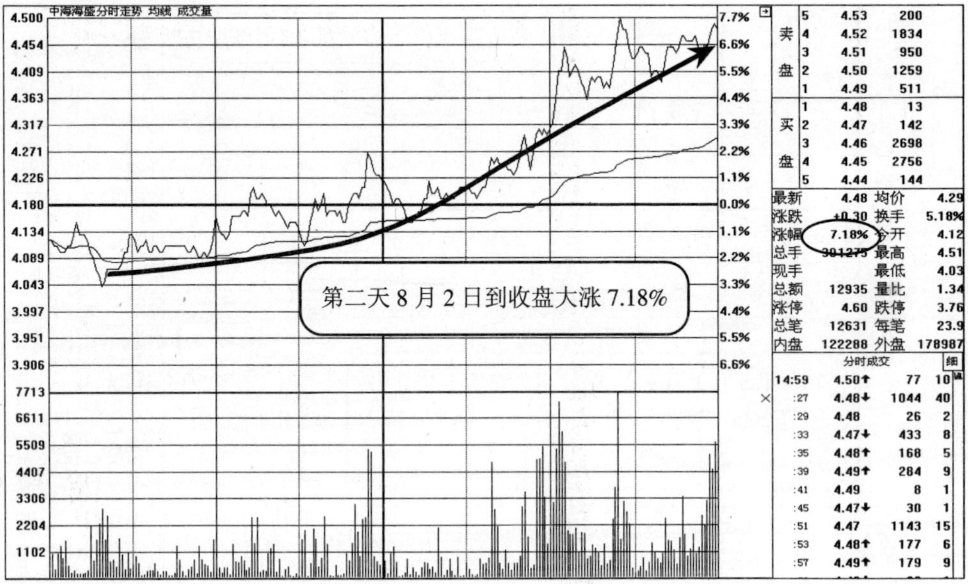

图 2—26

第二天，8 月 2 日走势如图 2—26 所示。

“一”字压迫形态挂单在股价经过一波大幅上涨的高位也会出现，但是由于这种情况很少，笔者就不再举例了。

（4）上蜂窝压迫形态。

上蜂窝压迫形态：就是股票在盘中某时刻上档的卖盘挂单卖一到卖五的总量远远大于买盘的买一到买五的挂单总量。形态如同蜜蜂窝一样，数字排列非常紧密。如图 2—27 所示。

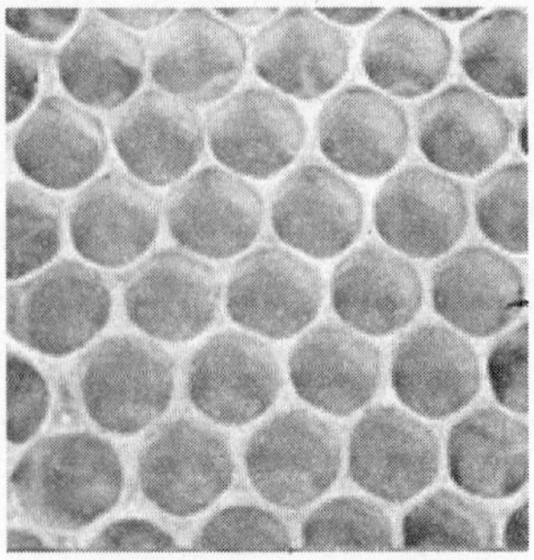

图 2—27

从数字的格式上看，一般小盘股是呈现 3 位数均匀排列，大盘股一般是 4 位数或者 5 位数均匀排列。如图 2－28 和图 2－29 所示。

600184 光电股份			
卖盘	5	15.10	146
	4	15.09	266
	3	15.08	212
	2	15.07	407
	1	15.06	121
买盘	1	15.05	33
	2	15.04	10
	3	15.03	17
	4	15.02	83
	5	15.01	77

图 2－28

600015 华夏银行			
卖盘	5	8.91	1299
	4	8.90	2347
	3	8.89	1378
	2	8.88	2226
	1	8.87	3000
买盘	1	8.86	659
	2	8.85	402
	3	8.84	301
	4	8.83	195
	5	8.82	818

图 2－29

上蜂窝压迫形态出现时的盘面特征：在卖一到卖五挂出的要卖出的股票数量巨大，连续三位数或者四位数均匀排列，给人的感觉好像是国庆阅兵的方阵一样。在这一时刻股票"一股脑儿"地都要出来卖了，给人的视觉效果就是抛压沉重。上蜂窝压迫形态多出现在主力洗盘和拉升的过程中。

如图 2－30 所示，天壕节能 2012 年 7 月 31 日 11 点 24 分股价在高位震荡时挂出上蜂窝压迫形态挂单，意在告诉市场此时抛压很大，股价继续上涨遇到困难了。其实这种挂单就是主力刻意做出的假象，往往在这种挂单出现的时候成交量并没有放大而是明显缩小了，目的是洗掉前期跟进的浮筹。

三天后的趋势如图 2－31 所示。

主力在操盘时，洗盘是经常发生的。主力洗盘的目的就是要洗掉浮筹，降低持仓成本，降低操盘难度。如图 2－31 中圆圈标示的位置，2012 年 7 月 31 日洗盘后在短短的三天时间股价就上涨了 13％。而当时大盘还在持续下跌，被洗出的散户错过了一次盈利的好机会。

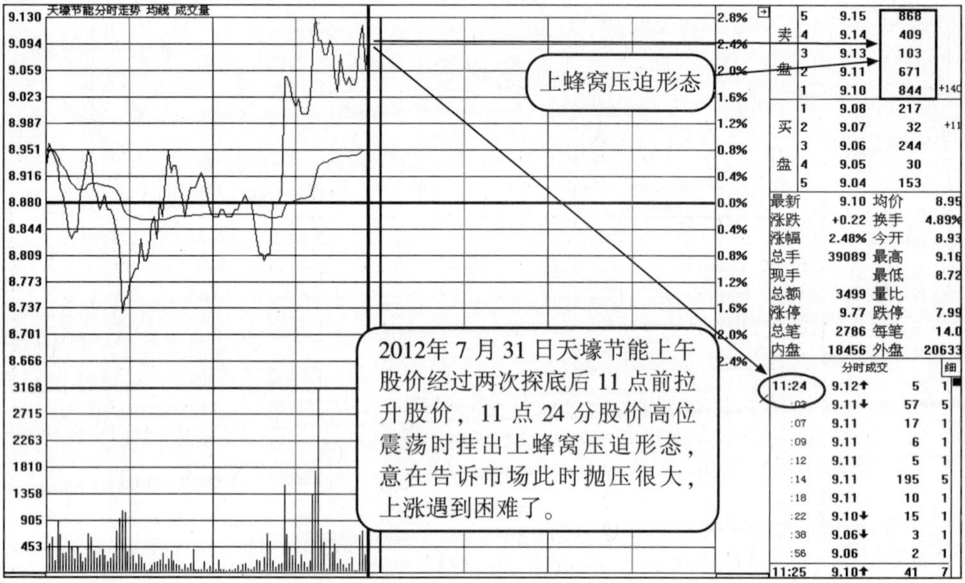
天壕节能分时走势 均线 成交量
上蜂窝压迫形态
2012年7月31日天壕节能上午股价经过两次探底后11点前拉升股价，11点24分股价高位震荡时挂出上蜂窝压迫形态，意在告诉市场此时抛压很大，上涨遇到困难了。

图 2—30

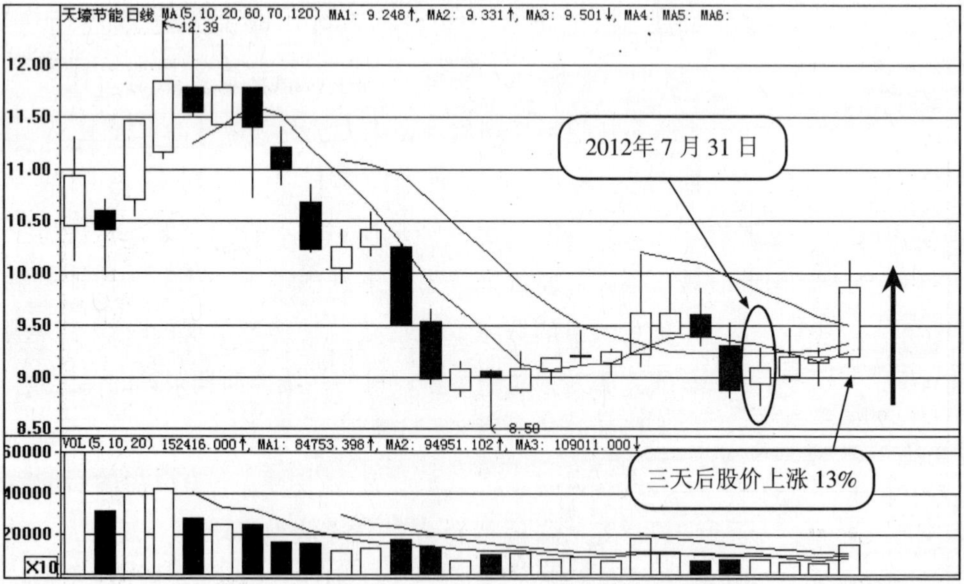
天壕节能日线 MA(5, 10, 20, 60, 70, 120) MA1: 9.248↑, MA2: 9.331↑, MA3: 9.501↓, MA4: MA5: MA6:
2012年7月31日
三天后股价上涨13%
VOL(5, 10, 20) 152416.000↑, MA1: 84753.398↑, MA2: 94951.102↑, MA3: 109011.000↓

图 2—31

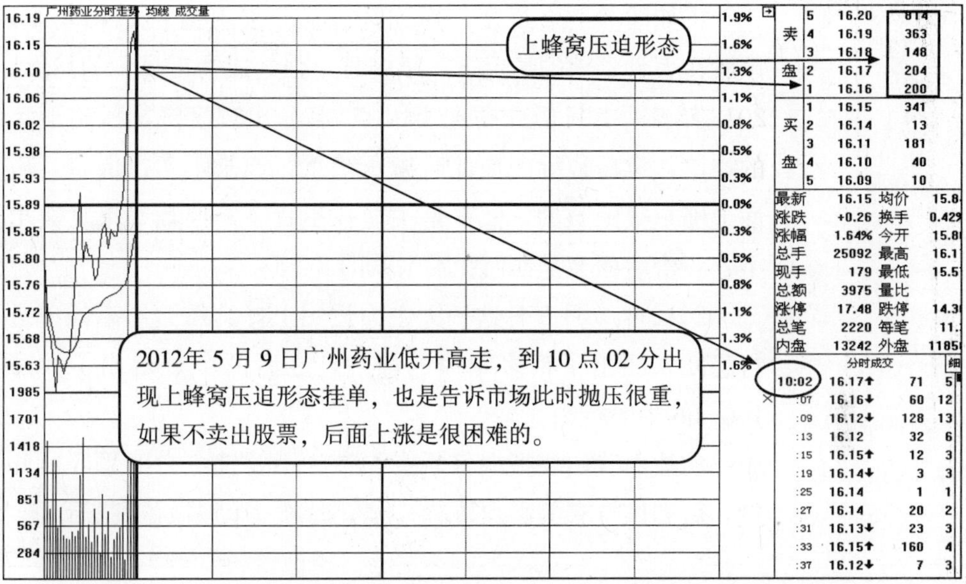
广州药业分时走势 均线 成交量
上蜂窝压迫形态
2012年5月9日广州药业低开高走，到10点02分出现上蜂窝压迫形态挂单，也是告诉市场此时抛压很重，如果不卖出股票，后面上涨是很困难的。
卖盘
买盘
最新 16.15
涨跌 +0.26
涨幅 1.64%
总手 25092
现手 179
总额 3975
涨停 17.48
总笔 2220
内盘 13242
均价
换手
今开
最高
最低
量比
跌停
每笔
外盘
分时成交
10:02

图 2—32

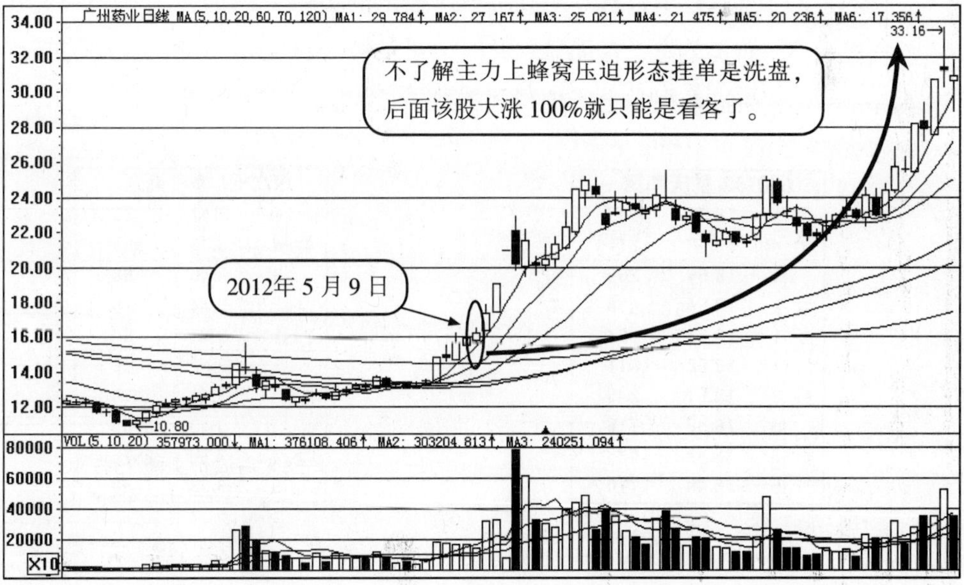
广州药业日线 MA(5,10,20,60,70,120) MA1: 29.784↑, MA2: 27.167↑, MA3: 25.021↑, MA4: 21.475↑, MA5: 20.236↑, MA6: 17.356↑
33.16
不了解主力上蜂窝压迫形态挂单是洗盘，后面该股大涨100%就只能是看客了。
2012年5月9日
10.80
VOL(5,10,20) 357973.000↓, MA1: 376108.406↑, MA2: 303204.813↑, MA3: 240251.094↑
×10

图 2—33

再如图 2—32 所示，广州药业由于受利好消息的刺激，该股在大盘走熊的情况下连续多日走强，成为市场中的热点。2012 年 5 月 9 日低开高走，10 点 02 分出现上蜂窝压迫形态的挂单，意在告诉市场此时抛压很重，如果不卖出股票，后面上涨是很困难的，似乎是主力在出货了。但是如果真卖出了，股价后面会是如何呢？请看图 2—33。

2012 年 5 月 9 日这一天主力运用上蜂窝压迫形态挂单进行恐吓，吓出了很多跟风的散户，之后两个月走出了大涨 100％的牛股行情。

实战中我们要把握好看盘细节，不要被主力的恐吓所吓倒，做到该持有的必须持有，力争把每一个波段盈利赚到。

2. 拦截形态挂单的欺骗性

拦截形态挂单就是指股票在分时图中的某一时间在“买盘”栏中，从买一到买五所挂出的买单量远远大于卖一到卖五的卖单量。盘面显示此时大量的资金都云集于此，被动的等待买进，视觉上产生拦截的效果。如图 2—34 和图 2—35 所示。

600132 重庆啤酒			
卖盘	5	18.57	135
	4	18.56	211
	3	18.55	266
	2	18.54	438
	1	18.53	67
买盘	1	18.52	511
	2	18.51	249
	3	18.50	716
	4	18.49	1023
	5	18.48	1110

图 2—34

600269 赣粤高速			
卖盘	5	3.47	35
	4	3.46	980
	3	3.45	88
	2	3.44	70
	1	3.43	54
买盘	1	3.42	1645
	2	3.41	2810
	3	3.40	3109
	4	3.39	2975
	5	3.38	1640

图 2—35

如图 2—34 所示，重庆啤酒某时间下档买盘买一到买五的挂单分别为：511 手、249 手、716 手、1023 手和 1110 手，相加的总量为 3600 手。上档的五档卖盘总量为 1100 手。那么下档的买盘总量是上档的卖盘总量的 3 倍。这就是明显的具有拦截效果的拦截形态挂单。同理，图 2—35 所示的赣粤高速某时间下档的买盘总量也是远大于卖盘总量，这也是拦截形态挂单。

拦截形态挂单根据挂单形态有分为以下四种：①递增拦截形态；②递减拦截形态；③“一”字拦截形态；④下蜂窝拦截形态。

首先强调拦截式挂单在实战中有很重要的实用性，尤其是主力在逢低建仓、骗取散户筹码的时候。

(1) 递增拦截形态。

递增拦截形态就是在下档的买盘里，从买一、买二、买三、买四到买五的挂单量依次在增加。盘面显示越往下买单量越大，就像金字塔一样。如图 2—34 所示。

实战中递增拦截形态挂单的运用如图 2—36 所示。

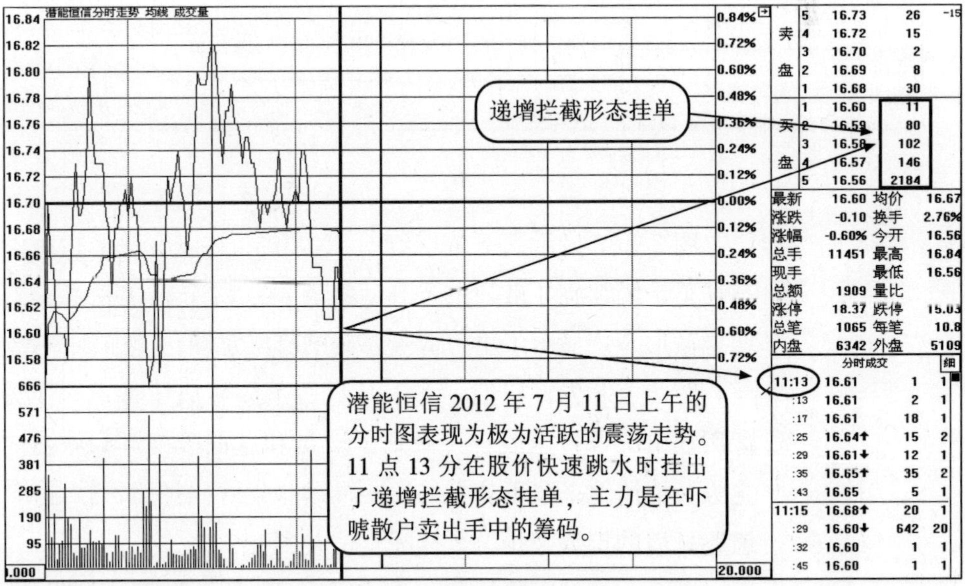

图 2—36

图 2—36 告诉我们：潜能恒信 2012 年 7 月 11 日早盘低开，大幅震荡，分时图的波形上下很活跃。11 点 13 分股价快速跳水时挂单就是递增拦截形态，主力意在吓出散户手中的筹码。而主力在 16.56 元的价格挂了 2184 手的大单拦截在这里，如果市场中散户有恐慌性的抛单，则主力在这个价位全接走了。

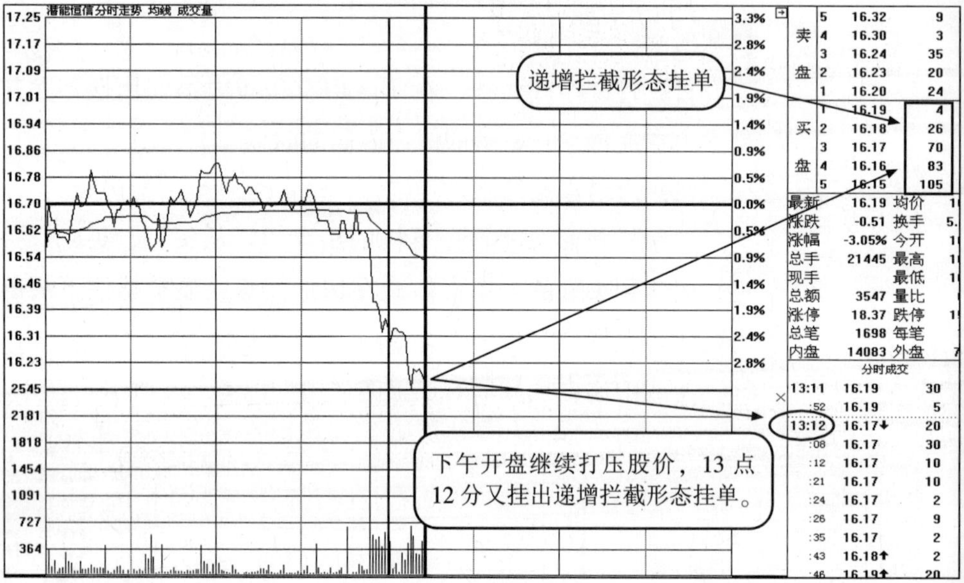

图 2—37

图 2—37 显示，下午继续打压股价，又挂出递增拦截形态挂单，继续恐吓散户的动作。在 13 点 12 分挂单依然是递增拦截形态，显示了主力低吸筹码的真实意图。

图 2—38 告诉我们：下午开盘后不久形成了低点，主力运用挂单配合打压股价，做到了洗盘和逢低吸纳，到收盘时主力又悄悄地采取不放量的形式继续收集筹码把股价拉起来。该股日后的走势又是怎么样呢？请看图 2—39。

图 2—39 的走势说明：主力 7 月 11 日经过充分地打压、

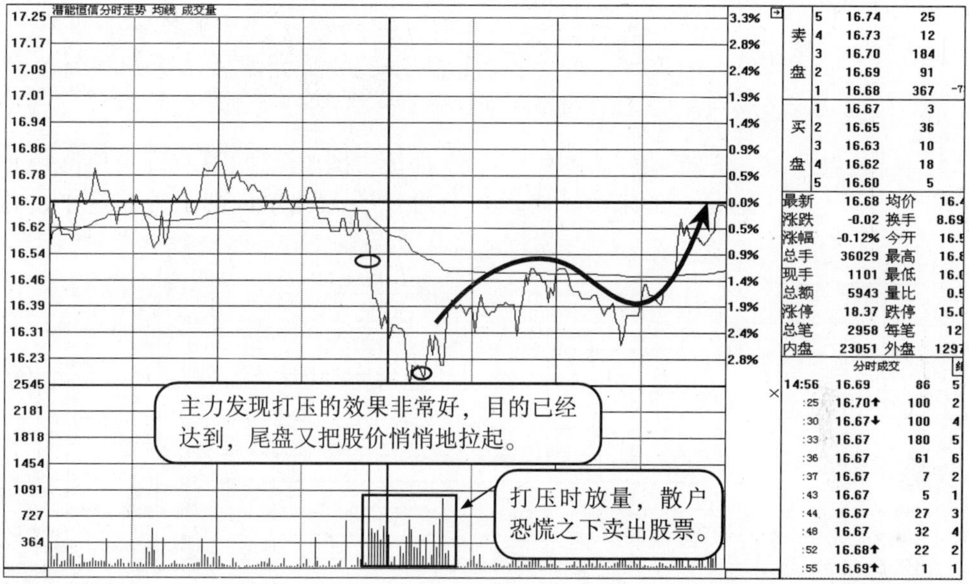
潜能恒信分时走势 均线 成交量
主力发现打压的效果非常好，目的已经达到，尾盘又把股价悄悄地拉起。
打压时放量，散户恐慌之下卖出股票。
卖盘
买盘
分时成交

图 2—38

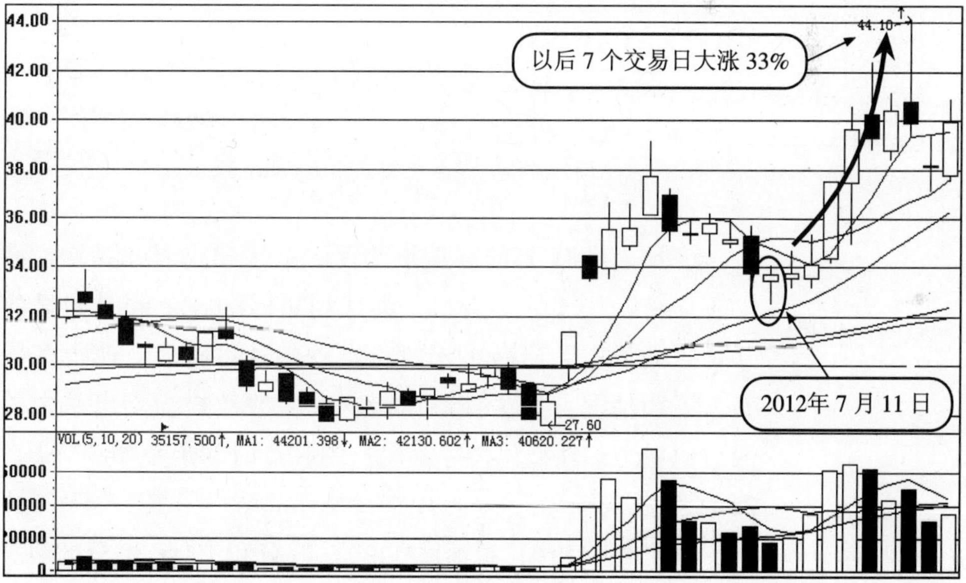
以后 7 个交易日大涨 33%
44.10
27.60
2012年 7 月 11 日
VOL(5,10,20) 35157.500↑, MA1: 44201.398↓, MA2: 42130.602↑, MA3: 40620.227↑

图 2—39

巧妙地收集筹码之后，在紧接着的 7 个交易日把股价拉升 33%的涨幅，再次成功地操作了一个大波段，达到顺利盈利的目的。

再来看 2012 年 7 月 17 日仁智油服的盘口挂单，如图 2—40 所示。

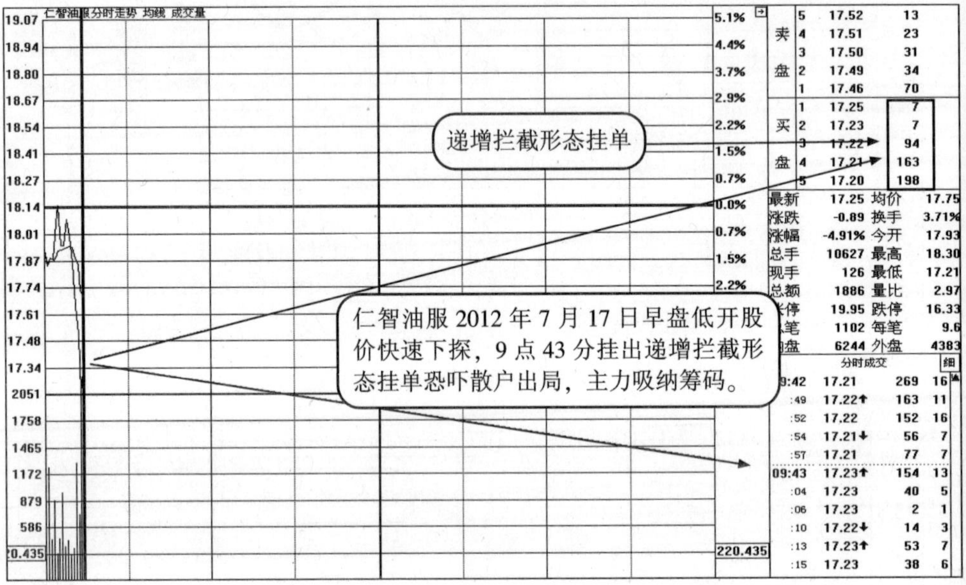

图 2—40

该股 7 月 17 日的早盘开盘后在 9 点 43 分挂出递增拦截形态挂单，从买一、买二、买三到买四的挂单看是明显的递增拦截形态。当时由于股价下跌的速度很快，使很多投资者不明情况，为了控制风险，大多数散户会卖出手中的股票。主力却在低位抢夺筹码。到收盘时的走势如图 2—41 所示。

在图 2—41 中仁智油服在 9 点 43 分和 10 点 30 分的两次利用递增拦截形态挂单方式打压后成功地吓出散户的筹码，在下午收盘后再度拉起，这恰恰说明挂单是主力用来欺骗散

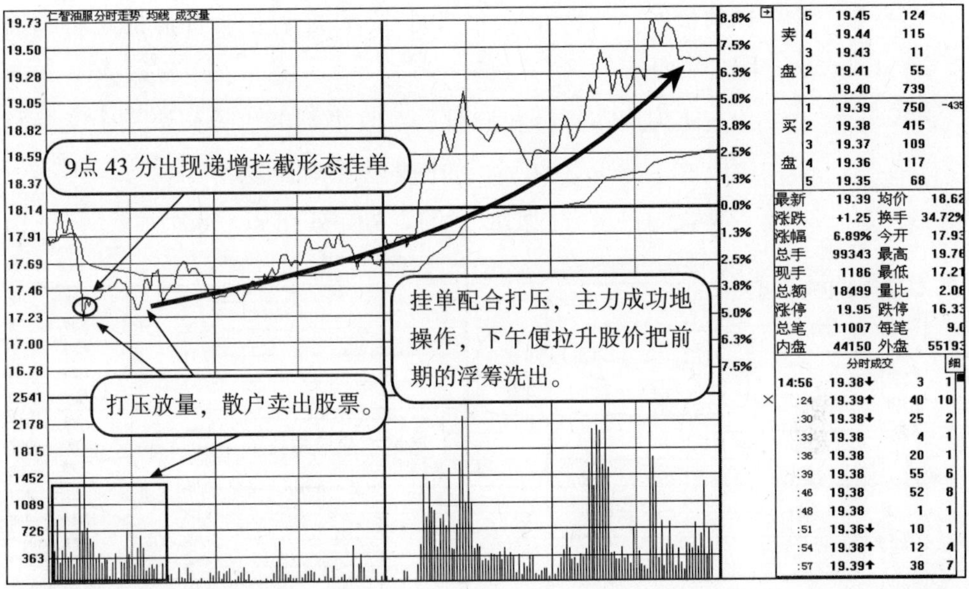
仁智油服分时走势 均线 成交量
9点43分出现递增拦截形态挂单
挂单配合打压，主力成功地操作，下午便拉升股价把前期的浮筹洗出。
打压放量，散户卖出股票。

图 2—41

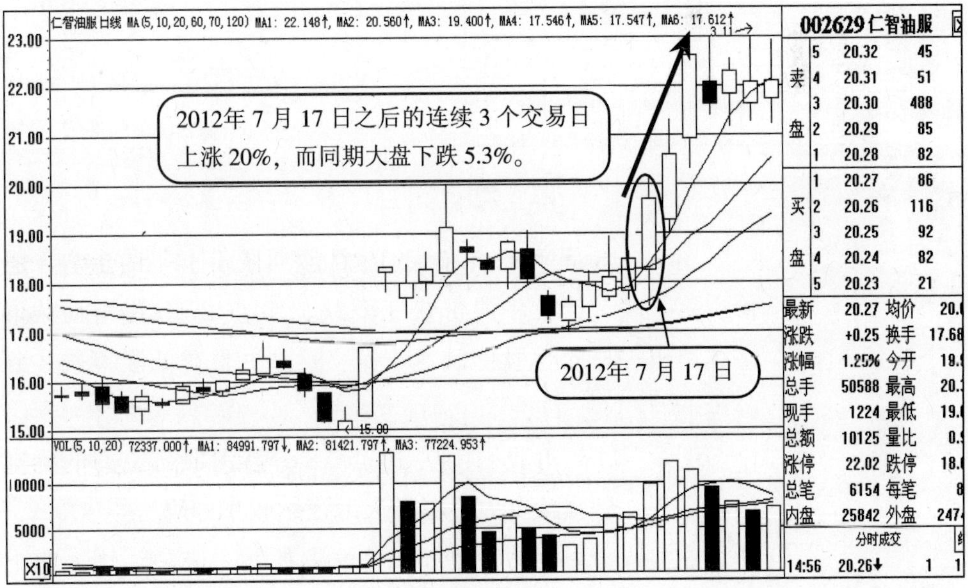
002629 仁智油服
2012年7月17日之后的连续3个交易日上涨20%，而同期大盘下跌5.3%。
2012年7月17日

图 2—42

户的最好办法。2012 年 7 月 17 日之后仁智油服的走势请看图 2—42。

主力成功打压和洗盘后，收集到低价筹码，三个交易日该股就上涨了近 20%，而同期大盘却下跌 5.3%。

我们再来看沙河股份的走势，如图 2—43 所示。

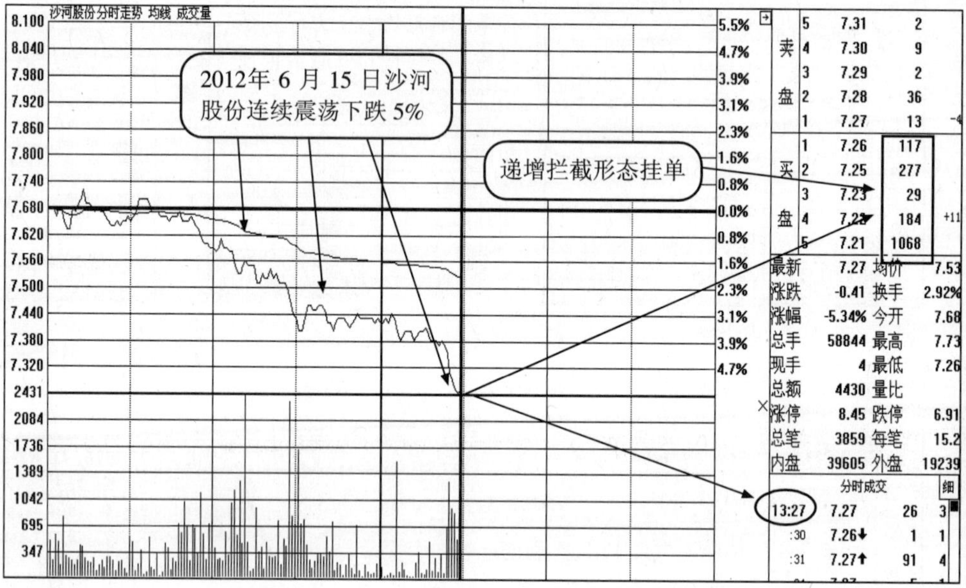

图 2—43

图 2—43 是 2012 年 6 月 15 日沙河股份上午的走势，股价震荡下跌，到下午股价快速下跌。13 点 27 分递增拦截形态挂单出现，此时股价已经下跌 5%，主力在低吸筹码。到收盘请看图 2—44。

图 2—44 告诉我们：从 13 点 28 分沙河股份主力的诱空挂单出现，到收盘主力不温不火地连续收集筹码。

沙河股份后续的走势如图 2—45 所示，主力运用大幅下跌，散户抛出筹码，再利用递增拦截形态挂单低位抢筹，随后用 11 个交易日拉升股价大涨了 40%。

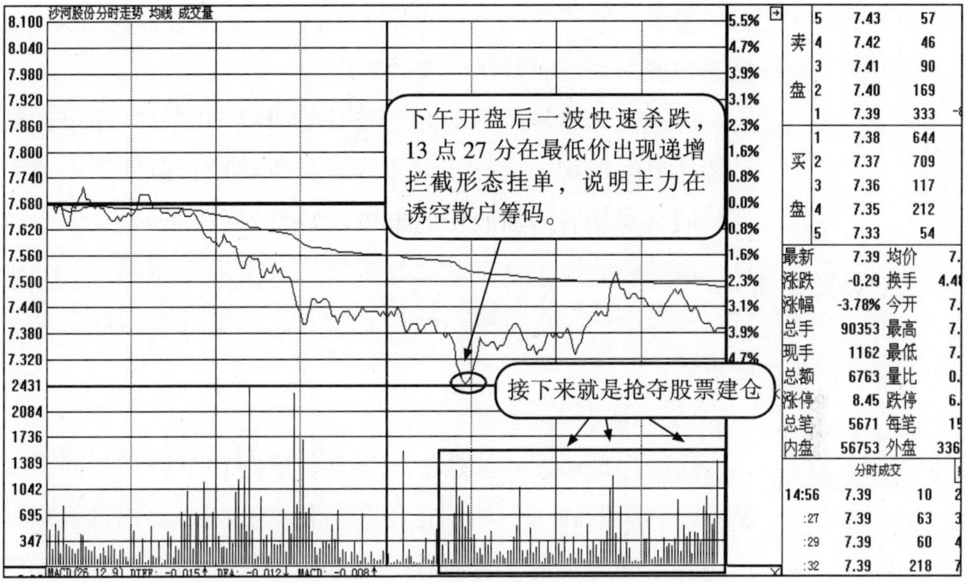
沙河股份分时走势 均线 成交量
下午开盘后一波快速杀跌，13点27分在最低价出现递增拦截形态挂单，说明主力在诱空散户筹码。
接下来就是抢夺股票建仓

图 2—44

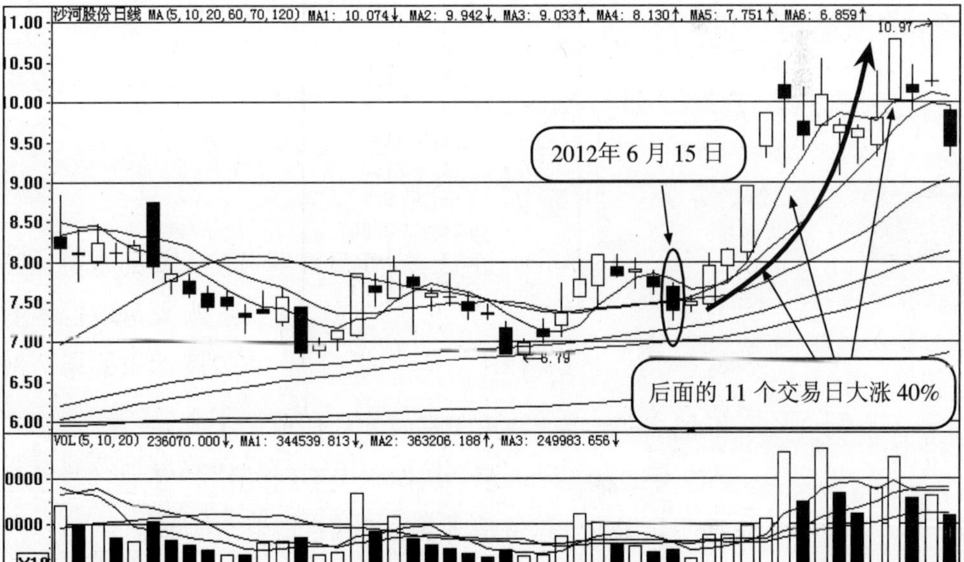
沙河股份 日线
2012年6月15日
后面的11个交易日大涨40%

图 2—45

警示：股票连续多日回调后出现递增拦截形态挂单时，是主力多用来低吸筹码、欺骗散户的。

需要注意的是：朋友们在看盘的时候不能忽略递增拦截形态挂单的现象，这种挂单形式多出现在股价急速下跌或者连续回调多日后的过程中。看盘时还要结合盘口的其他分析点（量峰、波形、分时成交）来使用，不能生搬硬套，否则会有很大的风险。量峰、波形、分时成交笔者在后面的章节会讲述。

（2）递减拦截形态。

递减拦截形态：就是指股票某一瞬间在下档买盘的位置从买一到买五的每一档的挂单数量依次在减小。视觉效果就像是一个倒三角形。盘面看从买一开始往下的接盘越来越少了，股价的支撑明显减弱，如图 2—46 所示。

600021 上海电力			
卖盘	5	5.21	816
	4	5.20	75
	3	5.19	1195
	2	5.18	15
	1	5.17	1143
买盘	1	5.16	2750
	2	5.15	501
	3	5.14	268
	4	5.13	101
	5	5.12	48

图 2—46

图 2—46 是上海电力某时间的挂单，从买一 2750 手、买二 501 手、买三 268 手、买四 101 手到买五 48 手，挂单数量依次明显减少，这就是典型的递减拦截形态挂单。

实战中递减拦截形态挂单的运用如图 2—47 所示。

图 2—47 是开开实业 2012 年 8 月 13 日开盘不久快速下跌的走势，9 点 34 分挂单出现递减拦截形态，买一是 471 手、

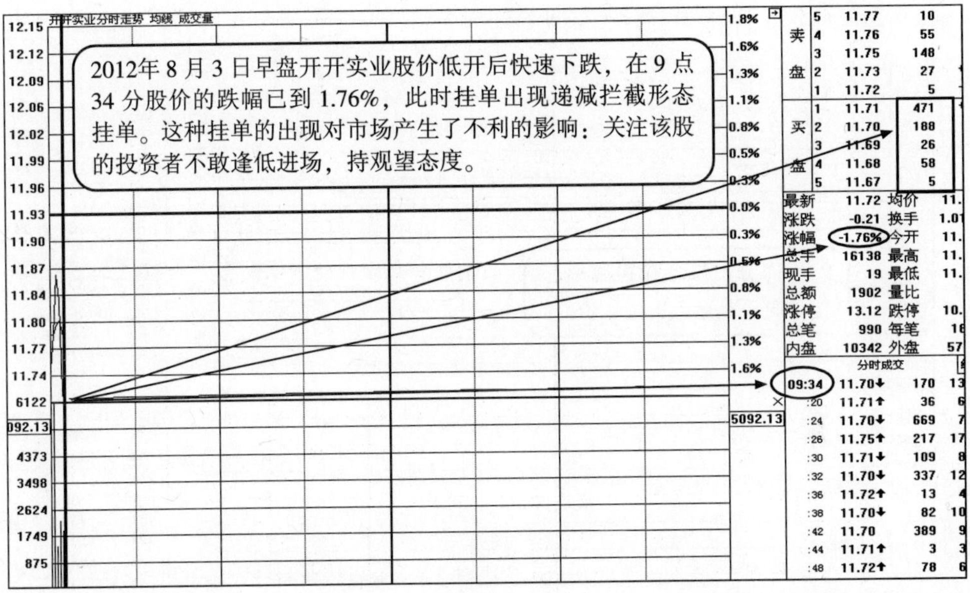

图 2—47

买二是 186 手、买四是 58 手，挂单依次向下在减少，使得市场多少人认为下跌的接盘明显减少，关注该股的投资者不敢进场，持观望态度。而持有该股的投资者看到此时股价的快速下跌，为了回避风险，多数人会采取离场观望的操作来应对，毕竟买一 11.71 元的位置还是有很多的接单的，而一旦挂单在 11.71 元进行交易，那么就会很快成交。可以想象这些股票是卖给谁了，当时的股价恰恰是当天的最低价。到收盘时全天的走势见图 2—48。

图 2—48 告诉我们：主力操盘时在拉升前是不希望散户跟风的。主力实际上非常了解我们广大散户是什么样的操盘心态，甚至他们知道散户的止损价格的极限位置。要做到这一点，用挂单实现他们的目的，是既省钱、省时又快捷的办法，这也是为什么很多朋友在盘中一旦卖出股票就卖在地板价的原因。开开实业这一天收盘以封死涨停板的走势结束交易。

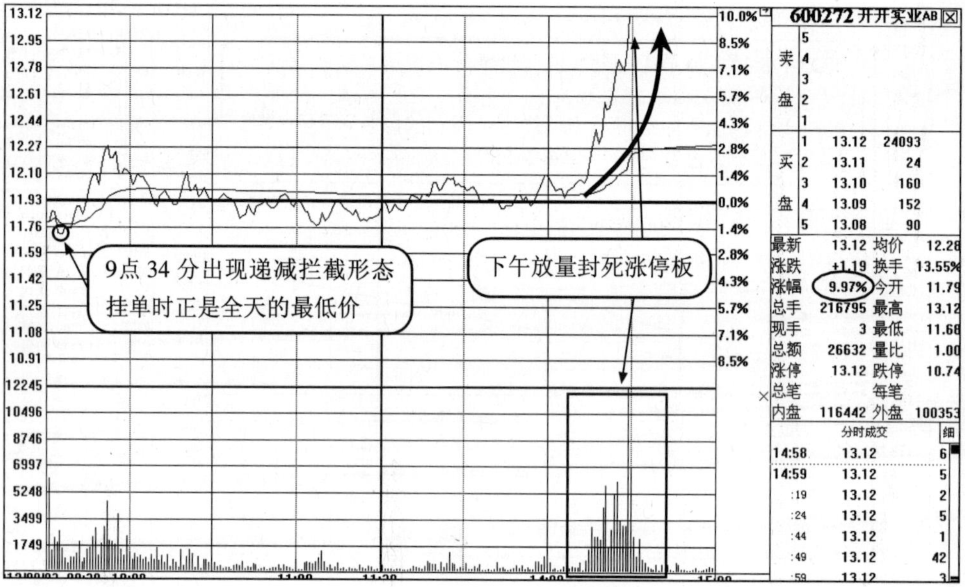
600272 开开实业AB
9点34分出现递减拦截形态挂单时正是全天的最低价
下午放量封死涨停板

图 2—48

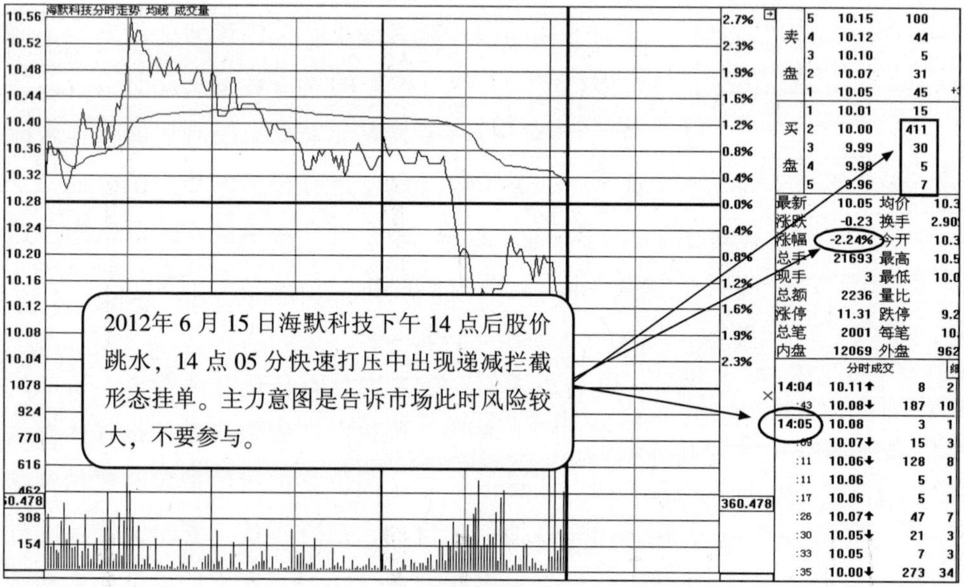
海默科技分时走势 均线 成交量
2012年6月15日海默科技下午14点后股价跳水，14点05分快速打压中出现递减拦截形态挂单。主力意图是告诉市场此时风险较大，不要参与。

图 2—49

图 2—49 是海默科技 2012 年 6 月 15 日的走势。上午主力先是放量拉升股价，而后打压震荡，到下午连续两次快速下探，这个过程明显是主力在震仓。14 点 05 分股价已经下跌了 2.24%，这个时候出现递减拦截形态挂单。主力意在告诉市场：此时下档接盘越来越少了，风险很大，散户朋友请不要参与。到收盘又是如何表现的呢？请看图2—50。

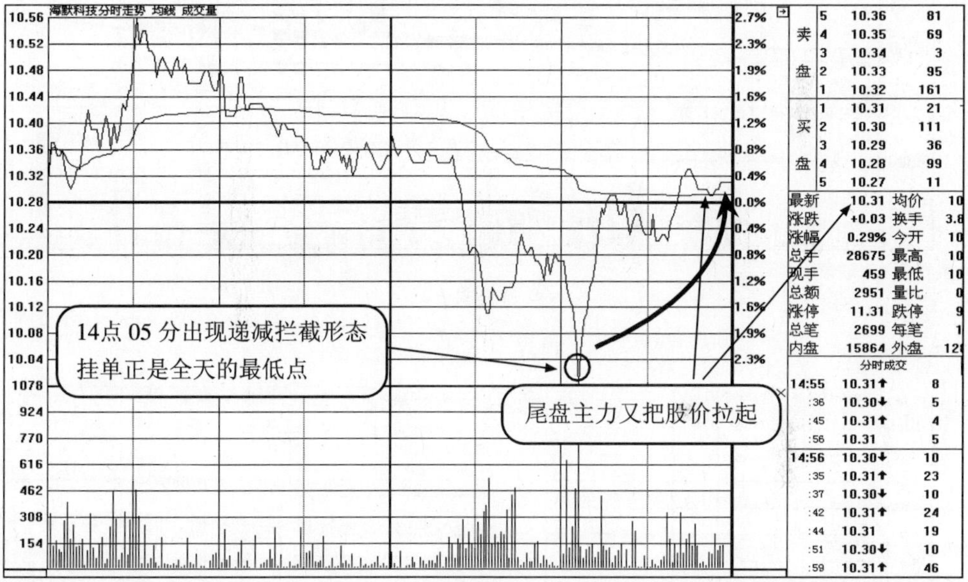

图 2—50

如图 2—50 所示，14 点 05 分的这种递减拦截形态挂单正是全天的最低点，收盘时股价又拉起。几天之后行情是怎么表现的呢？接着看图 2—51。

后面的 11 个交易日股价大涨 70%，成为当时市场极为罕见的牛股。

图 2—52 是华润双鹤 2012 年 4 月 25 日早盘震荡下跌的走势，到 10 点 45 分股价下跌 1.68%，此时挂单为递减拦截形态挂单。市场中主力同样是在打压吸筹，散户是不敢买进

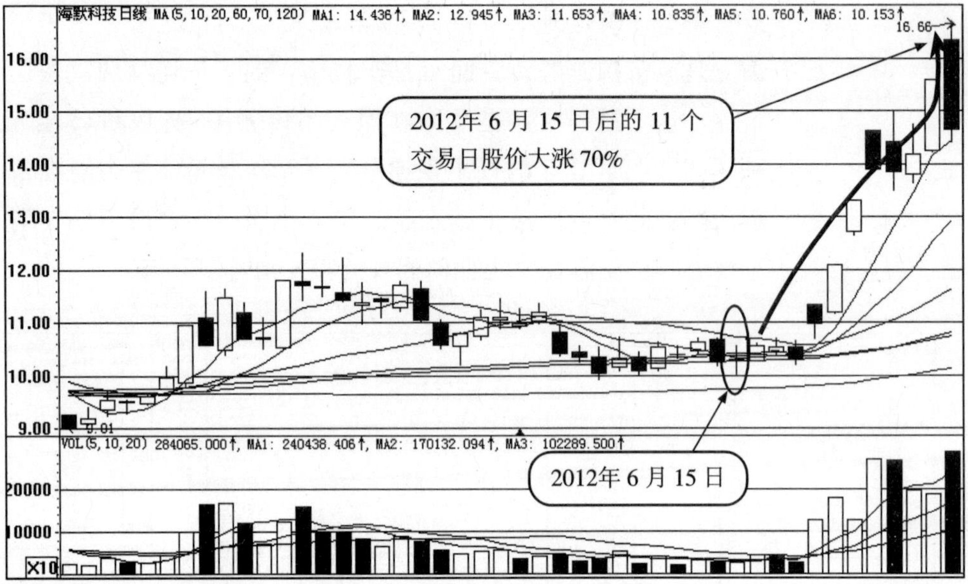
海默科技日线 MA(5,10,20,60,70,120) MA1: 14.436↑, MA2: 12.945↑, MA3: 11.653↑, MA4: 10.835↑, MA5: 10.760↑, MA6: 10.153↑
16.66
9.01
2012年6月15日后的11个交易日股价大涨70%
VOL(5,10,20) 284065.000↑, MA1: 240438.406↑, MA2: 170132.094↑, MA3: 102289.500↑
2012年6月15日
×10

图 2—51

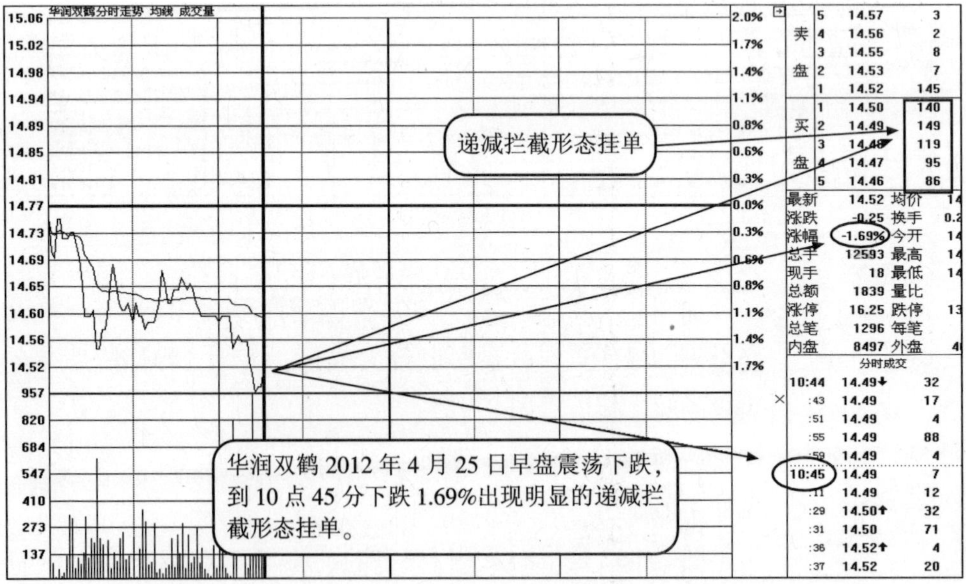
华润双鹤分时走势 均线 成交量
卖盘
买盘
递减拦截形态挂单
最新 14.52 均价
涨跌 -0.25 换手
涨幅 -1.69% 今开
总手 12593 最高
现手 18 最低
总额 1839 量比
涨停 16.25 跌停
总笔 1296 每笔
内盘 8497 外盘
分时成交
华润双鹤2012年4月25日早盘震荡下跌，到10点45分下跌1.69%出现明显的递减拦截形态挂单。

图 2—52

的。因为大多数散户朋友喜欢关注和买进已经上涨的股票（追强势股）。

这个时候华润双鹤是被市场遗忘和丢弃的，但是到尾市收盘它完全收复失地。请看图 2—53。

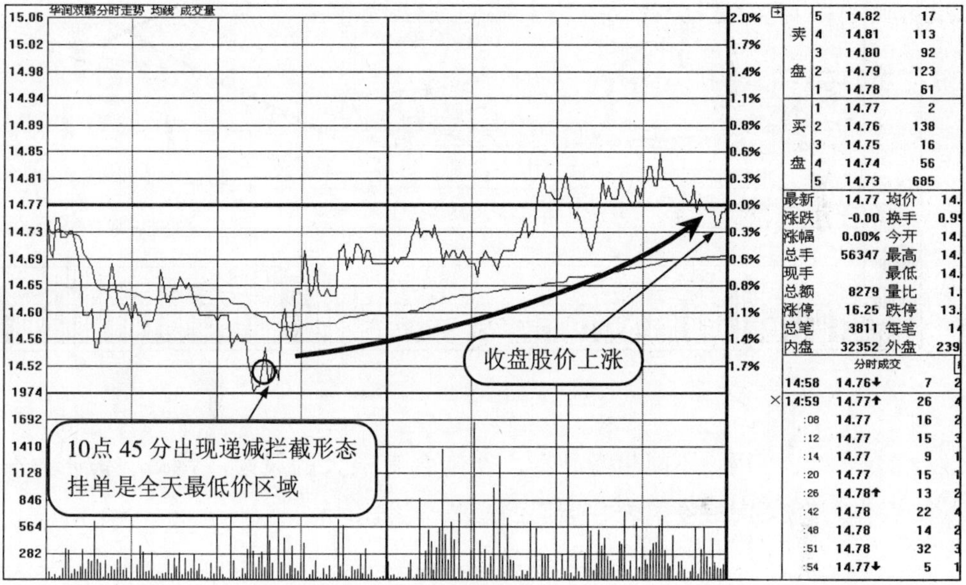

图 2—53

如图 2—53 所示，华润双鹤主力采取打压进场、拉高吸货的形式在盘中达到了洗盘、建仓、探底的三重目的。我们不得不考虑：为什么该股上午打压股价后尾盘又拉起来呢？当然结果会告诉我们，这一天就是为行情的展开写下了漂亮开篇，见图 2—54。

华润双鹤 4 月 25 日主力的操作完成了洗盘、吸筹的步骤后，便开始了长牛之路。

警示：要注意的是，递减拦截形态挂单多出现在主力洗盘的结束点，也就是最后一次回调的最低点的区域。看盘时还要结合盘口的其他分析点（量峰、波形、分时成交）来使

图 2—54

用，不能生搬硬套，否则会有很大的风险。量峰、波形、分时成交笔者在后面的章节会讲述。

(3)“一”字拦截形态。

“一”字拦截形态：就是在股票盘口走势图中，“买盘”栏买一到买五的任何一档都可能会出现明显超过其他一档的数量的大的拦截单。视觉效果如同汉字“一”一样。盘面上给人感觉拦截效果明显、护盘的实力雄厚。如图2—55 和图2—56 所示。

卖盘	5	525	2988
	4	524	3435
	3	523	1350
	2	522	732
	1	521	997
买盘	1	520	25863
	2	519	355
	3	518	633
	4	517	181
	5	516	847

图 2—55

卖盘	5	2135	19
	4	2134	6
	3	2133	136
	2	2132	140
	1	2131	11
买盘	1	2130	8
	2	2128	1583
	3	2121	5
	4	2120	112
	5	2113	15

图 2—56

图 2—55 的股票是大盘股在某一时刻的挂单，此时买一的位置挂出 25863 手的大单，其余的四档挂单都是明显小于它的小单，在盘中起到拦截的效果，意思是有超大的资金等待于此，不怕抛盘的涌出，或者是在告诉市场主力在护盘，“你卖多少我收多少”。这就是“一”字拦截形态挂单。图2—56 是一个小盘股，在买二的档位挂出 1583 手，虽然挂出的位置不同，但是盘面效果是一样的，也是“一”字拦截形态挂单。

“一”字拦截形态挂单经常出现，但在盘中出现的情况和股价所处的位置却有着三种完全不一样的意义。

①如果股票经过了一波大幅上涨的行情，某一天出现“一”字拦截挂单，这很可能是主力采取这种挂单来吸引散户进场，主力在出货。

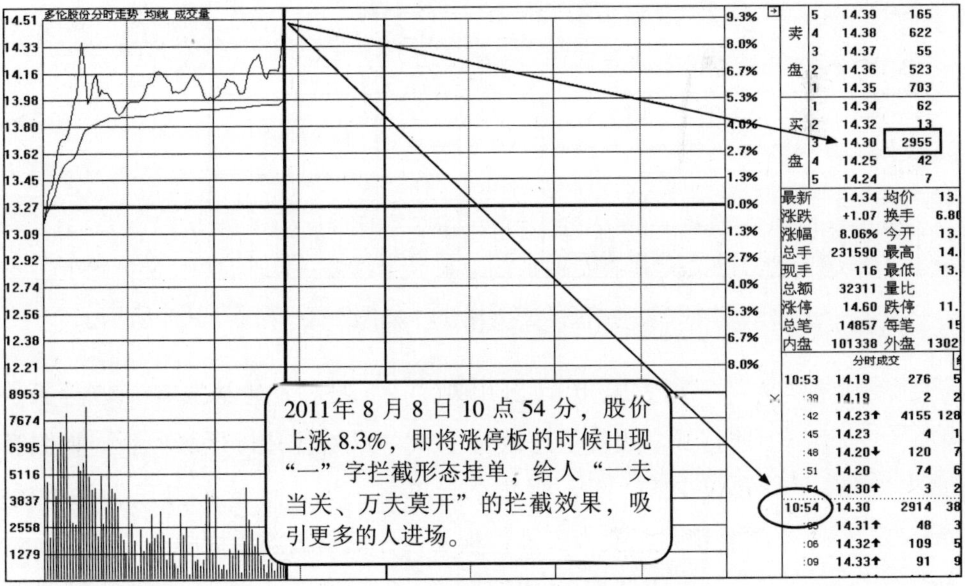

图 2—57

图 2—57 是多伦股份在 2011 年 8 月 8 日这天开盘后快速放量拉升的走势，10 点 54 分买盘中的买三档有 2955 手的大拦截单出现，给人以“一夫当关、万夫莫开”的拦截效果，吸引市场继续跟风买进，而主力则进行派发。从当天的交易效果看，确实有很多的资金在疯狂的进场，甚至到收盘该股还居然涨停，但是封死涨停板的挂单量不是很大，请看图 2—58。

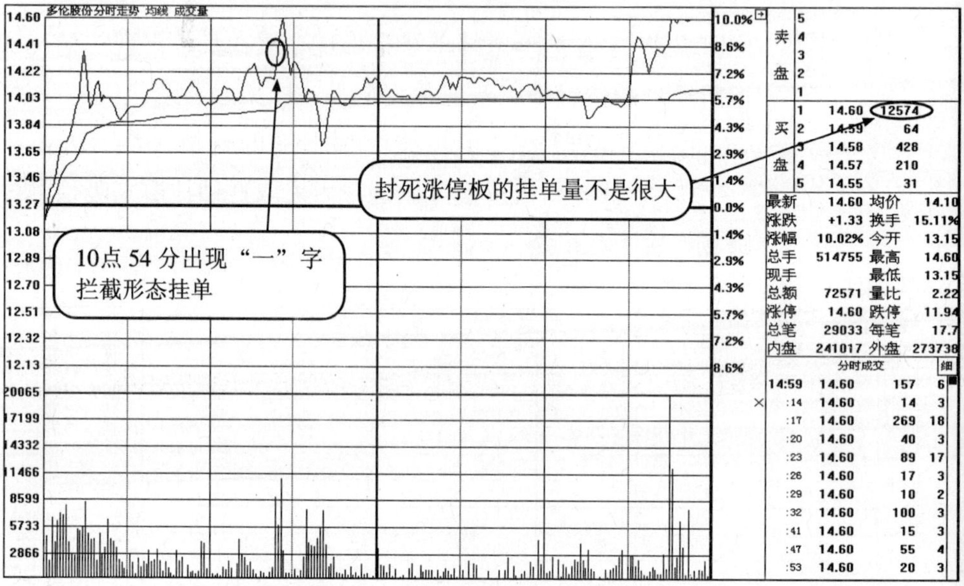

图 2—58

该股 10 点 54 分出现“一”字拦截形态挂单后涨停板快速打开，股价快速放量下跌，到尾盘又封死涨停板，而封单仅仅 12574 手，明显是封单量不大，这是主力在告诉市场：“我很强，我今天涨停板了，你们不买就后悔吧。”

由于该股前面已经有了大幅的上涨，涨幅已经有近 200%，主力的获利极大。请看图 2—59。

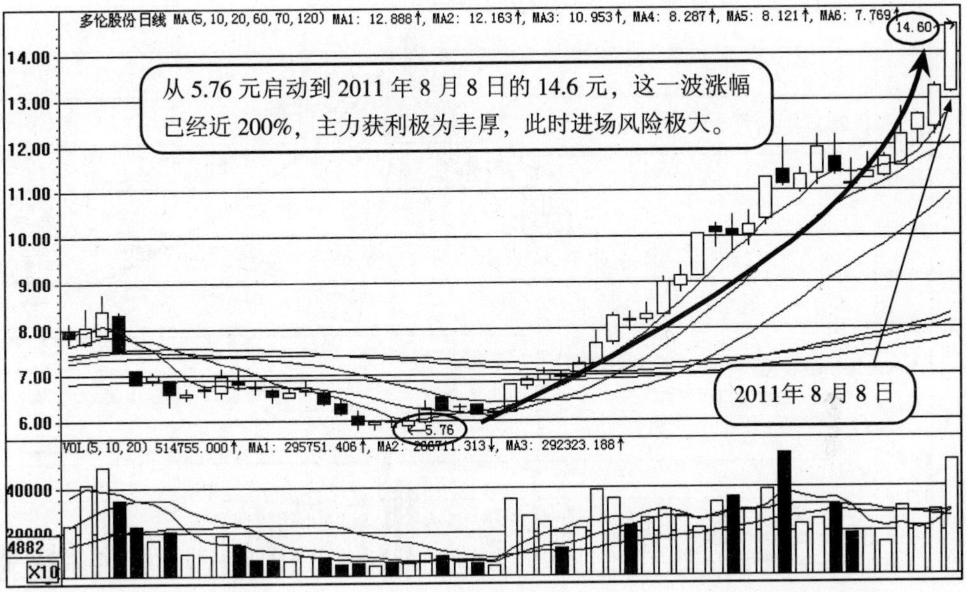

图 2—59

图 2—59 告诉我们：在股价经过一波大幅上涨后如果股价还在继续走强，那我们要通过细节研判主力的操盘意图。涨幅越大往往风险也就越大。

那么 8 月 8 日之后的走势如何呢？请看图 2—60。

多伦股份第二天也就是 2011 年 8 月 9 日就开始低开低走，收盘在跌停板附近。8 月 8 日追涨买入的投资者根本不可能获利出局。后面的最大跌幅达到 70%。

警示：了解大单挂出的真实意图，可以帮助我们了解风险之所在，也可以帮助我们在高位出局。

②如果股票在一个长期下跌过程中的某一天出现“一”字拦截挂单，说明主力在吸筹。

下面还是多伦股份“一”字拦截形态挂单出现的战例。2012 年 7 月 30 日以前的 K 线走势，图中显示该股已经连续 28 天的下跌。到了 7 月 31 日走势有了转机，如图 2—62 所示。

图 2—62 告诉我们：多伦股份开盘后继续延续下跌趋势，

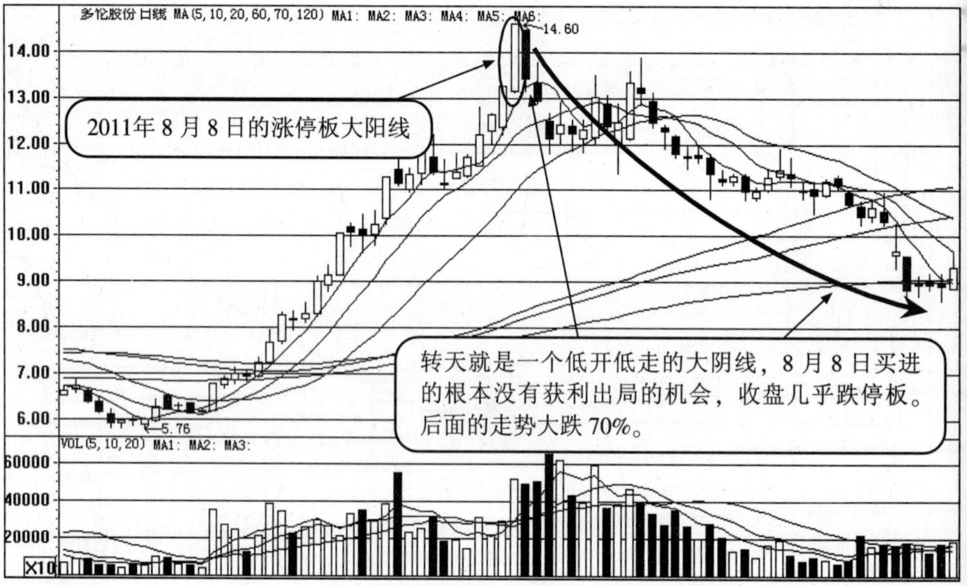
多伦股份日线 MA(5,10,20,60,70,120) MA1: MA2: MA3: MA4: MA5: MA6:
14.60
5.76
2011年8月8日的涨停板大阳线
转天就是一个低开低走的大阴线，8月8日买进的根本没有获利出局的机会，收盘几乎跌停板。后面的走势大跌70%。
VOL(5,10,20) MA1: MA2: MA3:

图 2—60

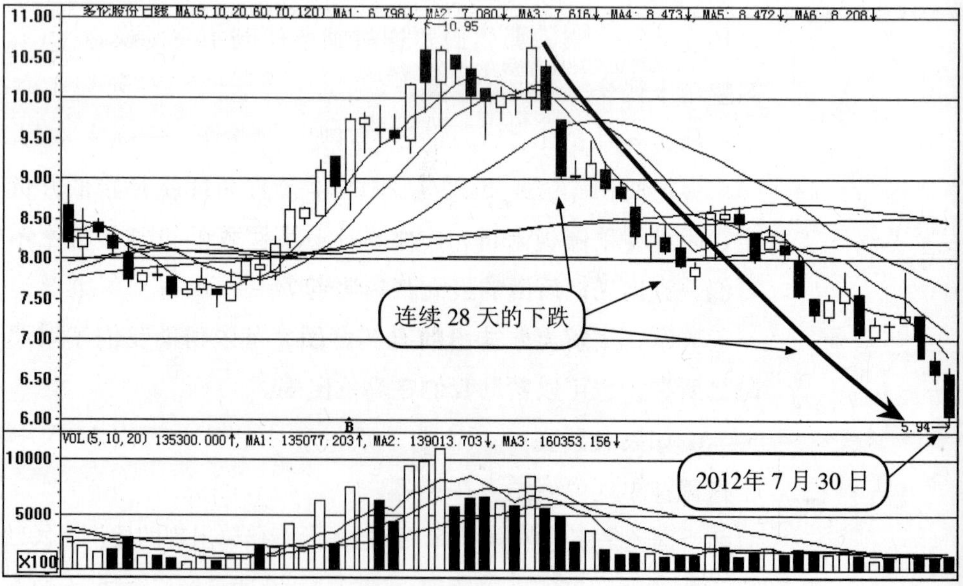
多伦股份日线 MA(5,10,20,60,70,120)
10.95
5.94
连续28天的下跌
2012年7月30日
VOL(5,10,20) 135300.000↑, MA1: 135077.203↑, MA2: 139013.703↓, MA3: 160353.156↓

图 2—61

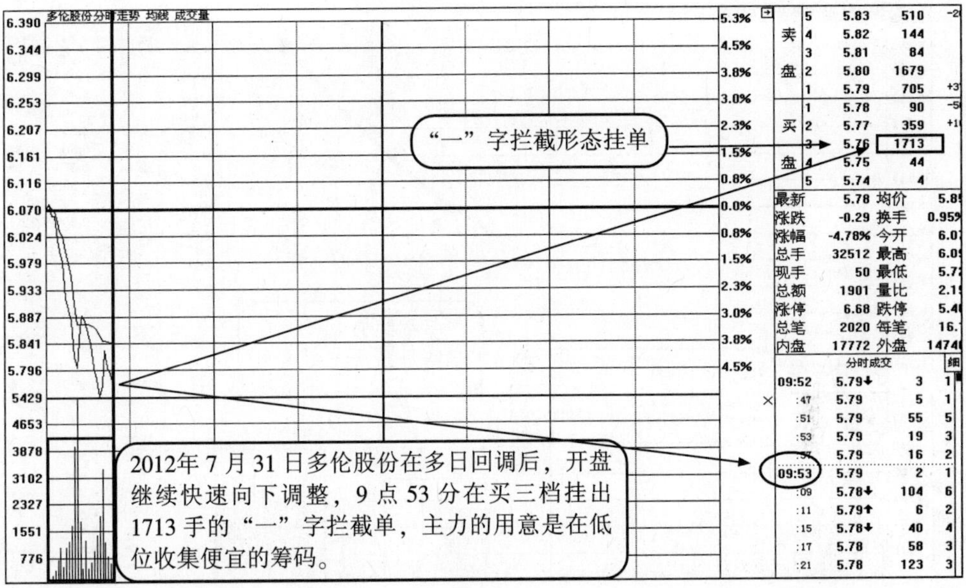

图 2—62

在 9 点 53 分下档买盘里买三档出现 1713 手的拦截单，主力的用意显然是在弱势市场中在低位收集便宜的筹码。

主力在完成低位的收集后，下午快速拉升股价，见图 2—63。

图 2—64 告诉我们：多伦股份在连续多日下跌后的 2012 年 7 月 31 日，9 点 53 分的“一”字拦截形态挂单的突然出现，告诉我们该股主力已经抄底进场了，而且下午继续加大买入的力度使得走势出现量增价涨的态势，当天从低点 5.7 元到高点 6.4 元上涨 11%。

③股价长期在箱体内震荡，盘中某时刻或者某一天多次在盘中出现“一”字拦截挂单，这很可能是主力在进行拉升前的试盘。

股票在箱体震荡的时候一般投资者很难把握哪一次的向上突破是真实有效的，操作上有很大的困难。“一”字拦截形态的挂单可以帮助我们识别出真实的突破。

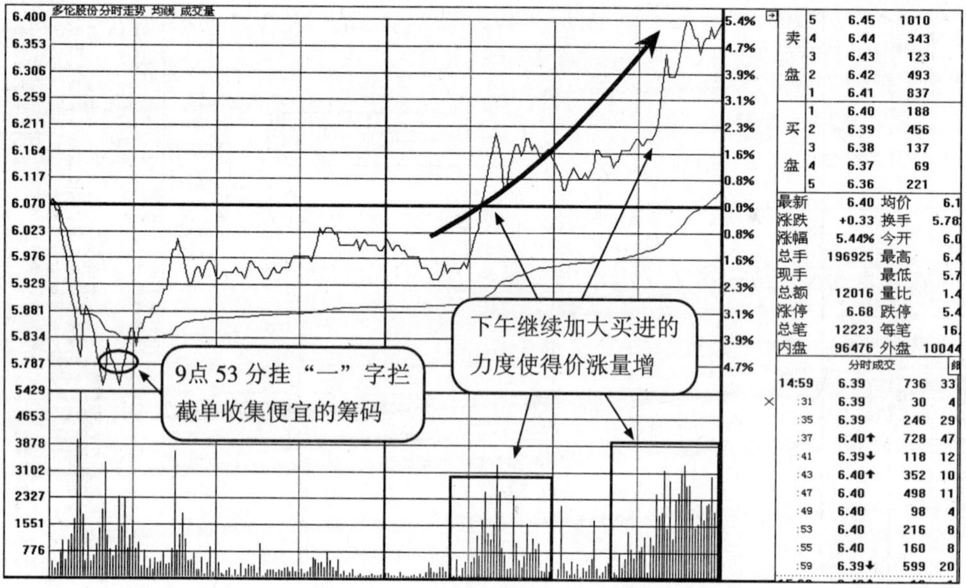
多伦股份分时走势 均线 成交量
9点53分挂“一”字拦截单收集便宜的筹码
下午继续加大买进的力度使得价涨量增

图 2—63

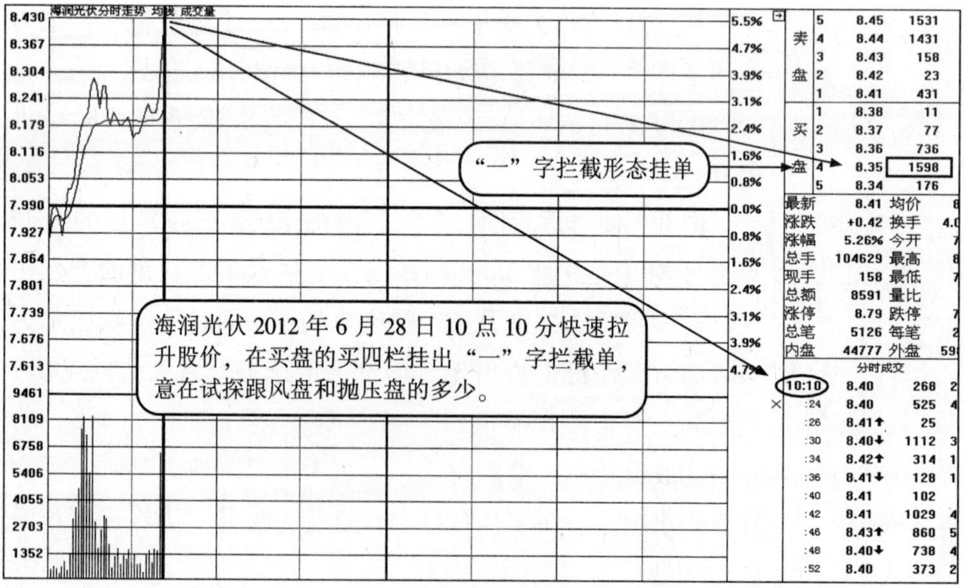
海润光伏分时走势 均线 成交量
“一”字拦截形态挂单
海润光伏2012年6月28日10点10分快速拉升股价，在买盘的买四栏挂出“一”字拦截单，意在试探跟风盘和抛压盘的多少。

图 2—64

图 2—64 告诉我们：主力在做完箱体震荡后，如果要向上突破，一般都要先做试盘。2012 年 6 月 28 日海润光伏开盘后快速拉升股价，10 点 10 分买盘的买四档出现了 1598 手的"一"字拦截挂单，这个挂单的用意是试探跟风盘和抛压盘的多少，如果跟风盘和抛压盘多，则说明前期的洗盘效果还是不理想，后市可能继续在箱体内震荡洗盘；如果少，则主力就会让股价突破箱体继续展开上涨行情。

图 2—65 显示：海润光伏 10 点 10 分的"一"字拦截单试盘后股价虽然创新高，但是量峰明显在减小，说明跟风盘和抛压盘不多，前期的洗盘很充分。下午股价震荡下行，量峰缩小到极点，便于主力继续后市做多。图 2—66 是该股成功突破后一周上涨 19%的 K 线走势。

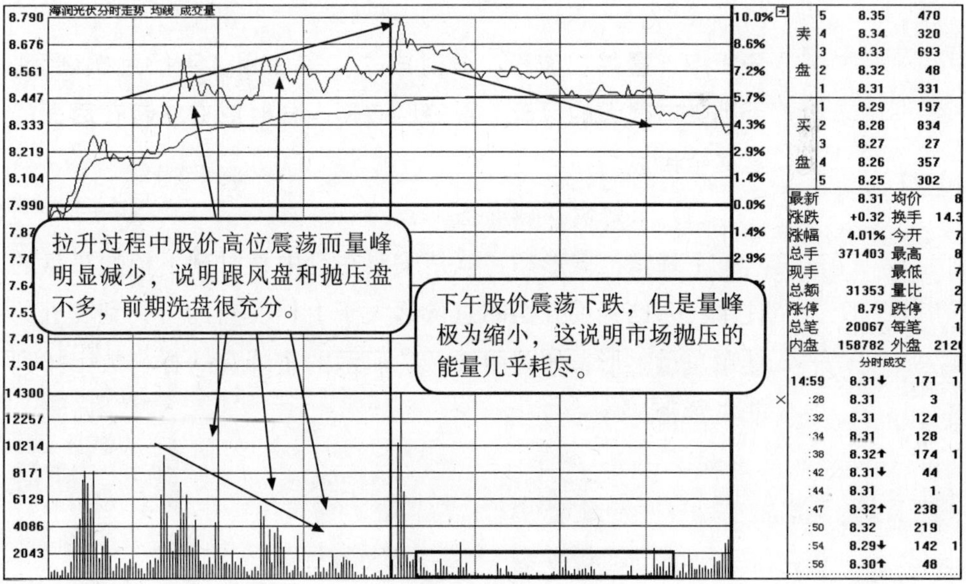

图 2—65

警示："一"字拦截形态的挂单在盘中经常出现，朋友们看好它出现时股价所处的位置，看盘时还要结合盘口的其他

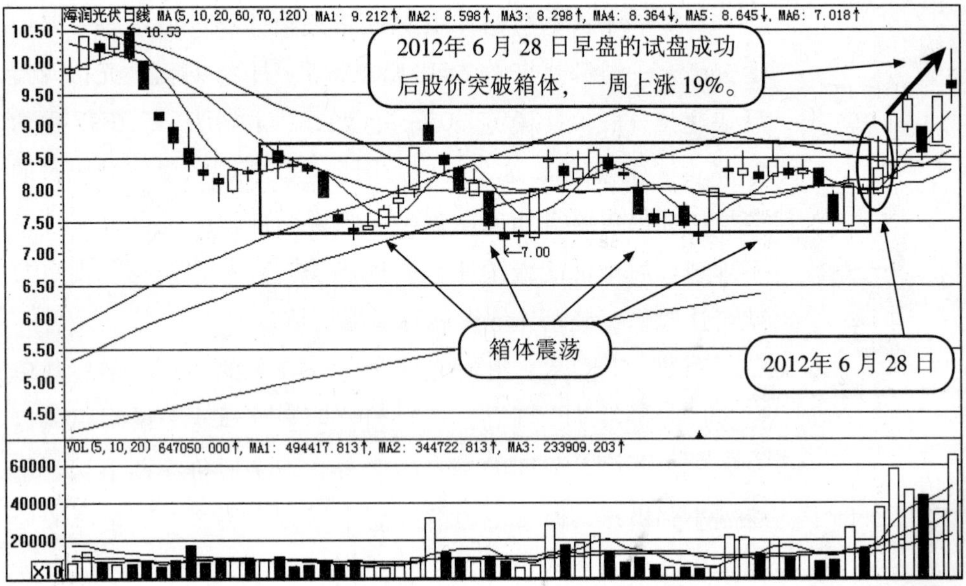

图 2—66

分析点（量峰、波形、分时成交）来使用，不能生搬硬套，否则会有很大的风险。量峰、波形、分时成交笔者在后面的章节会讲述。

（4）下蜂窝拦截形态。

下蜂窝拦截形态：就是股票在盘中某时刻下档的买盘的挂单买一档到买五档的总量远大于上档卖盘的卖一到卖五的挂单总量。形态如同图 2—67 所示的蜜蜂窝一样，数字排列非常紧密。

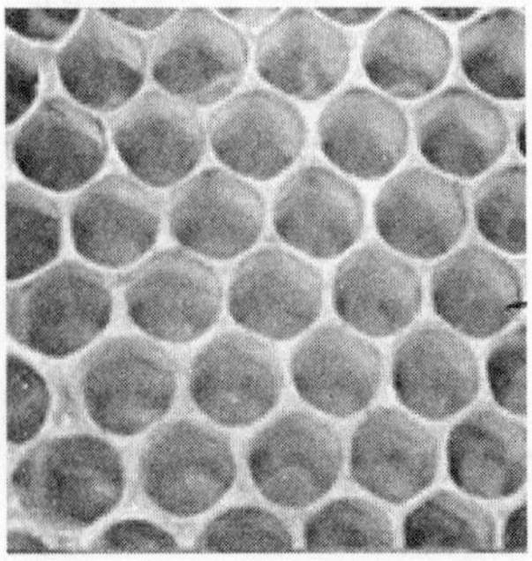

图 2—67

从数字的格式上看，一般小盘股是呈现3位数均匀排列，大盘股一般是4位数或者5位数均匀排列。视觉上感觉就像是国庆天安门阅兵方阵一样，如图2—68和图2—69所示。

600022 山东钢铁			
卖盘	5	2.31	88
	4	2.30	388
	3	2.29	457
	2	2.28	47
	1	2.27	871
买盘	1	2.26	1383
	2	2.25	2587
	3	2.24	5607
	4	2.23	5256
	5	2.22	7931

图2—68

002272 川润股份			
卖盘	5	7.47	88
	4	7.46	283
	3	7.45	99
	2	7.44	26
	1	7.43	29
买盘	1	7.42	513
	2	7.41	534
	3	7.40	524
	4	7.39	129
	5	7.38	232

图2—69

下蜂窝拦截形态出现时的盘面特征：买一到买五各个档在这个时刻挂出的要买进的股票数量巨大，给人的感觉是股价好像在这一时刻有一股巨大的资金都在此排队等待买进股票，或者是给人以护盘力量很强大的感觉。

下蜂窝拦截形态多出现在以下三种情况：

①主力打压洗盘结束后开始收集筹码、缩量上涨的过程中；

②股票熊市下跌过程的中期；

③主力拉高出货的过程中。

首先，我们看第一种情况：下蜂窝拦截形态多出现在主力打压洗盘结束后开始收集筹码、缩量上涨的过程中。

如图2—70所示，大元股份在2012年1月19日利用下蜂窝拦截单低位收集筹码。此后的时间依然在持续建仓，请看图2—71。

图2—71告诉我们：大元股份经过早盘的打压，把市场中的浮筹吓出，配合下蜂窝拦截挂单主力成功地收集了足够

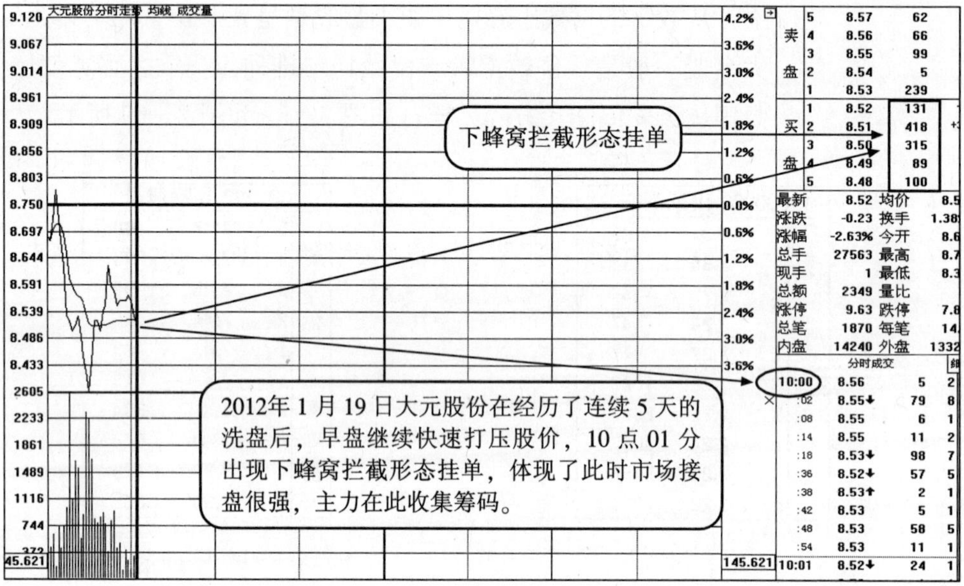
下蜂窝拦截形态挂单
2012年1月19日大元股份在经历了连续5天的洗盘后，早盘继续快速打压股价，10点01分出现下蜂窝拦截形态挂单，体现了此时市场接盘很强，主力在此收集筹码。

图 2—70

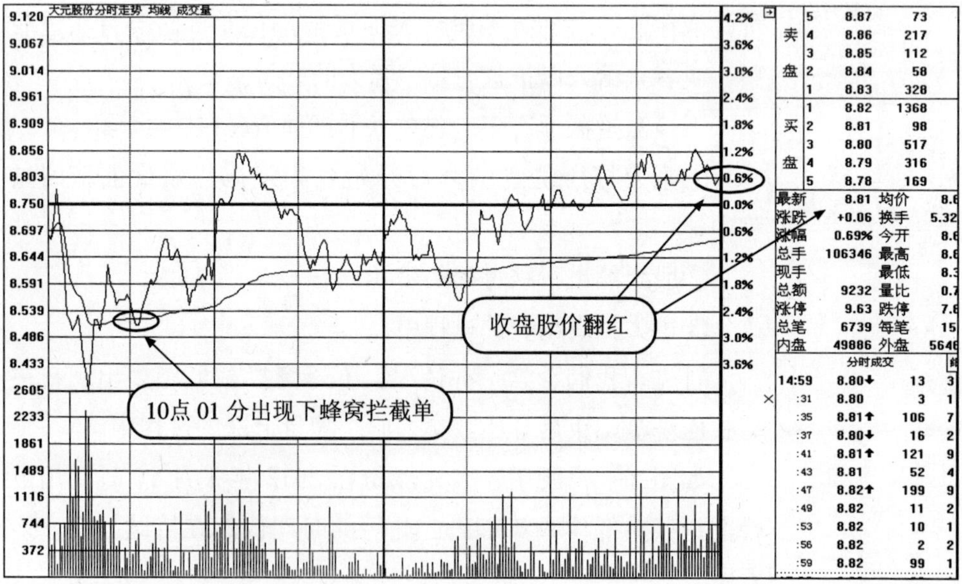
收盘股价翻红
10点01分出现下蜂窝拦截单

图 2—71

的筹码，到收盘股价翻红，为主力后面的操作打下了良好的基础。请看图 2—72，股价在 1 月 19 日之后，连续上涨，不到一个月的时间涨幅接近 100%。

如图 2—72 所示，该股在以后的 21 个交易日股价大涨 100%。

第二种情况：股票熊市下跌过程的中期。股票在下跌行情中，下蜂窝拦截形态挂单是经常出现的。

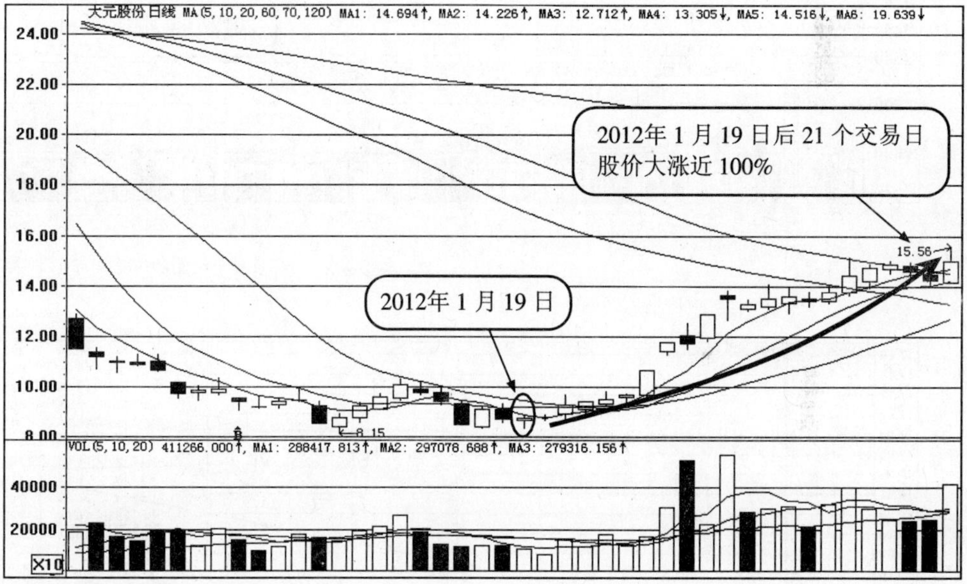

图 2—72

图 2—73 是中兴通讯 2012 年 5 月 16 日以前的 K 线走势，从图中可以看出该股明显处于弱势状态，尽管前一交易日收出大阳线，但是我们看看当天的盘口，如图 2—74 所示。

中兴通讯在 10 点 01 分出现明显的下蜂窝拦截单。从挂单的视觉效果看，下档的接盘很多，护盘的资金坚决，后市不应该继续下跌。实际上这只是主力做出的假象。当然，后市也应该不会有好的表现。请看图 2—75。

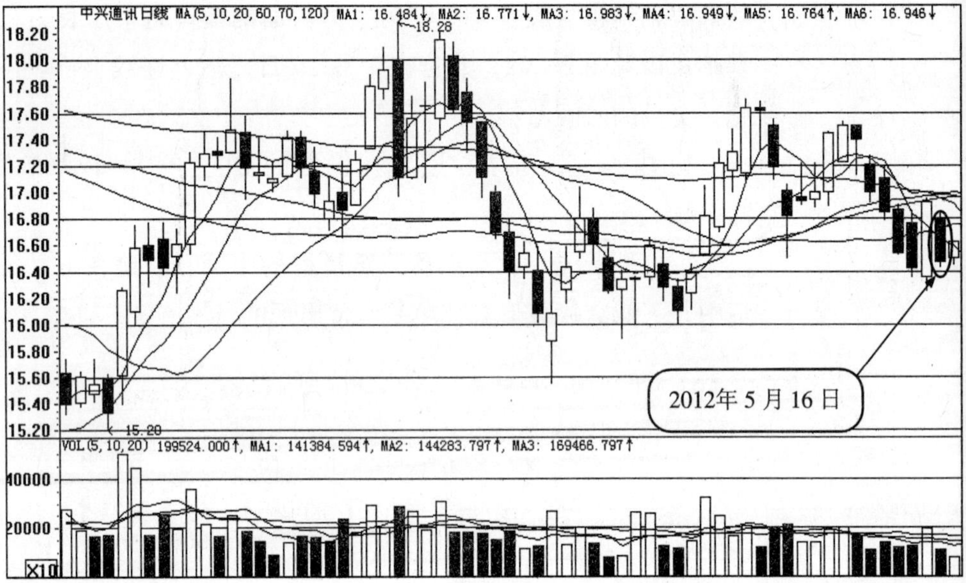
中兴通讯日线 MA(5,10,20,60,70,120) MA1: 16.484↓, MA2: 16.771↓, MA3: 16.983↓, MA4: 16.949↓, MA5: 16.764↑, MA6: 16.946↓
18.28
15.20
2012年5月16日
VOL(5,10,20) 199524.000↑, MA1: 141384.594↑, MA2: 144283.797↑, MA3: 169466.797↑

图 2—73

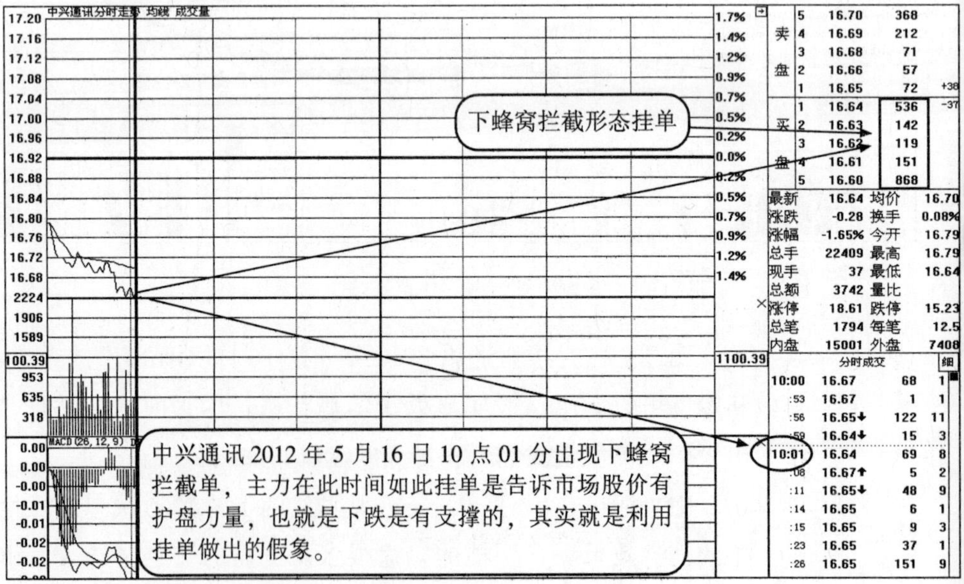
中兴通讯分时走势 均线 成交量
下蜂窝拦截形态挂单
卖盘
买盘
最新 16.64 均价 16.70
涨跌 -0.28 换手 0.08%
涨幅 -1.65% 今开 16.79
总手 22409 最高 16.79
现手 37 最低 16.64
总额 3742 量比
涨停 18.61 跌停 15.23
总笔 1794 每笔 12.5
内盘 15001 外盘 7408
分时成交
中兴通讯 2012 年 5 月 16 日 10 点 01 分出现下蜂窝拦截单，主力在此时间如此挂单是告诉市场股价有护盘力量，也就是下跌是有支撑的，其实就是利用挂单做出的假象。

图 2—74

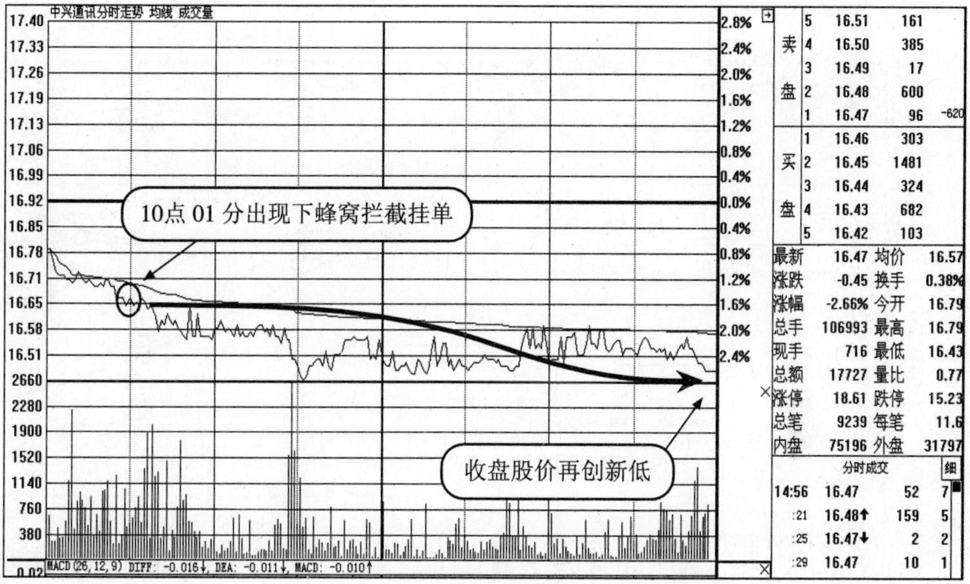

图 2—75

图 2—75 告诉我们：从上午 10 点 01 分开始到收盘持续出现下蜂窝拦截形态挂单，而股价是持续下跌的。

2012 年 5 月 16 日后面的走势见图 2—76 所示，42 个交易日该股盘口持续出现下蜂窝拦截单股价大幅下跌近 60%。

第三种情况：主力拉高出货的过程中。如果某股票前期已经有了大幅的上涨，盘中频繁出现下蜂窝拦截形态挂单，则要小心主力是在派发出货了。

这种挂单的真相在于：主力在下档的买盘之后发现从买一到买五有很多的等待买入的散户挂单，而自己要明目张胆地出货，势必会造成盘面上明显的放量下跌，为了掩人耳目主力都会在下档的这些散户单的后面再加上自己的大单，造成下档有大量的资金在这里积极买入的假象，主力则自己不温不火地慢慢出货。

以莫高股份为例，如图 2—77 所示。

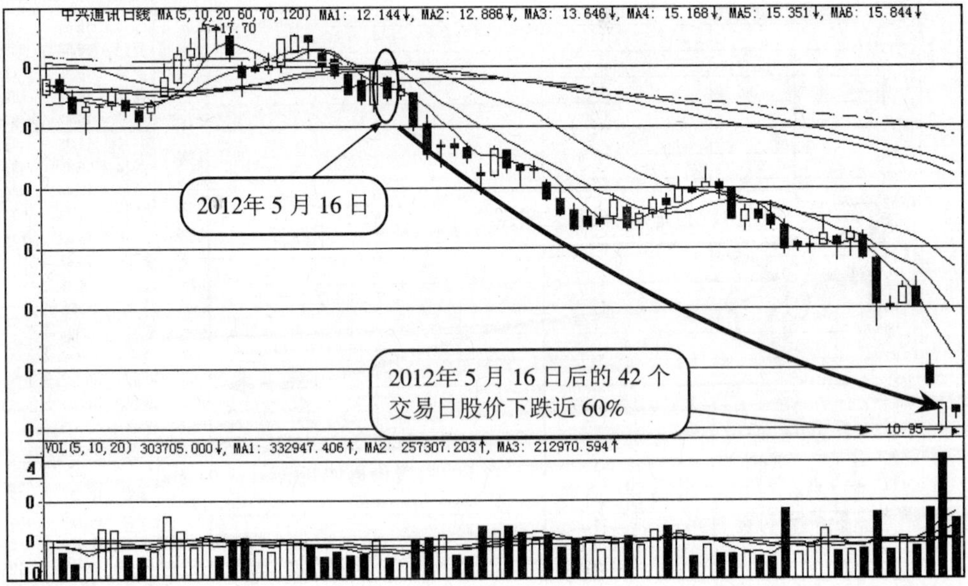
中兴通讯日线 MA(5,10,20,60,70,120) MA1: 12.144↓, MA2: 12.886↓, MA3: 13.646↓, MA4: 15.168↓, MA5: 15.351↓, MA6: 15.844↓
17.70
2012年5月16日
2012年5月16日后的42个交易日股价下跌近60%
10.95
VOL(5,10,20) 303705.000↓, MA1: 332947.406↑, MA2: 257307.203↑, MA3: 212970.594↑

图 2—76

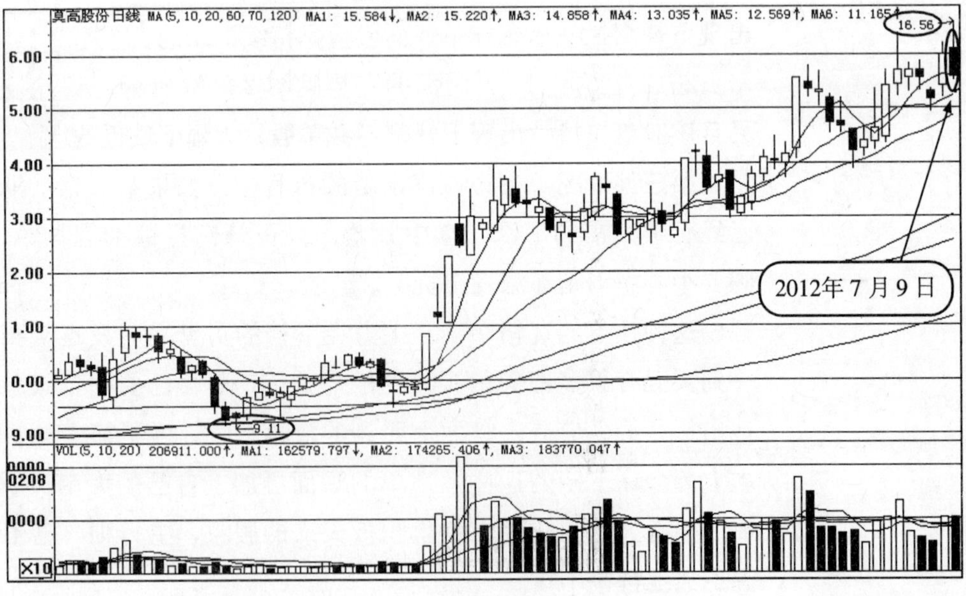
莫高股份日线 MA(5,10,20,60,70,120) MA1: 15.584↓, MA2: 15.220↑, MA3: 14.858↑, MA4: 13.035↑, MA5: 12.569↑, MA6: 11.165↑
16.56
6.00
5.00
4.00
3.00
2.00
1.00
0.00
9.00
9.11
2012年7月9日
VOL(5,10,20) 206911.000↑, MA1: 162579.797↓, MA2: 174265.406↑, MA3: 183770.047↑
X10

图 2—77

莫高股份2012年7月9日以前的K线走势，总体是震荡向上。该股从9.11元开始启动，7月9日创出16.56元的新高，大涨85%，而当时大盘却在持续走熊。盘中该股引起大量投资者和资金的关注。当时这一天该股的盘中发生了什么情况呢？请看图2—78。

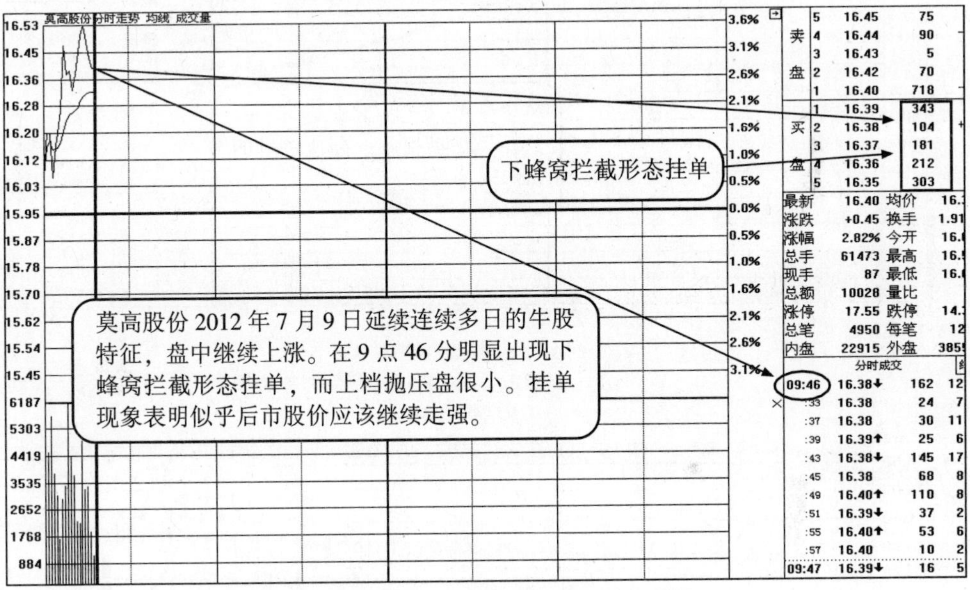

图2—78

莫高股份在大盘熊市的情况下走势明显呈牛股特征，但盘口现象能帮助我们辨别主力的操盘细节。9点46分出现明显的下蜂窝拦截单，此时上档的抛压很小，这种现象似乎告诉投资者后市股价还要上涨。但是这种挂单正是主力用来吸引散户进场的。请看当天收盘情况，如图2—79所示。

图2—79告诉我们：早盘主力拉升股价的过程是短暂的，这个过程中的挂单也是下蜂窝拦截形态的挂单，直到收盘股价果然下跌，早盘高位追进的投资者出现亏损。

2012年7月9日之后的行情是怎么样表现的？看看图2—80，

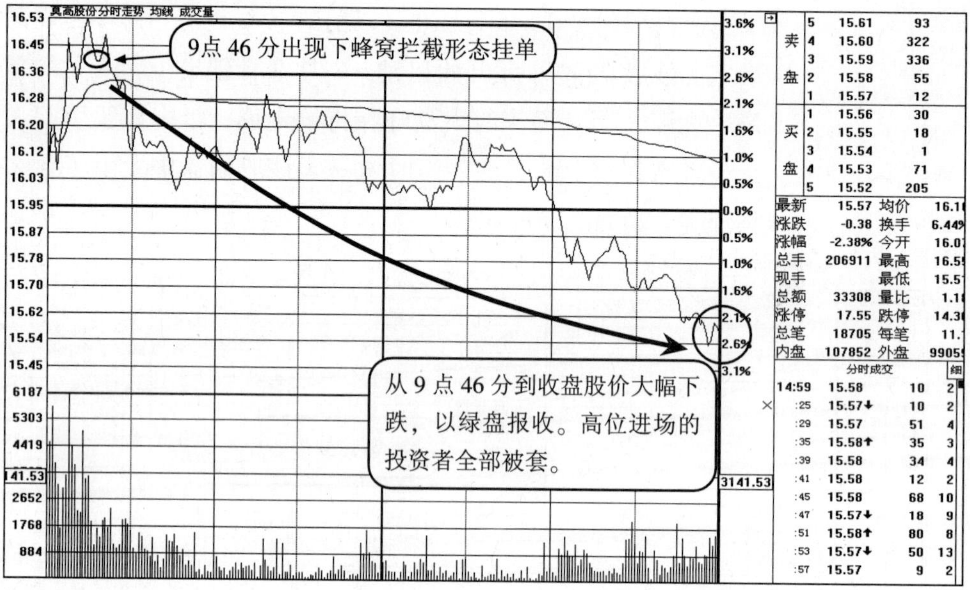
9点46分出现下蜂窝拦截形态挂单
从9点46分到收盘股价大幅下跌，以绿盘报收。高位进场的投资者全部被套。

图 2—79

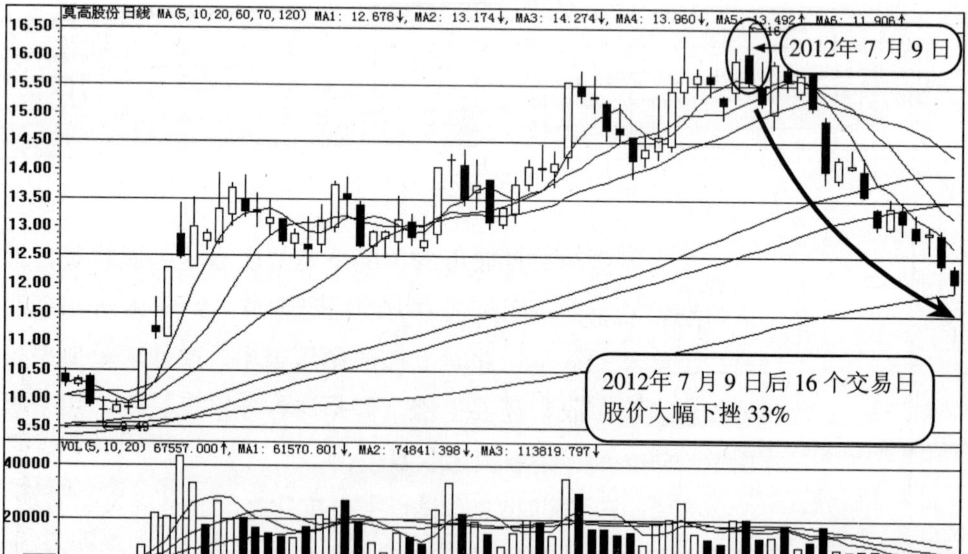
2012年7月9日
2012年7月9日后16个交易日股价大幅下挫33%

图 2—80

在紧接着的16个交易日，股价大幅下跌33%。

如图2—80所示，2012年7月9日不明真相的投资者高位进场，在后面的16个交易日累计亏损33%。

警示：下蜂窝拦截形态挂单在盘中经常出现，我们要结合股票价格的位置做分析。看盘时还要结合盘口的其他分析点（量峰、波形、分时成交）来使用，不能生搬硬套，否则会有很大的风险。量峰、波形、分时成交笔者在后面的章节会讲述。

3. 夹板式挂单反映主力的控盘能力

夹板式挂单：就是指股票盘中的某时间段在上档的卖盘（卖二到卖五）和下档的买盘（买二到买五）同时出现一笔或者多比大单。构成如同“汉堡包”式的夹板挂单格局。视觉效果就是中间小、两头大，如图2—81和图2—82所示。

卖盘	5	12.25	843	
	4	12.24	1733	+
	3	12.23	9624	+
	2	12.22	622	-1
	1	12.21	277	
买盘	1	12.20	693	-
	2	12.19	587	-
	3	12.18	2683	
	4	12.17	767	
	5	12.16	1814	

图2—81

卖盘	5	5.21	746
	4	5.20	1616
	3	5.19	381
	2	5.18	202
	1	5.17	162
买盘	1	5.16	80
	2	5.15	447
	3	5.14	2141
	4	5.13	39
	5	5.12	525

图2—82

图2—81是股票在某时刻上档卖盘的卖三有9624手的大单、卖四有1733手的大单，下档的买三挂有2683手的大单、买五有1814手的大单，而中间的买二到卖二都是几百手的小单。这就构成了上面两层、下面两层的夹板挂单格局。图2—82是股票在某时刻上档的卖四挂有1616手的大单、下

档的买三挂有 2141 手的大单，而卖二到卖三都是几百手的小单。这就构成了上面一层、下面一层的夹板挂单格局。一般层数越多表明主力持有该股的数量越大，控盘能力就越强；反之主力持有该股的数量少，控盘能力就弱。

夹板式这种挂单形态在盘中经常出现，对于我们用来了解盘面的细节和市场主力的操作意图是很重要的。从操作的意义上讲，夹板式挂单就是主力让股价在一定的股价区间内成交。夹板式挂单在主力建仓、洗盘、出货的过程中都会出现。下面对这几种情况拿案例做一下剖析：

（1）主力建仓的需要。

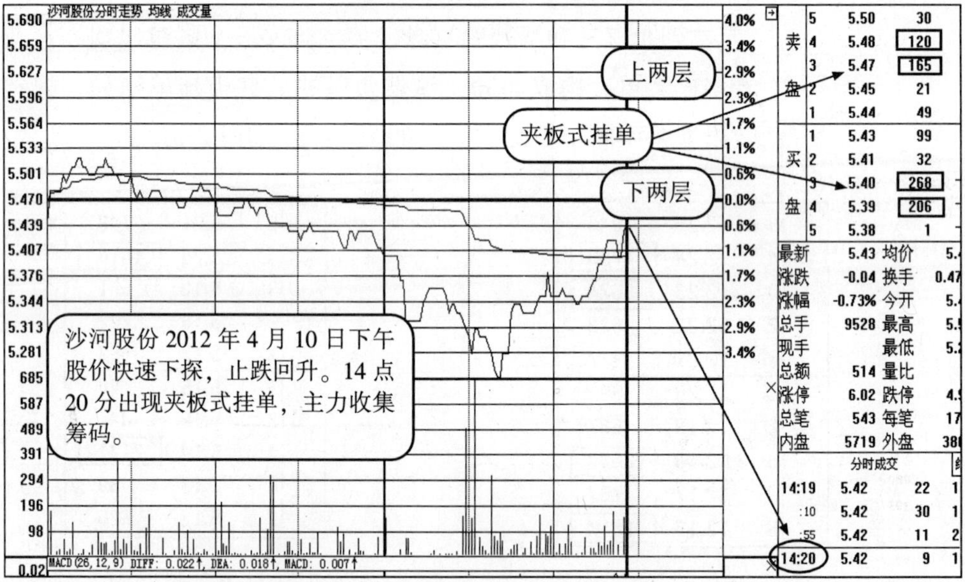

图 2—83

图 2—83 告诉我们：沙河股份在 2012 年 4 月 10 日股价下午打压之后止跌回升，14 点 20 分上两层、下两层夹板式挂单出现，主力在控盘情况下收集筹码。第二天及以后的行情走势如图 2—84 所示。

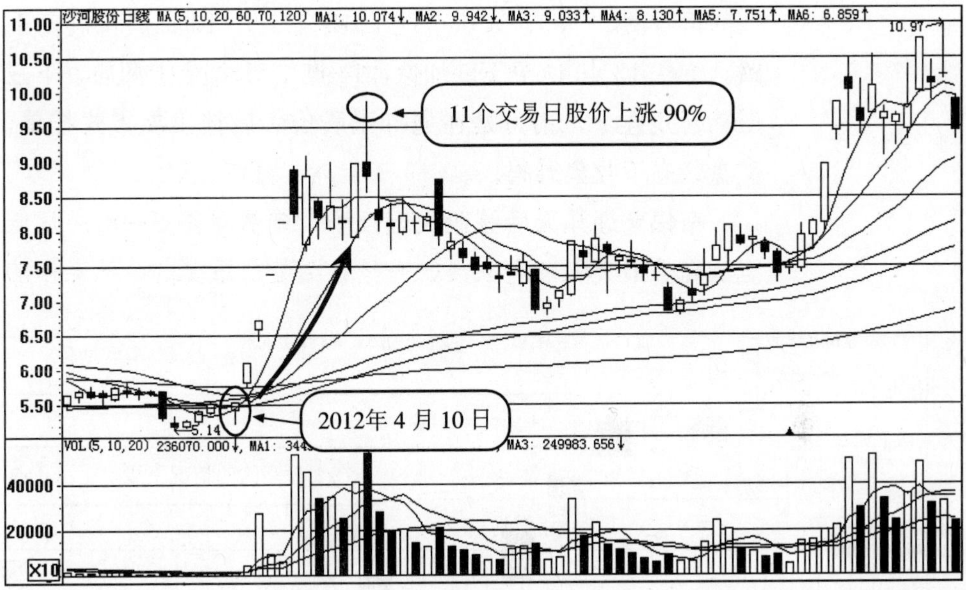

图 2—84

沙河股份 4 月 10 日收集筹码后连续 5 天涨停板，再经过 6 天的震荡走高，股价最高摸至 9.85 元，大涨 90%。

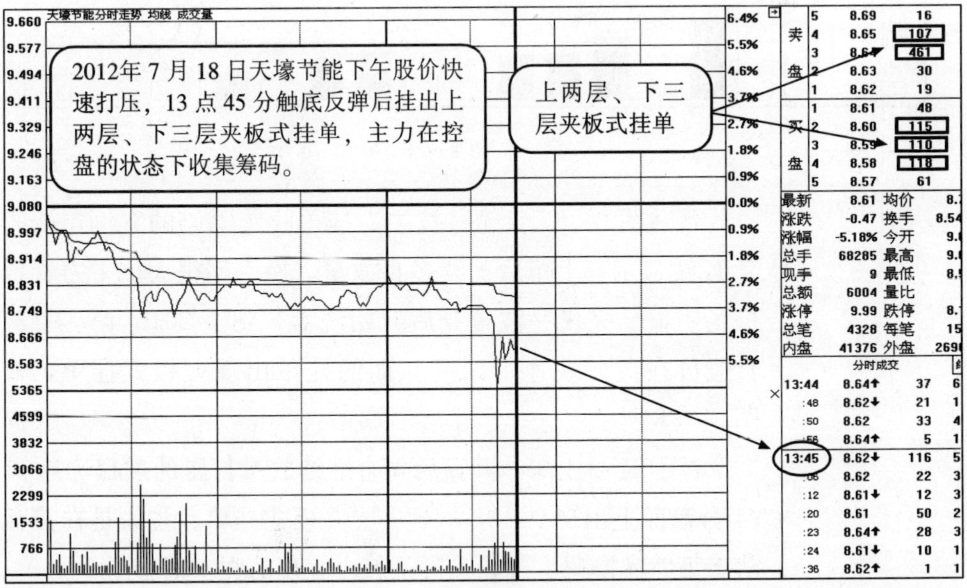

图 2—85

再看图 2—85，天壕节能 2012 年 7 月 18 日股价震荡下跌，下午 13 点 40 分下跌加速，14 点 45 分挂出上两层、下三层夹板式挂单，主力是在先打压股价然后挂出夹板式挂单，控盘状态下收集筹码。

窄幅整理几天后该股大幅反弹，走势见图 2—86，从低点到高点最大涨幅达 15%。

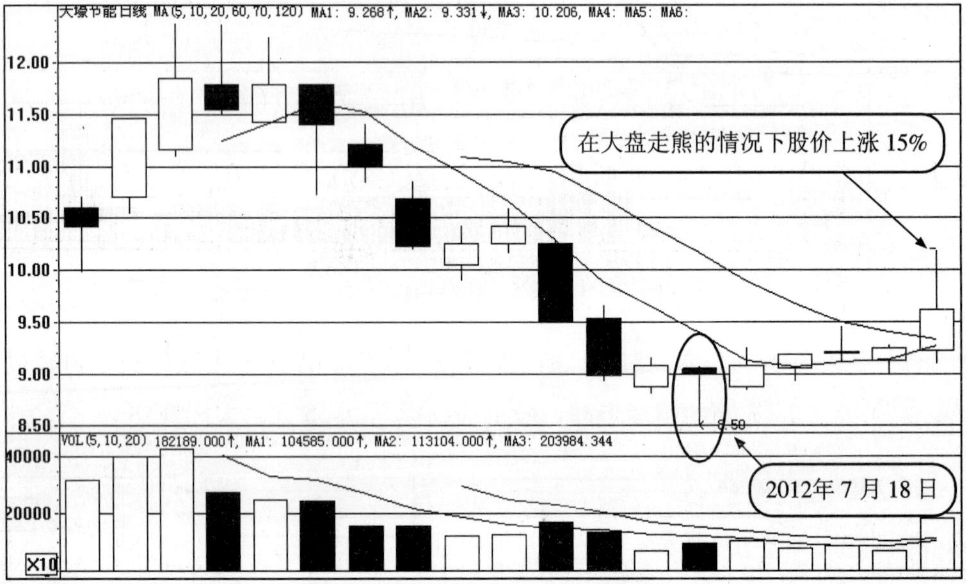

图 2—86

再看图 2—87 猛狮科技主力挂单收集筹码的案例，该股日 K 线显示自上市后连续多日放量，换手率很大，主力资金进场明显。完成一波拉升后开始洗盘，到了 2012 年 7 月 24 日股价在上午快速下跌后盘面的挂单出现夹板式挂单，如图 2—88 所示。

7 月 24 日上午，开盘后先有继续放量打压的过程，10 点 41 分盘面上出现上一层、下一层夹板式挂单。主力是在控盘状态下收集筹码。到收盘又是怎样表现的呢？请看图 2—89。

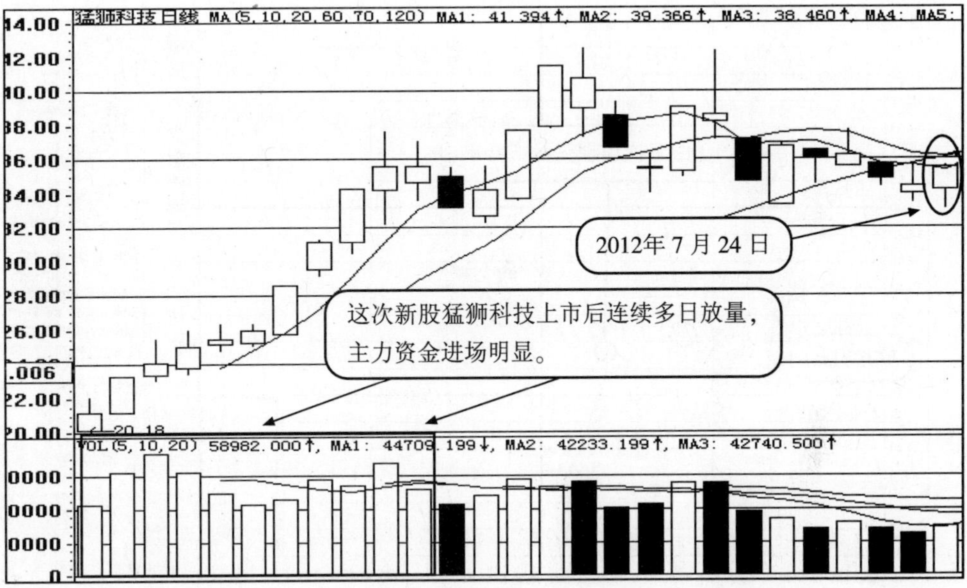
猛狮科技日线 MA(5, 10, 20, 60, 70, 120) MA1: 41.394↑, MA2: 39.366↑, MA3: 38.460↑, MA4: MA5:
2012年7月24日
这次新股猛狮科技上市后连续多日放量，主力资金进场明显。
VOL(5, 10, 20) 58982.000↑, MA1: 44709.199↓, MA2: 42233.199↑, MA3: 42740.500↑

图 2—87

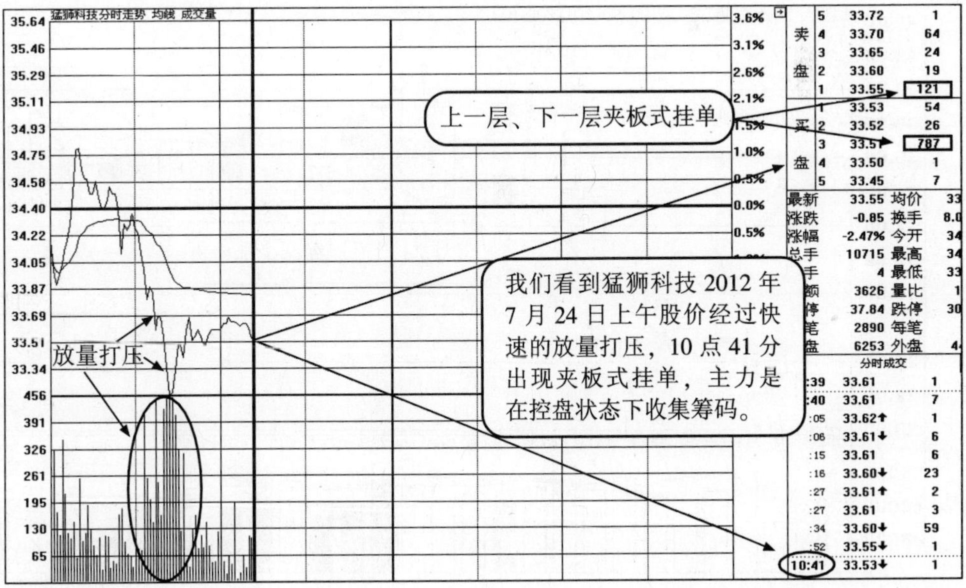
猛狮科技分时走势 均线 成交量
上一层、下一层夹板式挂单
放量打压
我们看到猛狮科技 2012 年 7 月 24 日上午股价经过快速的放量打压，10 点 41 分出现夹板式挂单，主力是在控盘状态下收集筹码。
10:41

图 2—88

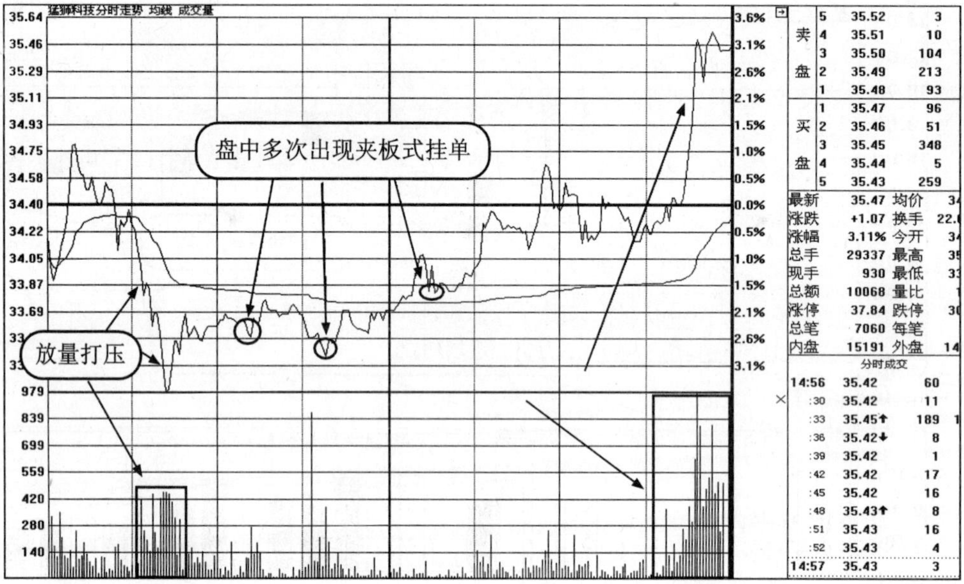
猛狮科技分时走势 均线 成交量
盘中多次出现夹板式挂单
放量打压

图 2—89

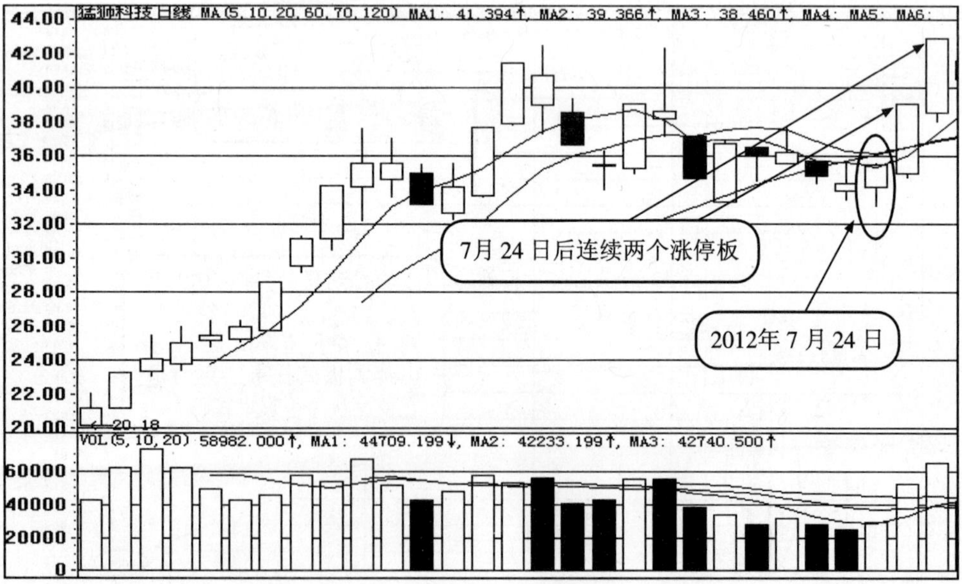
猛狮科技日线 MA(5,10,20,60,70,120) MA1: 41.394↑, MA2: 39.366↑, MA3: 38.460↑, MA4: MA5: MA6:
7月24日后连续两个涨停板
2012年7月24日
VOL(5,10,20) 58982.000↑, MA1: 44709.199↓, MA2: 42233.199↑, MA3: 42740.500↑

图 2—90

猛狮科技上午的放量打压实际上是主力洗盘的过程，目的就是洗出市场的浮筹，在低位买进便宜的股票。在盘中主力除了在 10 点 41 分外，在股价低位震荡的时候多次利用控盘的优势，挂出夹板式挂单来收集筹码，到尾盘主力继续放量收集筹码，当天以红盘报收，多数散户被清洗出局。后面的行情就可以想象了，请看图 2—90。

猛狮科技 2012 年 7 月 24 日之后连续两个涨停板。而在当时大盘走熊，大多数股票都下跌的情况下，其表现不能不说它是个奇迹。

警示：夹板式挂单运用在辨别主力吸货的环节时必须要注意股价所处的位置。

(2) 主力洗盘的需要。

一般主力在对一只股票完成建仓后都会进行洗盘的动作。因为在前期的建仓过程中必然有很多散户和主力一起建仓，而这些散户的建仓成本几乎是和主力的成本相同。这是主力不能容忍的，原因是这些股票在主力以后的拉升过程中的任何价位都会给盘面带来抛压（散户对股价的盈利预期是不一样的）。所以主力要进行洗盘，洗盘的目的就是清洗浮筹，提高市场的持仓成本，降低主力自己的持仓成本。

下面我们以包钢稀土来说明。

如图 2—91 所示，包钢稀土主力自 2011 年 12 月 16 日到 2012 年 1 月 17 日的一个月的时间完成了建仓的过程，2012 年 1 月 18 日到 2 月 19 日的一个月时间成功地完成了洗盘的过程。

在 2 月 14 日的这一天盘口显示如图 2—92 所示。

图 2—92 所示：包钢稀土 2012 年 2 月 4 日 9 点 41 分主力快速打压股价时采用上两层、下两层夹板式挂单进行洗盘。

到 10 点 01 分继续挂出夹板式挂单洗盘，如图 2—93 和图 2—94 所示。

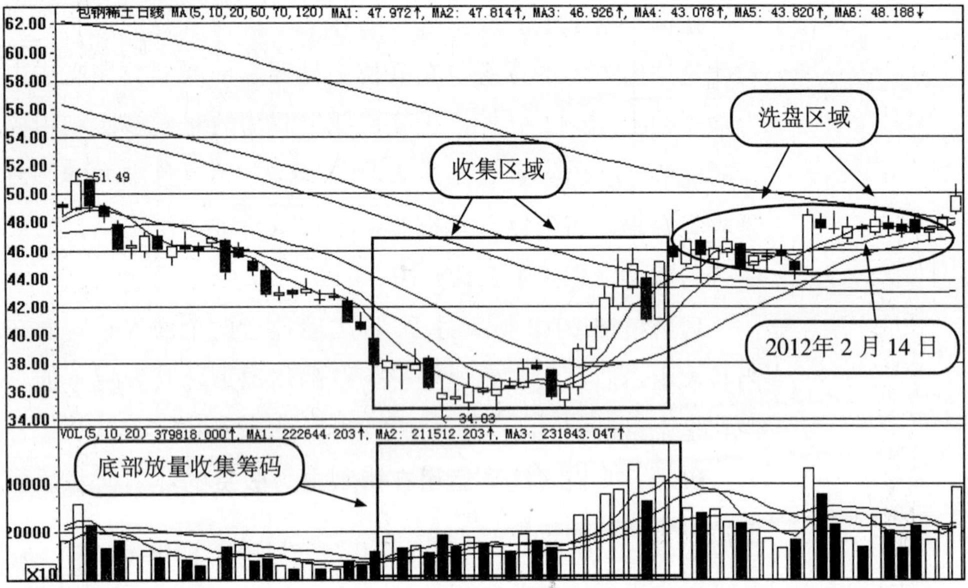
包钢稀土 日线 MA(5,10,20,60,70,120) MA1: 47.972↑, MA2: 47.814↑, MA3: 46.926↑, MA4: 43.078↑, MA5: 43.820↑, MA6: 48.188↓
51.49
34.03
收集区域
洗盘区域
2012年2月14日
VOL(5,10,20) 379818.000↑, MA1: 222644.203↑, MA2: 211512.203↑, MA3: 231843.047↑
底部放量收集筹码

图 2—91

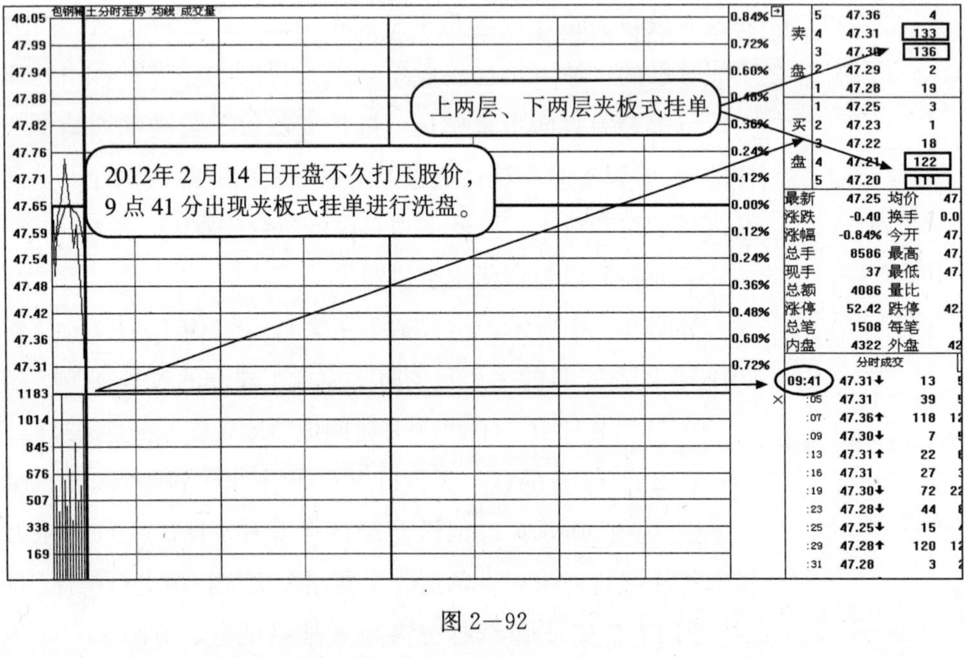
包钢稀土 分时走势 均线 成交量
上两层、下两层夹板式挂单
2012年2月14日开盘不久打压股价，
9点41分出现夹板式挂单进行洗盘。
卖盘
5 47.36 4
4 47.31 133
3 47.30 136
2 47.29 2
1 47.28 19
买盘
1 47.25 3
2 47.23 1
3 47.22 18
4 47.21 122
5 47.20 111
最新 47.25
涨跌 -0.40
涨幅 -0.84%
总手 8586
现手 37
总额 4086
涨停 52.42
总笔 1508
内盘 4322
分时成交
09:41 47.31 13

图 2—92

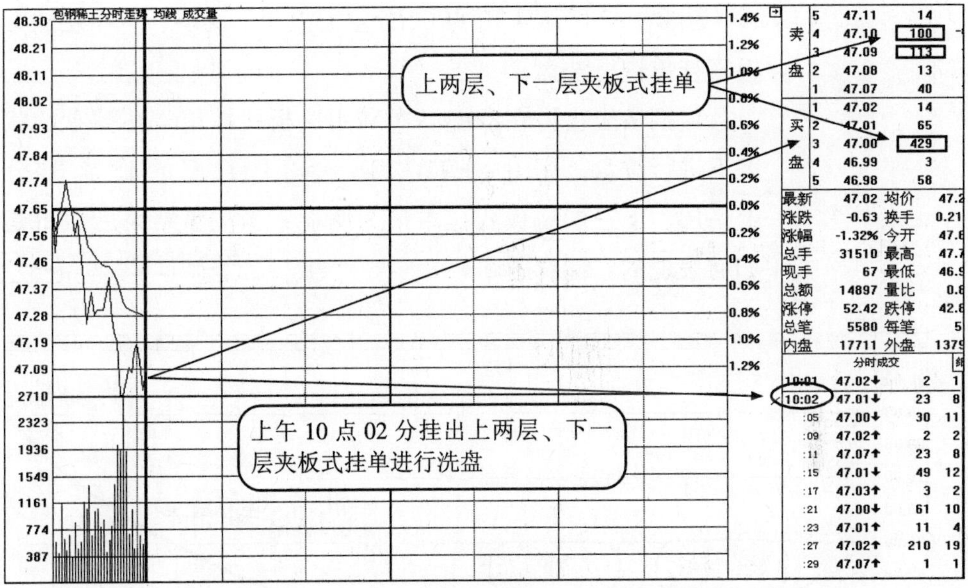
包钢稀土分时走势 均线 成交量
卖盘
买盘
上两层、下一层夹板式挂单
上午 10 点 02 分挂出上两层、下一层夹板式挂单进行洗盘
分时成交

图 2—93

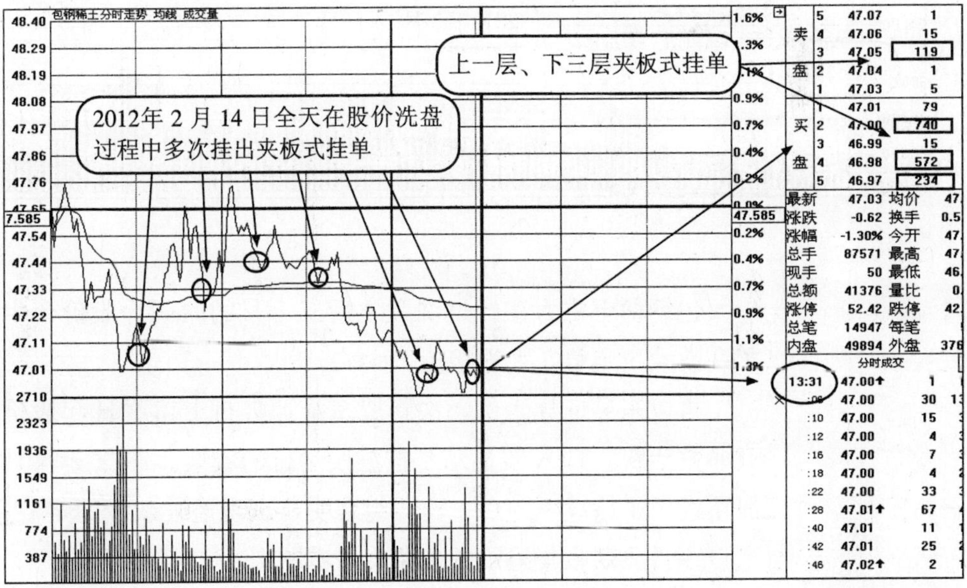
包钢稀土分时走势 均线 成交量
卖盘
买盘
上一层、下三层夹板式挂单
2012年 2 月 14 日全天在股价洗盘过程中多次挂出夹板式挂单
分时成交

图 2—94

图 2—93 所示：10 点 02 分主力采用上两层、下一层的夹板式挂单进行洗盘。

包钢稀土主力在盘中多次利用夹板式挂单，在控盘的状态下进行洗盘。见图 2—94，2012 年 2 月 14 日的 13 点 31 分上一层、下三层夹板式挂单最为明显。当洗盘结束后股价是如何表现的？请看图 2—95。

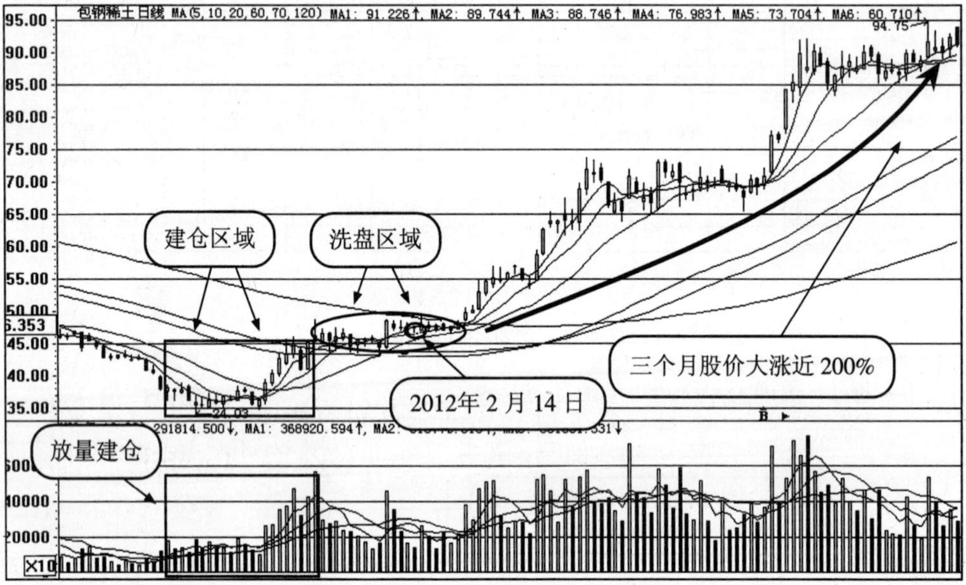

图 2—95

包钢稀土主力在经过洗盘之后三个月的时间，股价产生了一波大牛走势，大涨接近 200%。

再以东吴证券为例。次新股东吴证券自上市之日起股价就非常活跃。日 K 线显示是按波段运行的股票。2012 年 4 月股票经历了持续下跌后，K 线组合明显出现连续阳线的走势，盘口多日显现收集筹码的迹象。请看图 2—96。

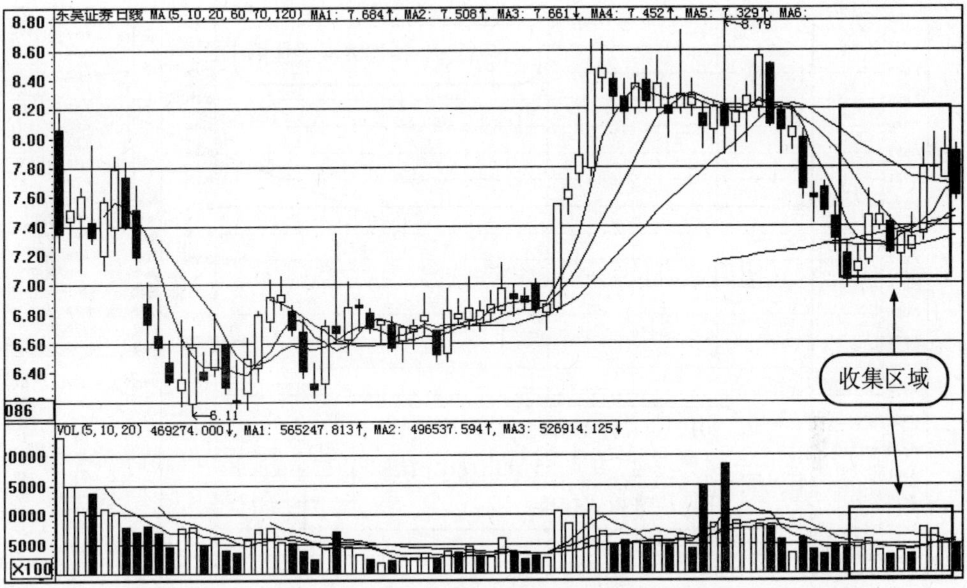

图 2—96

图 2—96 显示：东吴证券连续 8 天的回调后终于迎来了 9 天的反弹，盘口显示主力进入非常明显。到 4 月 17 日股票价格突然一反常态震荡向下，主力开始了大手笔的洗盘。请看图 2—97。

如图 2—97 所示，东吴证券上午 9 点 55 分主力采用上两层、下两层的夹板式挂单进行洗盘，之后全天在打压洗盘的过程中频繁出现夹板式挂单，如图 2—98 所示。

主力盘中大多数时间用夹板式挂单来洗盘，使得散户的浮筹被清洗出局，洗盘效果非常好。之后才会有该股的大幅上涨，如图 2—99 所示。

东吴证券主力建仓后运用挂单洗盘的手法，成功地把浮筹清洗出局，为以后股价的上涨扫清了道路。4 月 17 日经过全天的洗盘后，后面连续 4 个交易日股价大涨 35%。

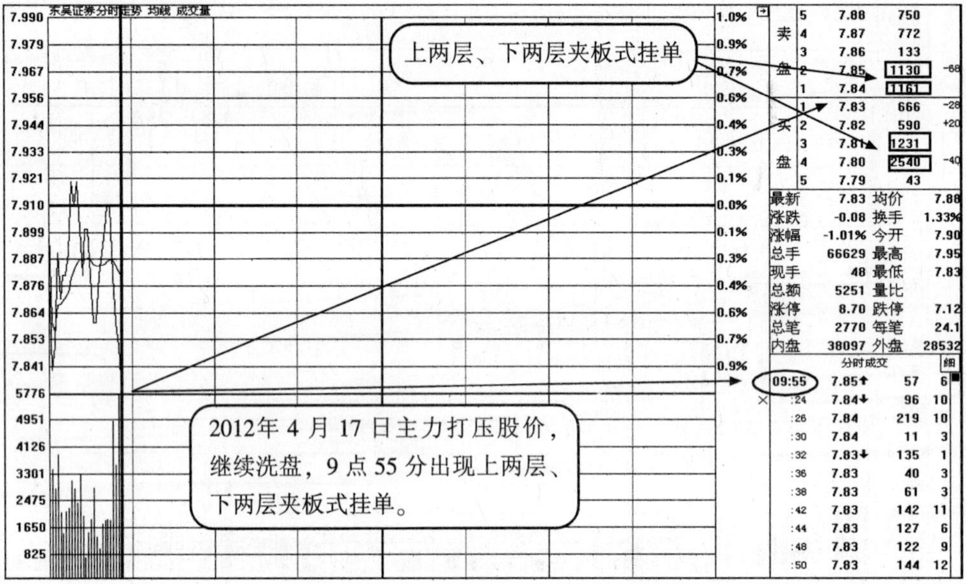
上两层、下两层夹板式挂单
2012年4月17日主力打压股价，继续洗盘，9点55分出现上两层、下两层夹板式挂单。

图 2—97

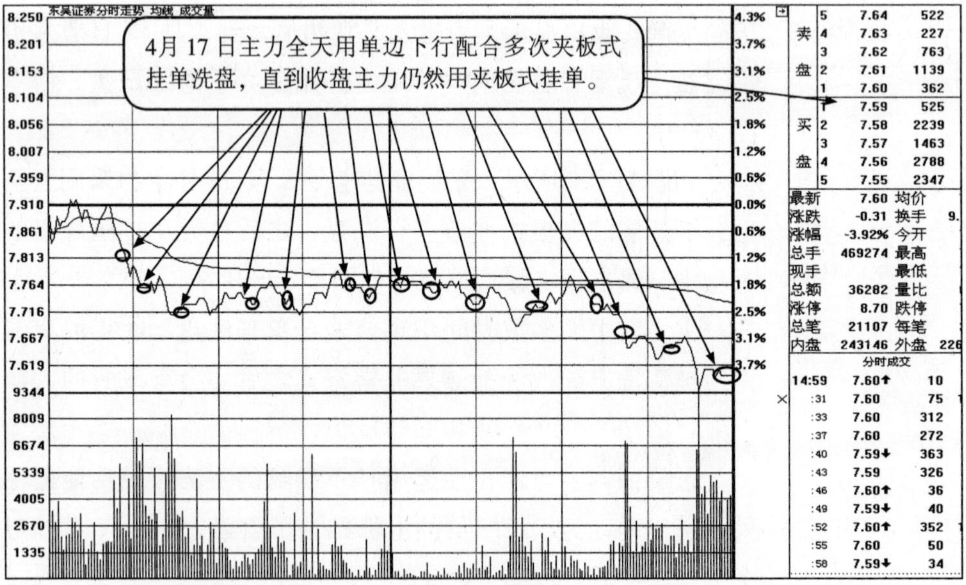
4月17日主力全天用单边下行配合多次夹板式挂单洗盘，直到收盘主力仍然用夹板式挂单。

图 2—98

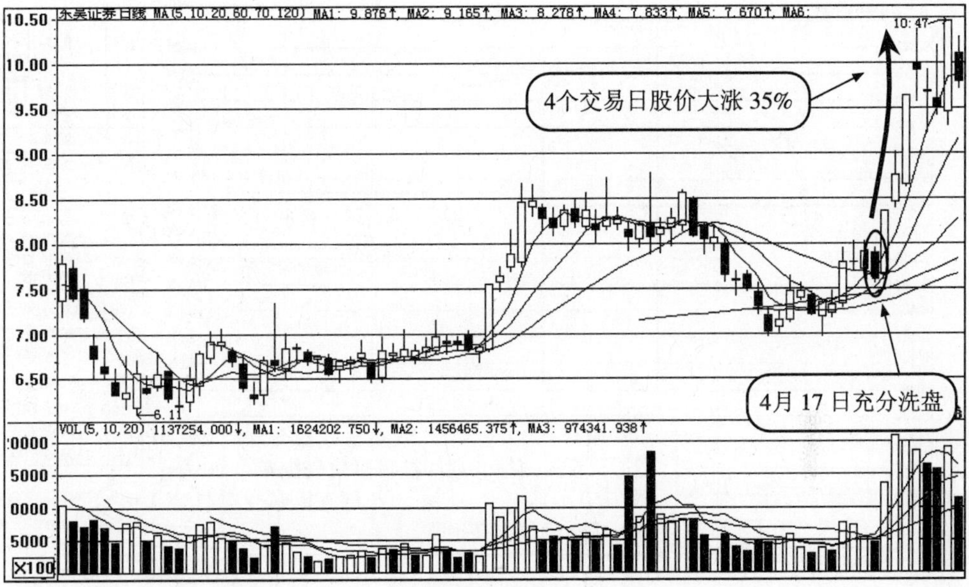

图 2—99

(3) 主力出货的需要。

主力操盘的过程中有建仓、拉升、洗盘、出货等几个环节，对于散户投资者而言，主力出货这个环节是最难把握的。因为主力的出货手法多种多样，诡计多端，加上大多数散户对股价的盈利预期很高，结果是不能在相对高的价位获利出局。

主力运用夹板式挂单控制股价在一定的成交区间进行，似乎是告诉市场股价是不会下跌的，主力自己则隐秘地出货。

我们再以沙河股份为例，如图 2—100 所示。

沙河股份在前期连续拉涨停板的情况下，2012 年 4 月 26 日继续拉升股价至涨停板，10 点 30 分涨停板打开，股价出现窄幅震荡，期间挂单多出现夹板式，10 点 50 分挂出上三层、下三层夹板式挂单，似乎告诉市场股价不会下跌，而主力则是在不温不火地出货，到收盘时的走势请看图 2—101。

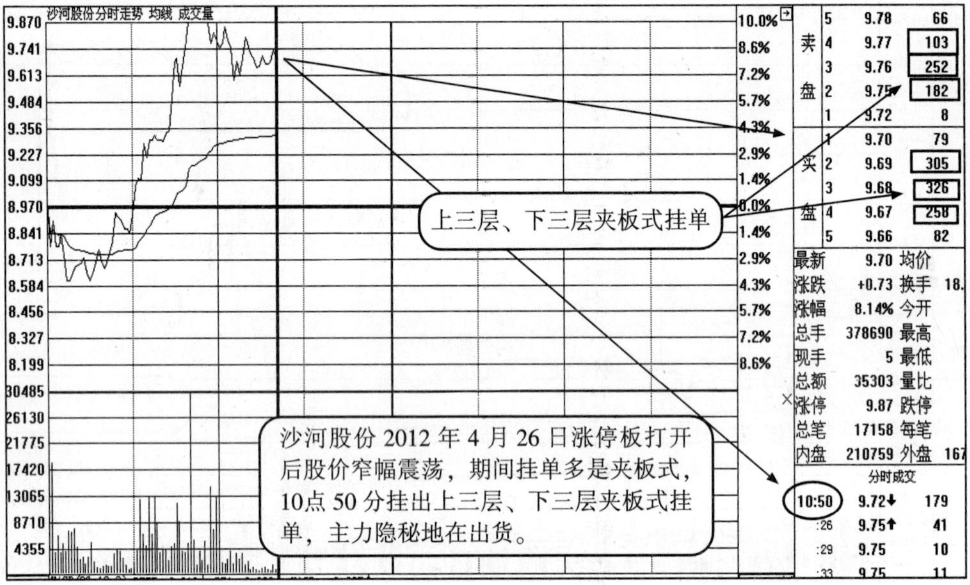
沙河股份分时走势 均线 成交量
上三层、下三层夹板式挂单
沙河股份 2012 年 4 月 26 日涨停板打开后股价窄幅震荡，期间挂单多是夹板式，10点 50 分挂出上三层、下三层夹板式挂单，主力隐秘地在出货。

图 2—100

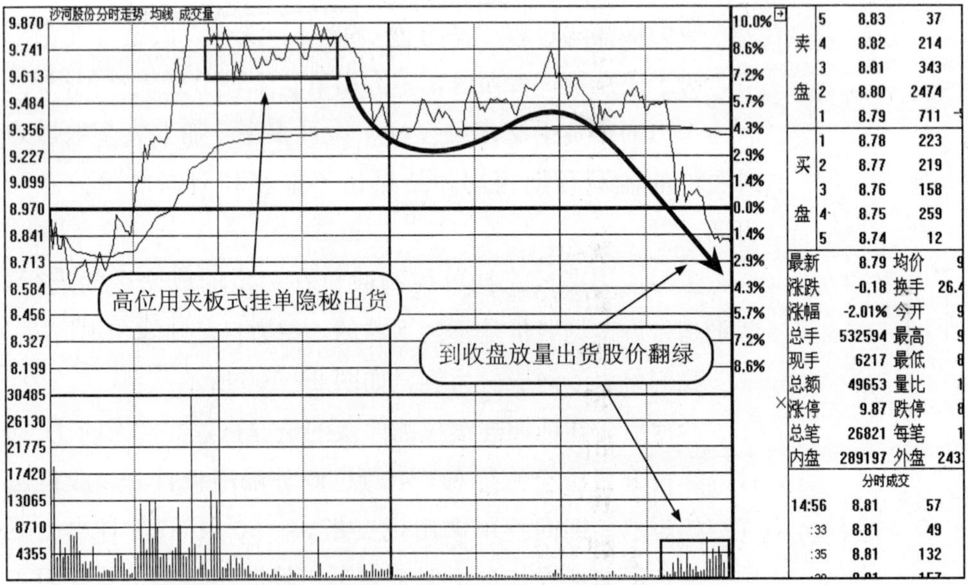
沙河股份分时走势 均线 成交量
高位用夹板式挂单隐秘出货
到收盘放量出货股价翻绿

图 2—101

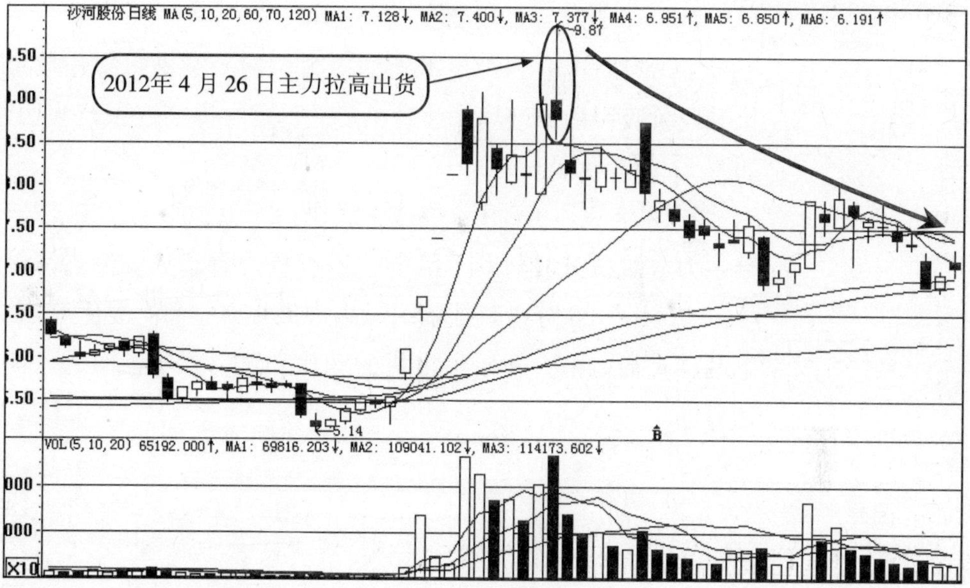
沙河股份日线 MA(5,10,20,60,70,120) MA1: 7.128↓, MA2: 7.400↓, MA3: 7.377↓, MA4: 6.951↑, MA5: 6.850↑, MA6: 6.191↑
2012年4月26日主力拉高出货
9.87
5.14
VOL(5,10,20) 65192.000↑, MA1: 69816.203↓, MA2: 109041.102↓, MA3: 114173.602↓

图 2—102

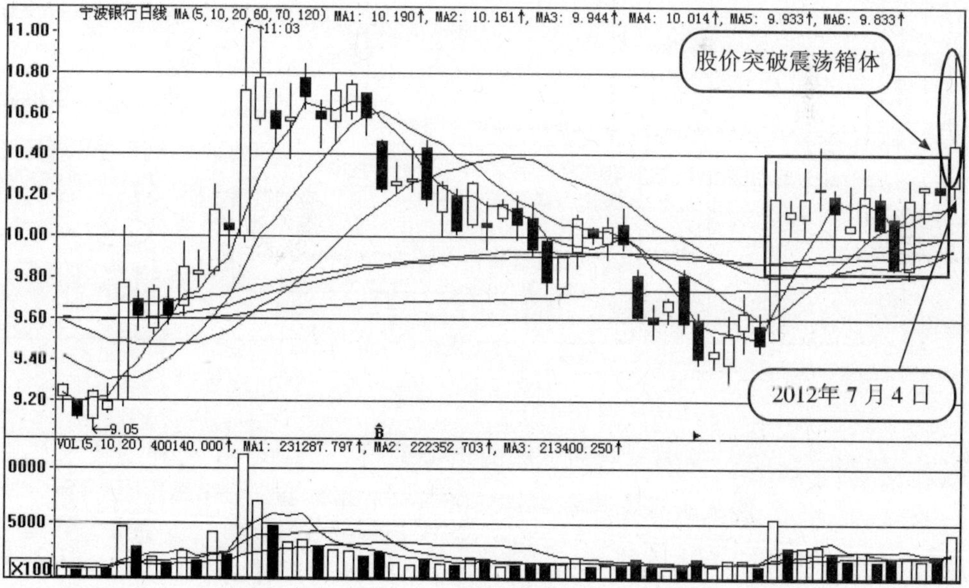
宁波银行日线 MA(5,10,20,60,70,120) MA1: 10.190↑, MA2: 10.161↑, MA3: 9.944↑, MA4: 10.014↑, MA5: 9.933↑, MA6: 9.833↑
股价突破震荡箱体
11.03
9.05
2012年7月4日
VOL(5,10,20) 400140.000↑, MA1: 231287.797↑, MA2: 222352.703↑, MA3: 213400.250↑

图 2—103

4 月 26 日之后的走势见图 2—102。

主力有时也会利用技术上的压力位向上突破，急速放量拉升股价吸引散户进场来达到出货的目的。以宁波银行为例，如图 2—103 所示。

2012 年 7 月 4 日上午的盘口如图 2—104 所示。10 点 30 分主力放量拉升股价，上涨的速度很快，看态势要冲击涨停板。在 11 点 03 分盘口挂单明显出现夹板式挂单，是上一层、下两层夹板，主力开始了出货的动作。这一天收盘时的走势请看图 2—105。

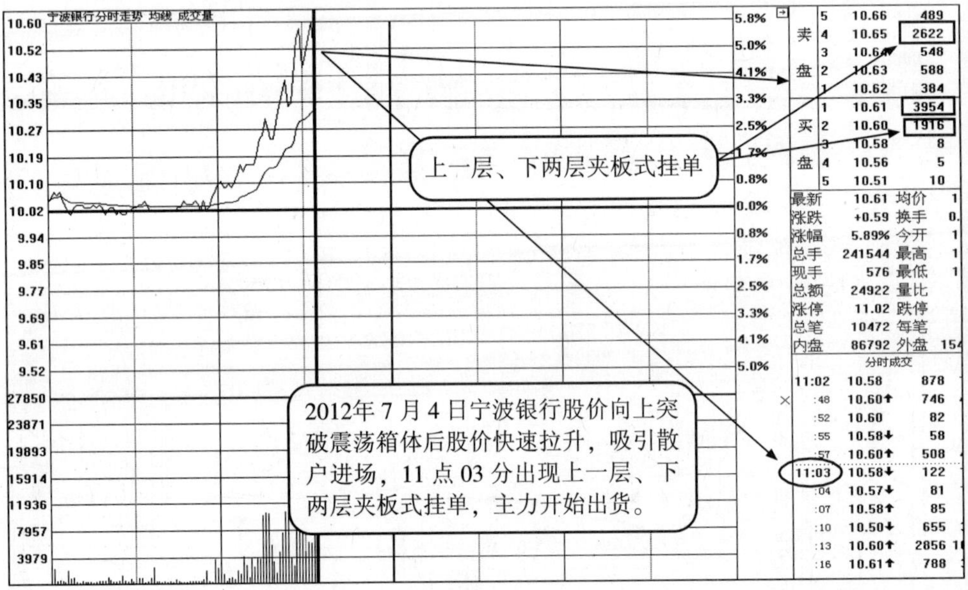

图 2—104

7 月 4 日后该股的走势见图 2—106。主力利用技术上的假突破骗取投资者进场随后的 6 个交易日股价下跌 15%。

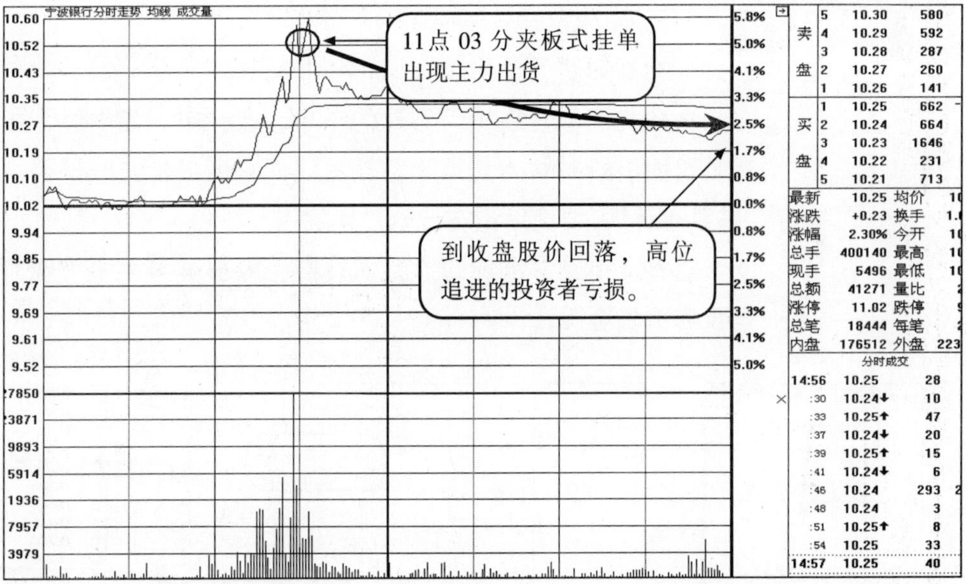
宁波银行分时走势 均线 成交量
11点03分夹板式挂单
出现主力出货
到收盘股价回落，高位
追进的投资者亏损。

图 2—105

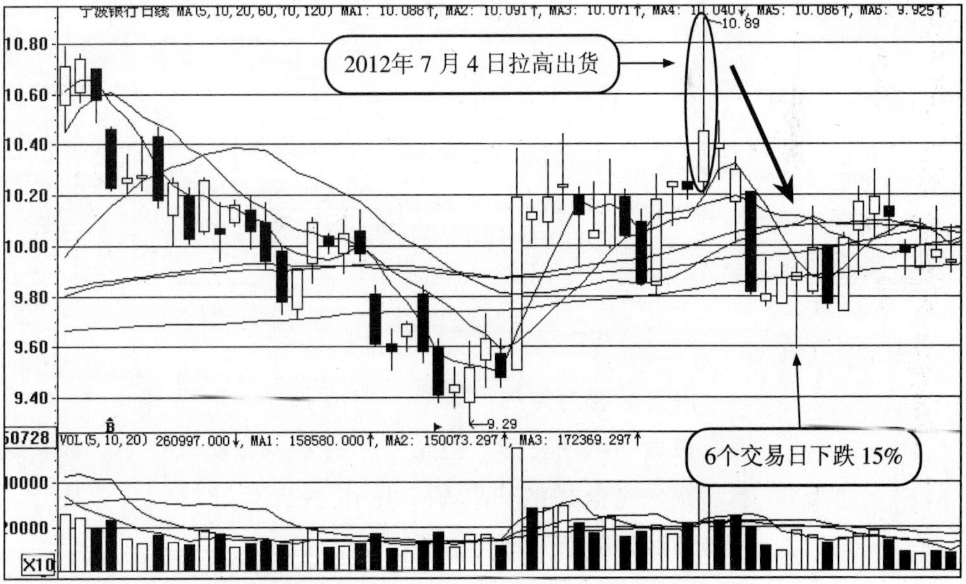
2012年7月4日拉高出货
6个交易日下跌15%

图 2—106

4. 散户的自然式挂单

自然式挂单就是我们俗称的小单、散户单，盘中经常出现，盘面上给人的感觉是股票被关注的程度极低，股价要么“跌跌不休”，要么缩量在原地“趴窝”。

这种挂单经常出现的股票，我们一般理解为无主力或者是没有大资金关注。

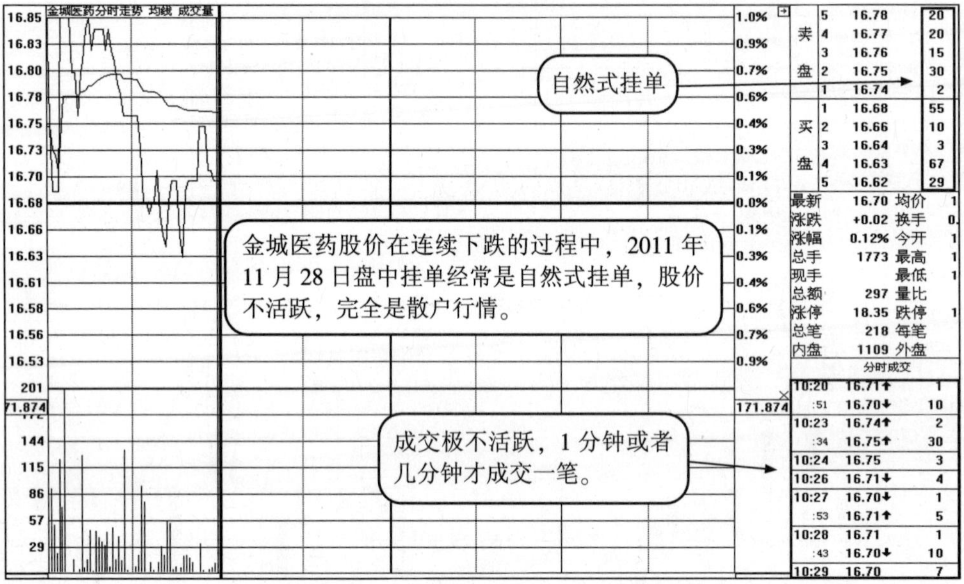

图 2—107

以金城医药为例，如图 2—107 所示。2011 年 11 月 28 日该股在盘中出现反弹，但是盘中经常是自然式挂单，成交极不活跃，完全是散户行情，后市不会有好的表现（图 2—108），而是跟随大盘大幅下跌。

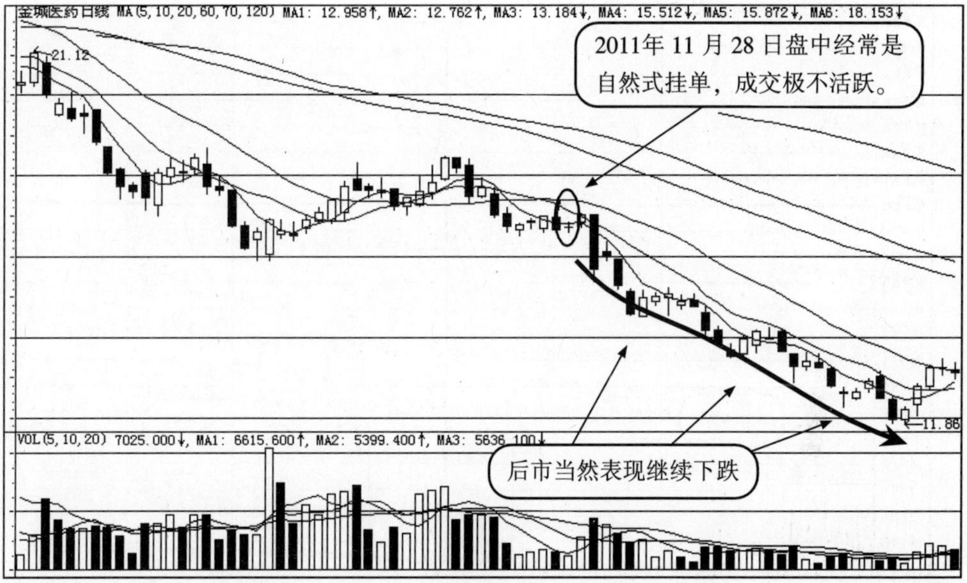

图 2—108

三、量峰的运用

量峰：就是指股票在成交过程中呈现很密集的、不断有大成交量的现象。在分时图中，一天有 240 分钟的交易时间，而 240 分钟中的每分钟成交量量线的组合构成了柱状的量图。看形态如同山峰一样，就称为量峰。

量峰的特点是：横向放大和纵向放大，如图 2—109 至图 2—111 所示。箭头所指就是盘口中的成交量量峰。量峰有四种类型：①冲击型量峰；②攻击型量峰；③诱空型量峰；④诱多型量峰。

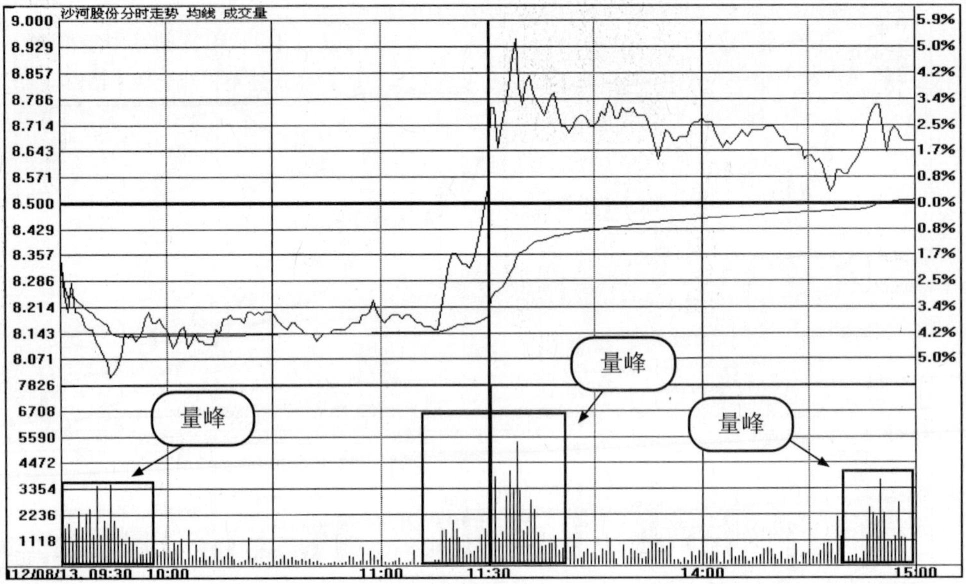
沙河股份分时走势 均线 成交量
9.000
8.929
8.857
8.786
8.714
8.643
8.571
8.500
8.429
8.357
8.286
8.214
8.143
8.071
7826
6708
5590
4472
3354
2236
1118
5.9%
5.0%
4.2%
3.4%
2.5%
1.7%
0.8%
0.0%
0.8%
1.7%
2.5%
3.4%
4.2%
5.0%
量峰
量峰
量峰
12/08/13, 09:30
10:00
11:00
11:30
14:00
15:00

图 2—109

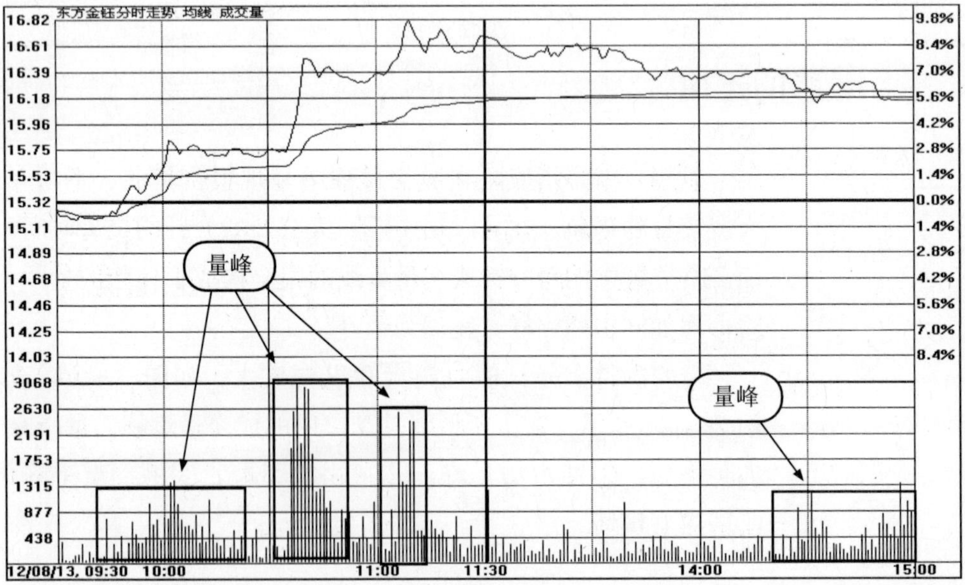
东方金钰分时走势 均线 成交量
16.82
16.61
16.39
16.18
15.96
15.75
15.53
15.32
15.11
14.89
14.68
14.46
14.25
14.03
3068
2630
2191
1753
1315
877
438
9.8%
8.4%
7.0%
5.6%
4.2%
2.8%
1.4%
0.0%
1.4%
2.8%
4.2%
5.6%
7.0%
8.4%
量峰
量峰
12/08/13, 09:30
10:00
11:00
11:30
14:00
15:00

图 2—110

图 2—111

1. 冲击型量峰是主力试盘和出货

冲击型量峰就是指主力机构在盘中间歇性投入大笔资金，积极买进或者大单对敲造成瞬间发生剧烈波动的现象。这种现象归类为主力在盘中试盘或对倒形成的结果。

冲击型量峰在盘中的形式为：时间短暂、急速放量。量峰形态为纵向放大，横向不放大。如图 2—112 和图 2—113 所示。

图 2—112 是永鼎股份的主力在下午 2 点左右放量拉升股价，持续的时间很短，仅仅放量 5 分钟，盘口中的成交量量柱只是纵向放大，没有出现横向放大，那么这种量峰的性质就是冲击型量峰。

图 2—113 是江山股份 2012 年 7 月 17 日的走势，下午开盘后主力采取多次冲击型量峰拉升股价，当天以涨停板收盘。

冲击型量峰对应的股价阶段分为两种：①股价处在阶段

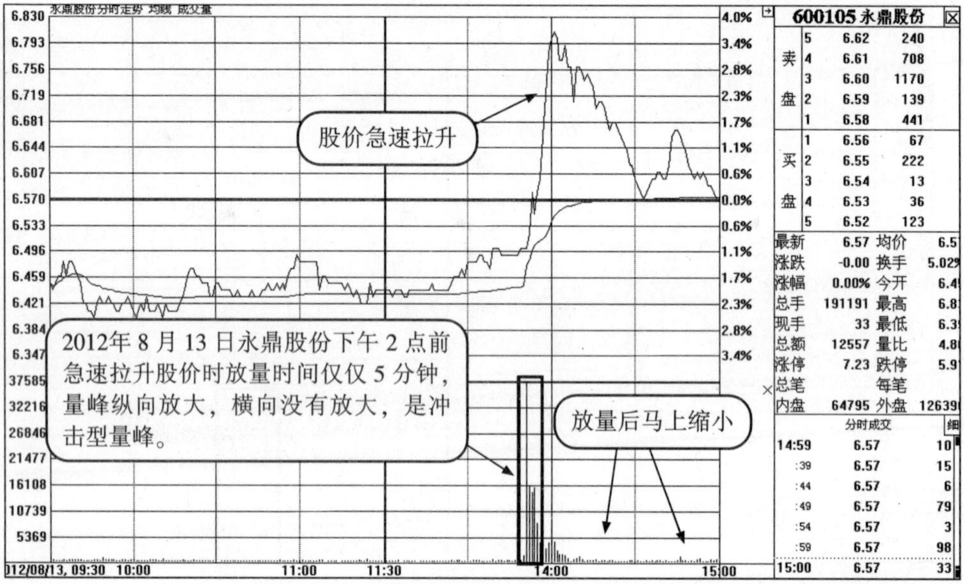

永鼎股份分时走势 均线 成交量
600105 永鼎股份
股价急速拉升
2012年8月13日永鼎股份下午2点前急速拉升股价时放量时间仅仅5分钟，量峰纵向放大，横向没有放大，是冲击型量峰。
放量后马上缩小

图 2—112

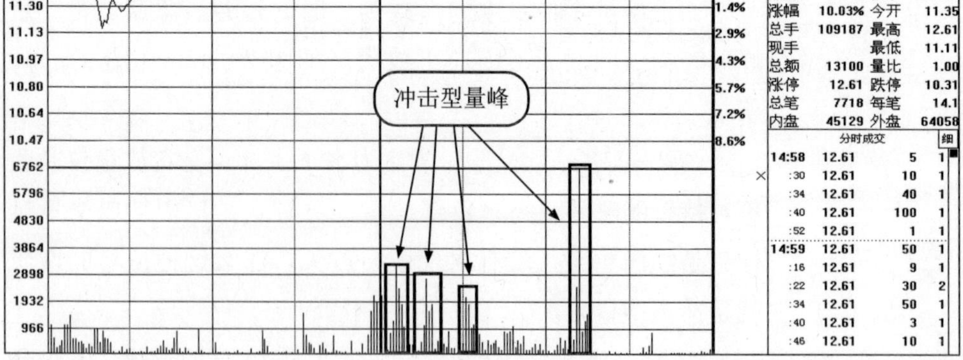

江山股份分时走势 均线 成交量
冲击型量峰

图 2—113

性低位，主力建仓的需要，测试盘面筹码的稳定程度（试盘）；②股价阶段性上涨的波段高位主力出货的需要。

第一种情况是主力建仓的需要，测试盘面筹码的稳定程度，用春晖股份的走势举例说明。

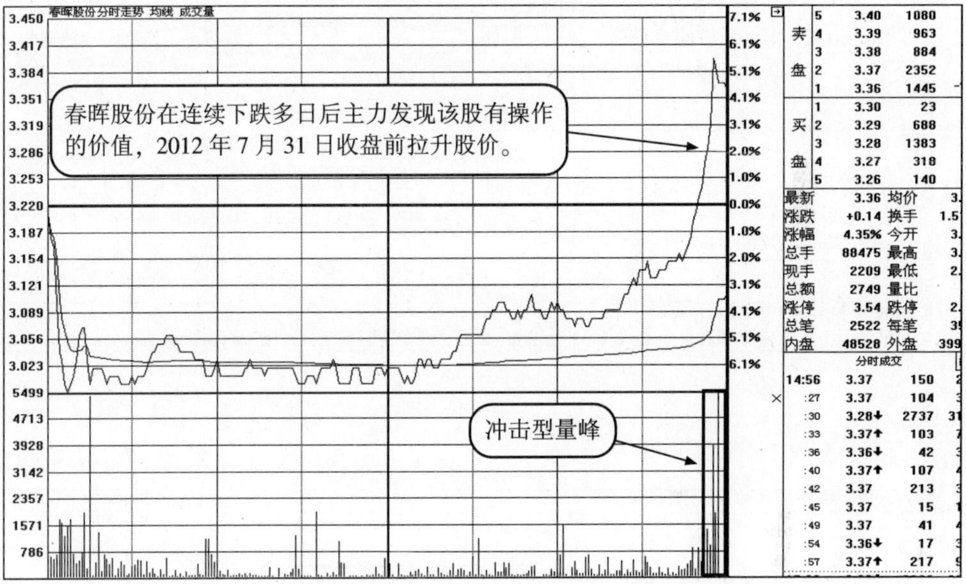

图 2—114

如图 2—114 所示，春晖股份尾盘采取冲击型量峰急速拉升股价进行试盘，测试盘中筹码的稳定度。

春晖股份的日 K 线走势如图 2—115 所示。

主力经过试盘后发现盘面利于自己的操作，后市继续做多，放量拉升股价，请看图 2—116，春晖股份成功试盘后连续以“一”字涨停板的形式拉升股价。

第二种情况是股价阶段性上涨的波段高位主力出货的需要。

当然，如果股票经过大幅的上涨或者是在波段高位，盘中的量峰经常出现冲击型量峰，此时我们就应该小心了，因

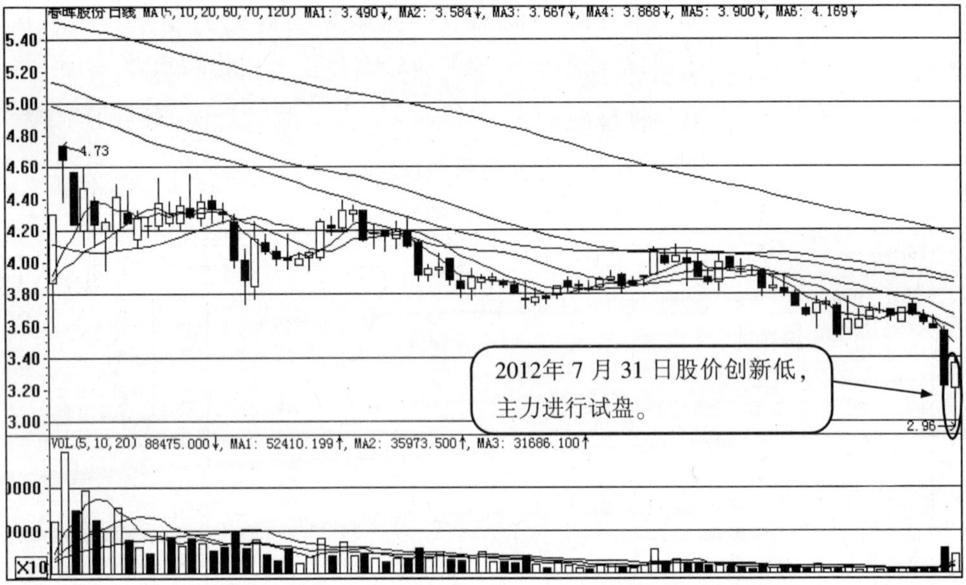
春晖股份 日线 MA(5, 10, 20, 60, 70, 120) MA1: 3.490↓, MA2: 3.584↓, MA3: 3.667↓, MA4: 3.868↓, MA5: 3.900↓, MA6: 4.169↓
4.73
2012年7月31日股价创新低，
主力进行试盘。
2.96
VOL(5, 10, 20) 88475.000↓, MA1: 52410.199↑, MA2: 35973.500↑, MA3: 31686.100↑

图 2—115

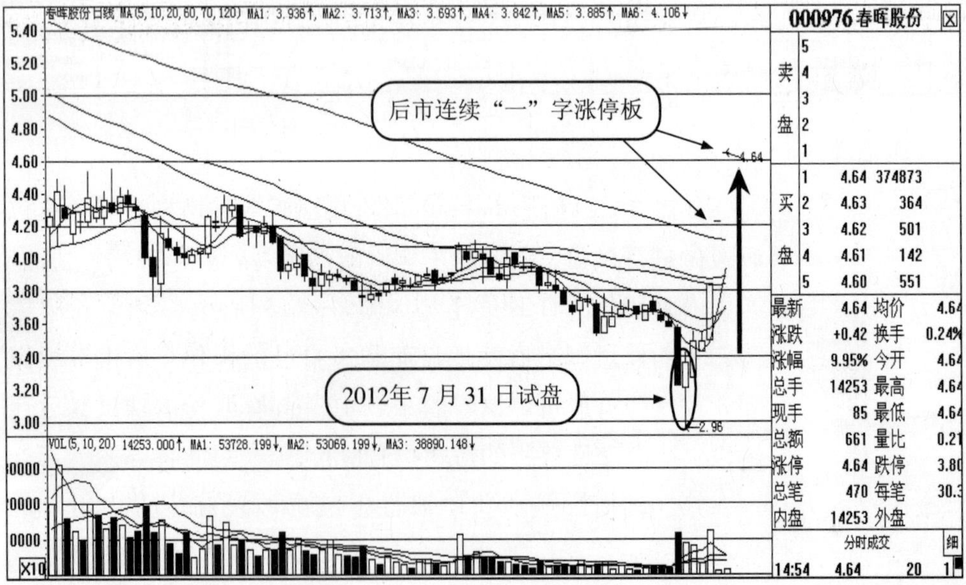
春晖股份 日线 MA(5, 10, 20, 60, 70, 120) MA1: 3.936↑, MA2: 3.713↑, MA3: 3.693↑, MA4: 3.842↑, MA5: 3.885↑, MA6: 4.106↓
后市连续“一”字涨停板
4.64
2012年7月31日试盘
2.96
VOL(5, 10, 20) 14253.000↑, MA1: 53728.199↓, MA2: 53069.199↓, MA3: 38890.148↓
000976 春晖股份
卖盘
买盘
1 4.64 374873
2 4.63 364
3 4.62 501
4 4.61 142
5 4.60 551
最新 4.64 均价
涨跌 +0.42 换手
涨幅 9.95% 今开
总手 14253 最高
现手 85 最低
总额 661 量比
涨停 4.64 跌停
总笔 470 每笔
内盘 14253 外盘
分时成交
14:54 4.64 20

图 2—116

为主力已经开始出货。

我们以广晟有色为例，先看看它大幅上涨的 K 线走势，如图 2—117 所示。

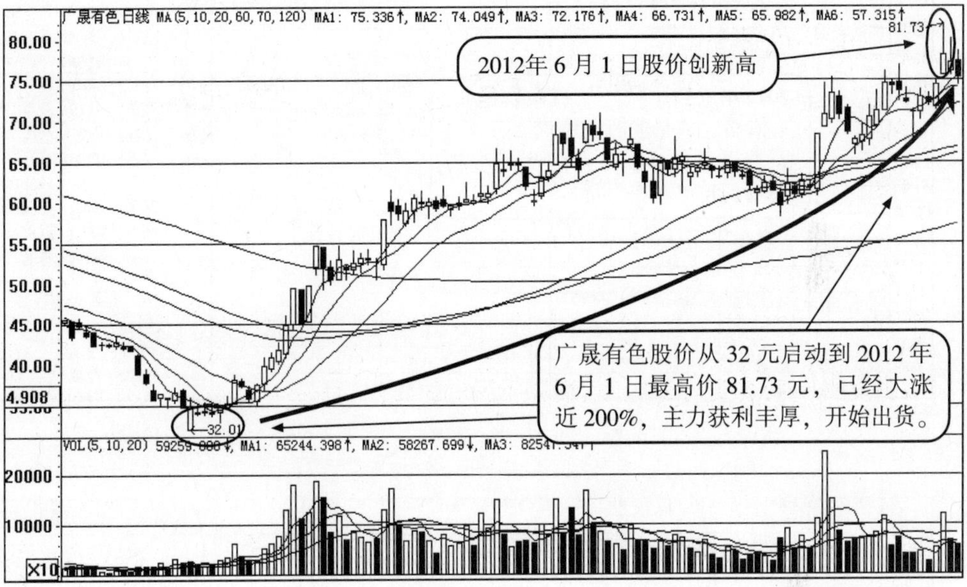

图 2—117

广晟有色股价自 2011 年底 32 元开始启动，到 2012 年 6 月 1 日创新高 81.73 元，刚好半年的时间股价已经有近 200% 的涨幅，主力获利丰厚，开始出货是主力的必然选择。

我们来看 2012 年 6 月 1 日创新高的这一天的盘口情况：主力上午急速拉升股价，仅仅 2 分钟的冲击型量峰使股价涨停板，但是涨停板马上打开，主力却在出货，见图2—118。

如图 2—118 所示，广晟有色主力急拉股价时的成交量量峰为冲击型量峰，目的是吸引投资者进场，自己在出货。

广晟有色 2012 年 6 月 1 日以后的走势（图 2—119），仅用半个月的时间股价大幅下跌近 30%，使得高位追进的散户严重被套牢。

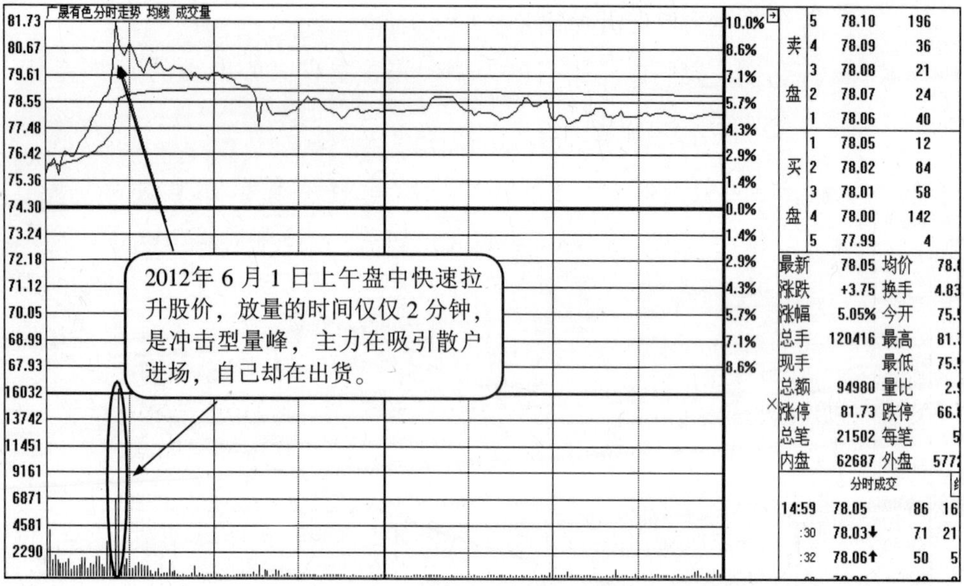
广晟有色分时走势 均线 成交量
2012年6月1日上午盘中快速拉升股价，放量的时间仅仅2分钟，是冲击型量峰，主力在吸引散户进场，自己却在出货。
卖盘
买盘
分时成交

图 2—118

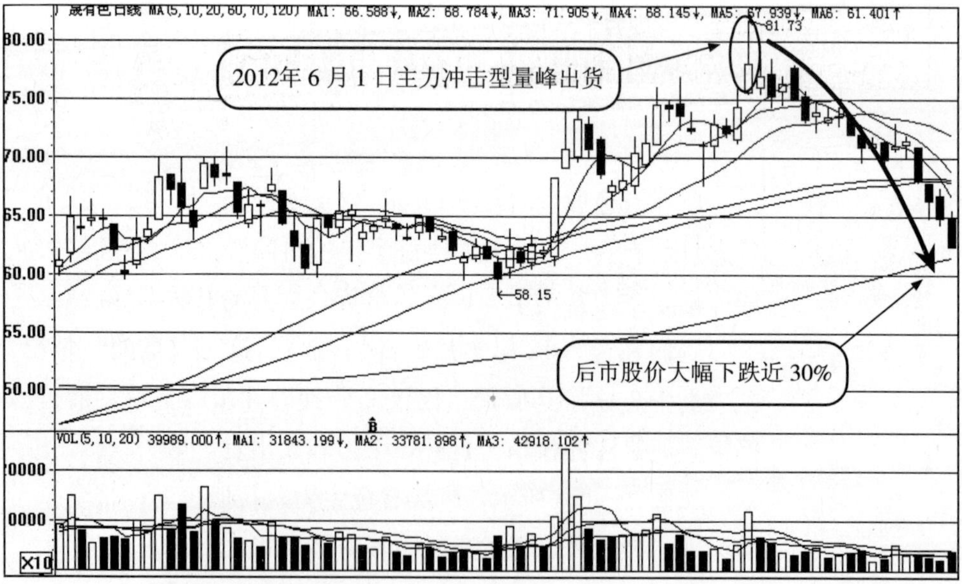
2012年6月1日主力冲击型量峰出货
81.73
58.15
后市股价大幅下跌近30%

图 2—119

2. 攻击型量峰通常是主力拉升和出货

攻击型量峰就是指主力机构盘中持续不断地投入资金，积极大单操作而造成的成交现象，盘口图中的量峰形态呈现量柱连接紧密。它的表现形式为：不间断持续爆发，纵向、横向放大，多笔大单成交。如图 2－120 和图 2－121 所示。攻击型量峰无论是上涨过程还是下跌过程中，特点就是持续时间长、横向放大，纵向也放大。

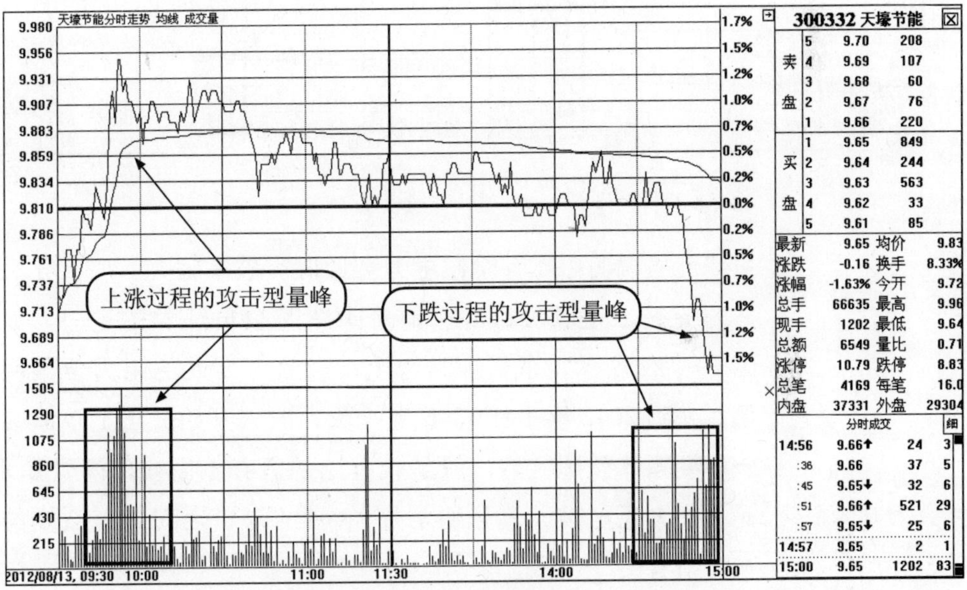

图 2－120

攻击型量峰对应的股价阶段：①股价处于向上突破的拉升阶段（起始阶段）；②股价处于上升通道阶段（中继阶段）；③股价处于阶段性上涨整理平台或者波段高位（出货阶段）。

第一种情况：股价处于向上突破的拉升阶段（起始阶段）。这个阶段是我们大多数投资者容易把握的阶段，因为朋友们都知道股价放量突破是可以跟进的。但是我们还是要把

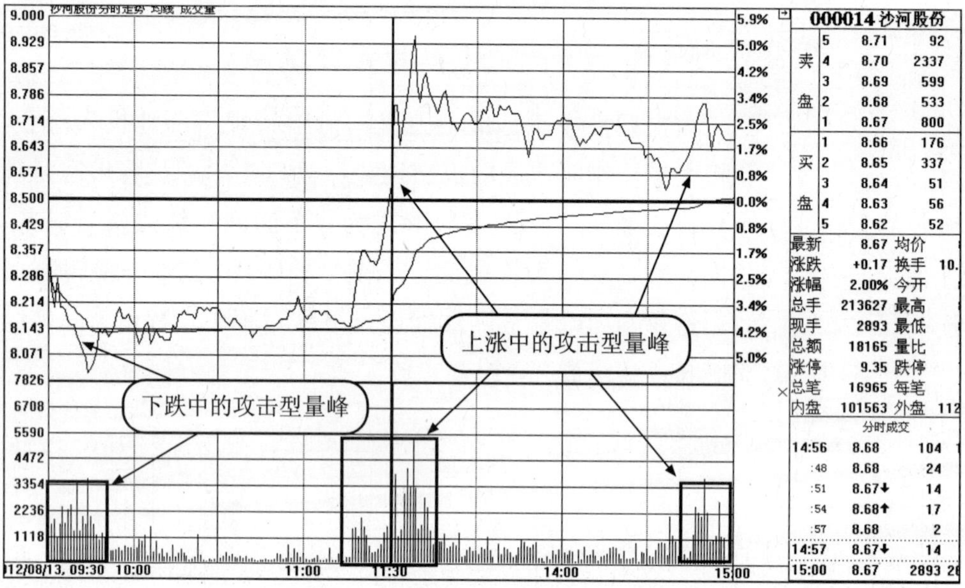

图 2—121

量峰性质搞明白，有时候主力会做假突破来骗人。那么什么样的突破才是真突破呢？请看次新股东吴证券的走势，如图 2—122 所示。东吴证券自上市以来 8.8 元的阻力位很明显。来到 2012 年 4 月 19 日这一天，股票开始放量上攻欲突破前期箱体整理区域，但是收盘还是留有上影线，说明 8.8 元的压力还是很大。可是 4 月 19 日的盘口表现是怎么样的呢？请看图 2—123。

如图 2—123 所示，东吴证券 2012 年 4 月 19 日股价上涨。在早盘、盘中、尾盘出现三次攻击型量峰，很明显主力是在加仓收集筹码。

主力机构全天有三次量峰吸筹，股价走势几乎全天都在均价线上，强势特征明显，后市证明东吴证券 4 月 19 日这一天为股价成功突破创造了条件（图 2—124），随后一周股价大涨 22%。

第二种情况：股价处于上升通道阶段（中继阶段）。很多

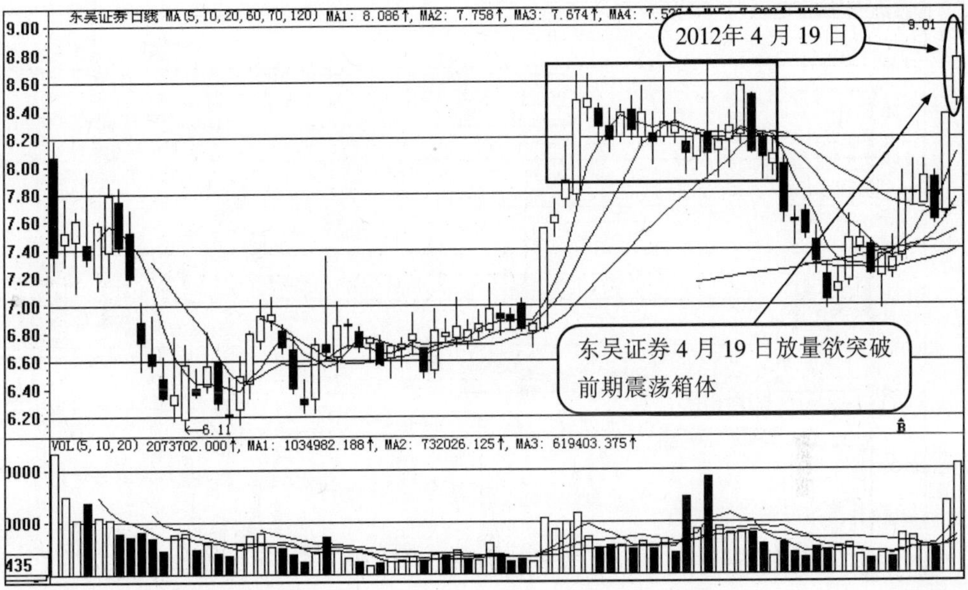
东吴证券日线
2012年4月19日
东吴证券4月19日放量欲突破前期震荡箱体

图 2—122

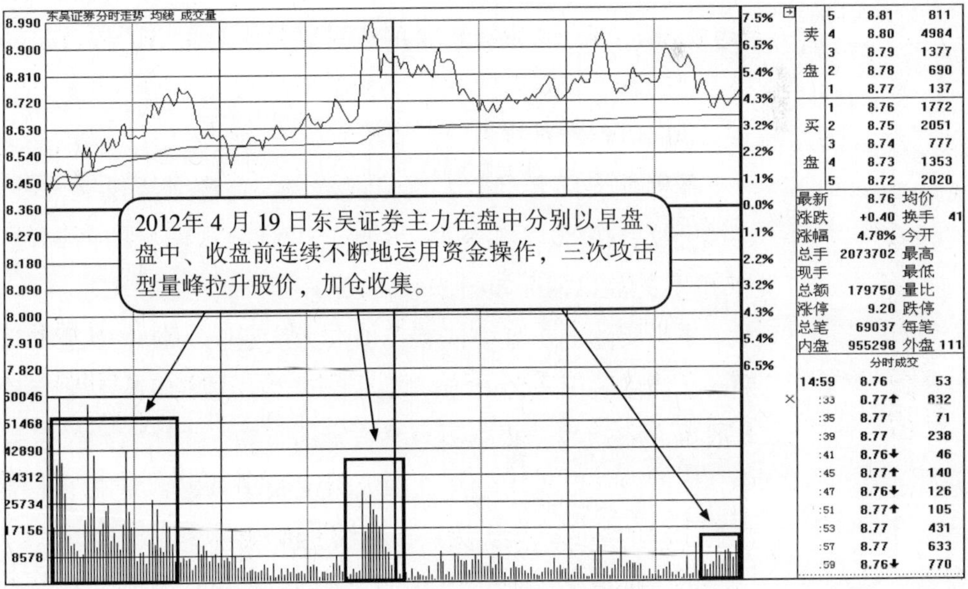
东吴证券分时走势 均线 成交量
2012年4月19日东吴证券主力在盘中分别以早盘、盘中、收盘前连续不断地运用资金操作，三次攻击型量峰拉升股价，加仓收集。

图 2—123

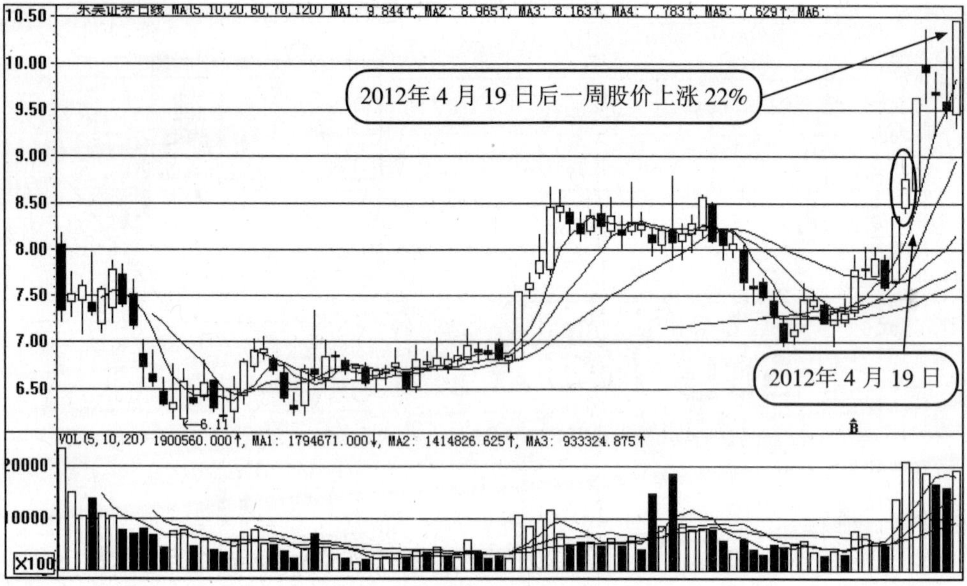

图 2—124

投资者往往在持有已经上涨的股票的时候，担心股价会下跌，产生恐惧心理，这是很正常的。只要我们对主力的操盘目的和手法理解了，我们就不会“中途下车”。

我们以猛狮科技为例，如图 2—125 所示。

猛狮科技自上市后表现非常抢眼，走势完全强于大盘，连续上涨，在 2012 年 6 月 28 日、29 日出现两天的回调，6 月 29 日的盘口情况如图 2—126 所示。

主力实际上在盘中依然在加大力度建仓，攻击型量峰抢筹码。当然后市还会上涨，见图 2—127，紧跟着的三个交易日股价大涨 25%，根本不理会大盘的下跌。主力在操作过程中，回调洗盘后成功的逢低加大力度收集筹码，完成了上涨中继过程的筹码转换，为后市继续上涨打下坚实的基础。

第三种情况：股价处于阶段性上涨整理平台或者波段性高位（出货阶段）。在实战中，主力出货阶段的操作不是绝对的像前面讲的以冲击型量峰来出货的，有时也会采取攻击型

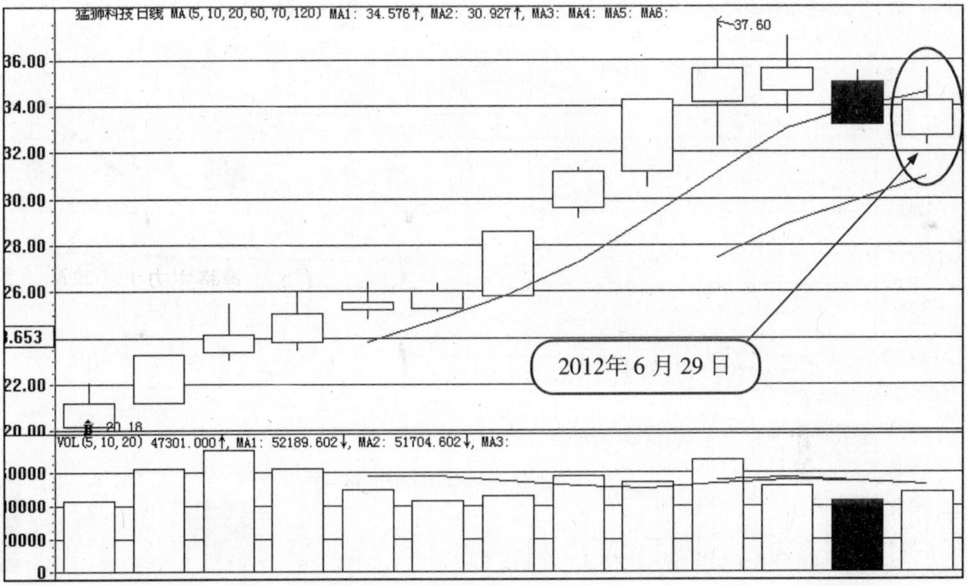
猛狮科技日线 MA(5,10,20,60,70,120) MA1: 34.576↑, MA2: 30.927↑, MA3: MA4: MA5: MA6:
37.60
2012年6月29日
VOL(5,10,20) 47301.000↑, MA1: 52189.602↓, MA2: 51704.602↓, MA3:

图 2—125

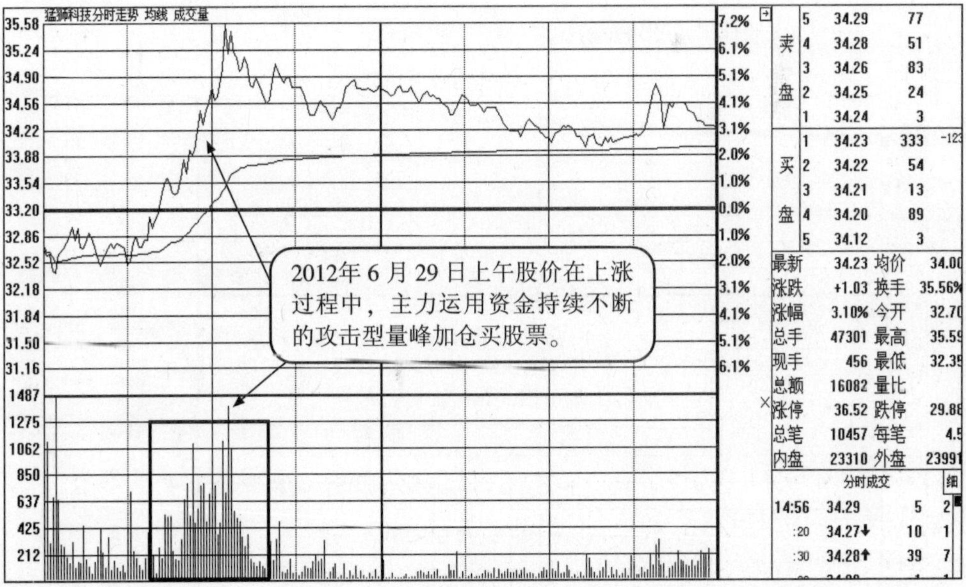
猛狮科技分时走势 均线 成交量
2012年6月29日上午股价在上涨过程中，主力运用资金持续不断的攻击型量峰加仓买股票。
卖盘
买盘
最新 34.23 均价 34.00
涨跌 +1.03 换手 35.56%
涨幅 3.10% 今开 32.70
总手 47301 最高 35.59
现手 456 最低 32.35
总额 16082 量比
涨停 36.52 跌停 29.88
总笔 10457 每笔 4.5
内盘 23310 外盘 23991
分时成交

图 2—126

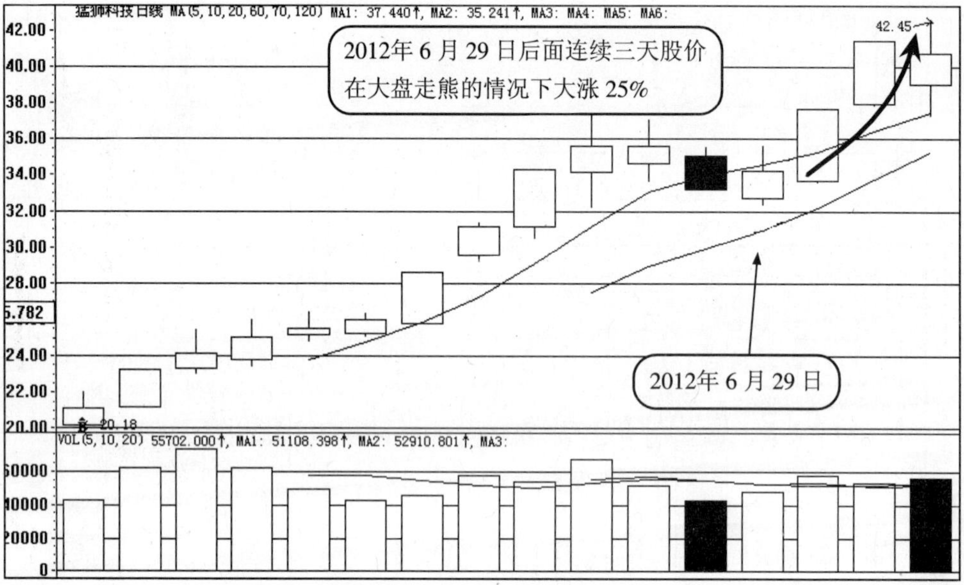

图 2—127

量峰出货，这要看主力的操盘习惯了。以广晟有色为例，如图 2—128 所示。

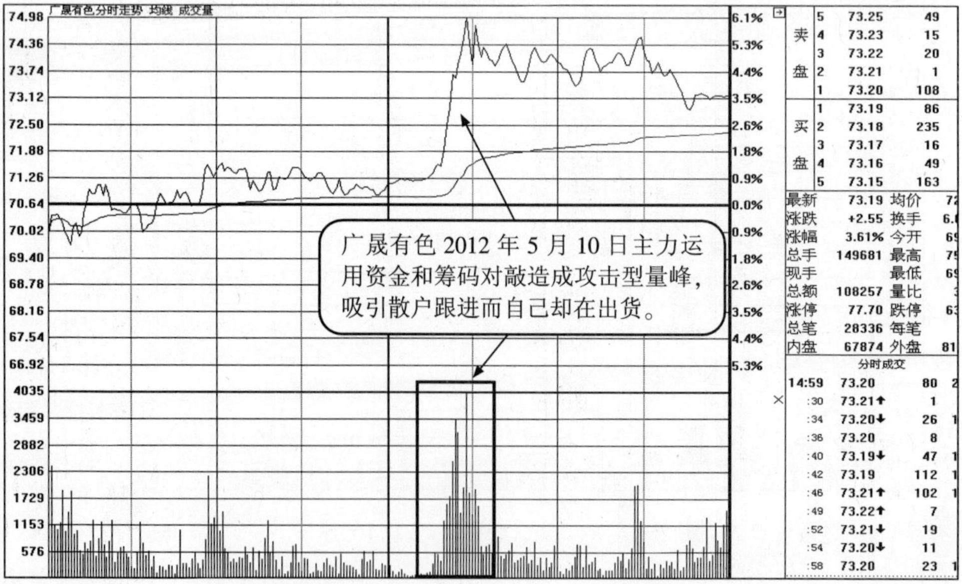

图 2—128

广晟有色在经过大幅上涨后，2012 年 5 月 10 日主力采用攻击型量峰放量拉升股价吸引散户跟进而自己在出货。

主力出货后的走势如图 2—129 所示，三个交易股价下跌 13%。

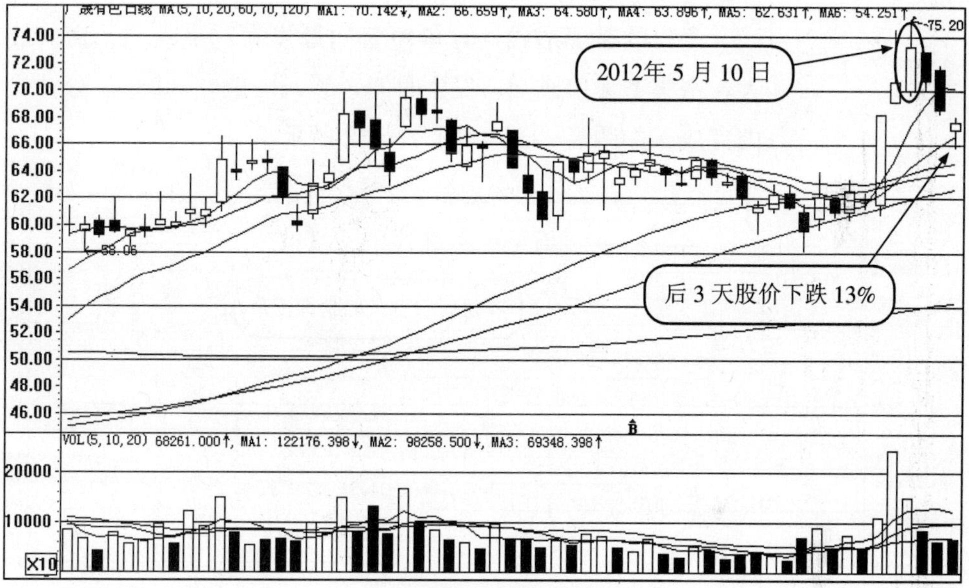

图 2—129

如图 2—129 所示，广晟有色主力 2012 年 5 月 10 日采用攻击型量峰拉升股价吸引散户进场，后 3 天下跌 13%。

无论是冲击型量峰还是攻击型量峰，我们对主力出货的分析不能单单地凭此决断。看盘时还要结合盘口的其他分析点（挂单、波形、分时成交）来使用，不能仅凭一种量峰来生搬硬套。

3. 诱空型量峰是主力进场

诱空型量峰就是指股票在盘口图中，一段时间内股价连续快速下跌的过程中，伴随的量峰明显出现放大（量价的底背离)。而收盘时股价却又被拉起，甚至翻红。“诱空”顾名思义就是引诱做空，主力在盘中砸盘打压股价，把市场的不坚定筹码吓出来，自己则逢低建仓。诱空型量峰在实战中经常会出现，我们在看盘时把握的重点是诱空型量峰确定的必要条件就是股价后市必须拉起。

盘口的表现形式：具备短暂的爆发力，呈纵向、横向放大，密集型大单成交，发生时间短暂，一般在 30～45 分钟之内完成。如图 2—130 至图 2—132 所示。

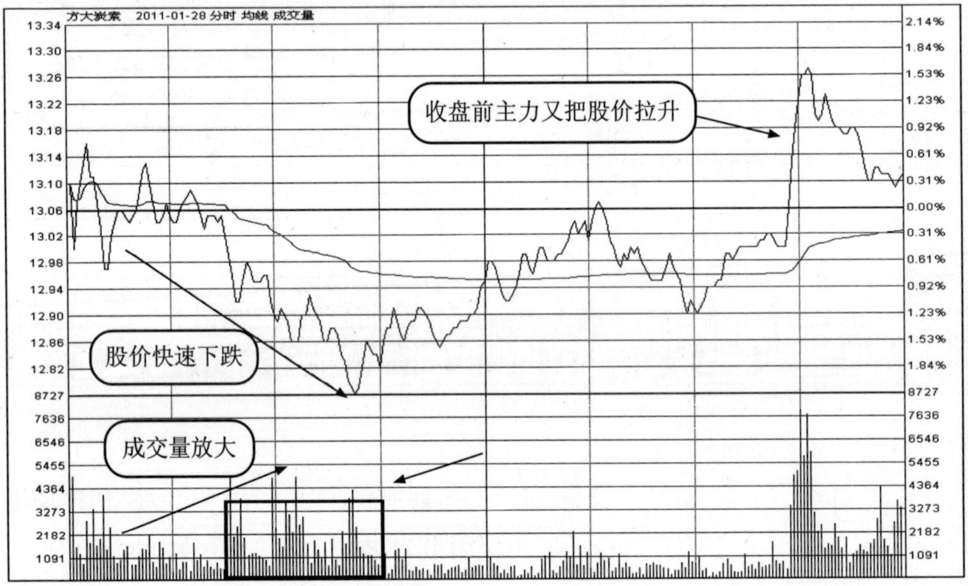

图 2—130

图 2—130 显示：2011 年 1 月 28 日方大炭素从开盘到 11 点，主力用近一个半小时的时间连续打压股价，盘口中显示价跌量增的态势，量峰和波形呈现底背离现象，尾盘主力又把股价拉起，说明打压股价时的量峰是诱空型量峰。

图 2—131 显示：大亚科技 2008 年 12 月 29 日早盘主力开盘后立刻打压股价，到 10 点 30 分，盘口中明显出现价跌

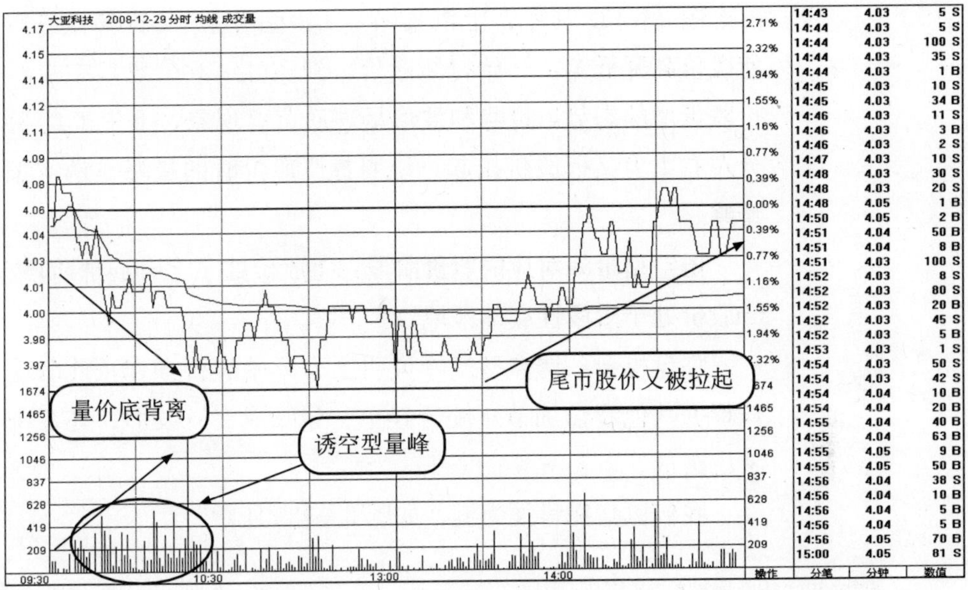

图 2—131

量增的态势，量峰和波形呈现底背离现象，尾盘主力又把股价拉起，说明打压股价时的量峰是诱空型量峰。

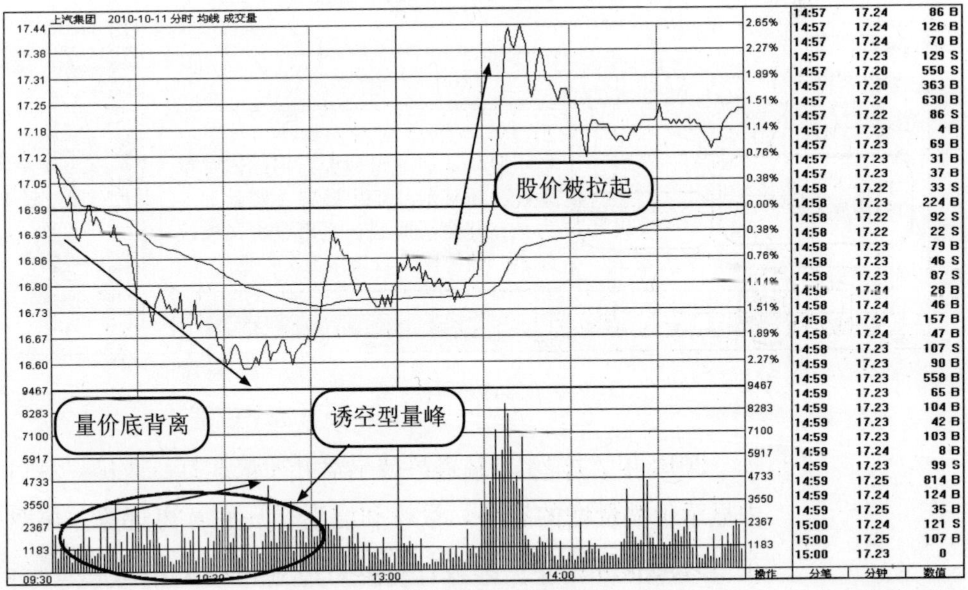

图 2—132

图 2－132 显示：上汽集团 2010 年 10 月 11 日早盘主力使股价高开低走，开始打压股价，到 10 点 15 分盘口中显示价跌量增的态势，量峰和波形呈现底背离现象，下午 1 点 30 分左右主力又把股价拉起，说明打压股价时的量峰是诱空型量峰。

诱空型量峰对应的股价阶段：①股价处于上升通道阶段；②股价处于阶段性底部区域。

临盘机会：诱空型量峰说明主力开始进行操作，此时应该根据其他看盘细节（配合挂单、分时成交、波形）在盘中考虑买进。

我们以猛狮科技为例，如图 2－133 所示。

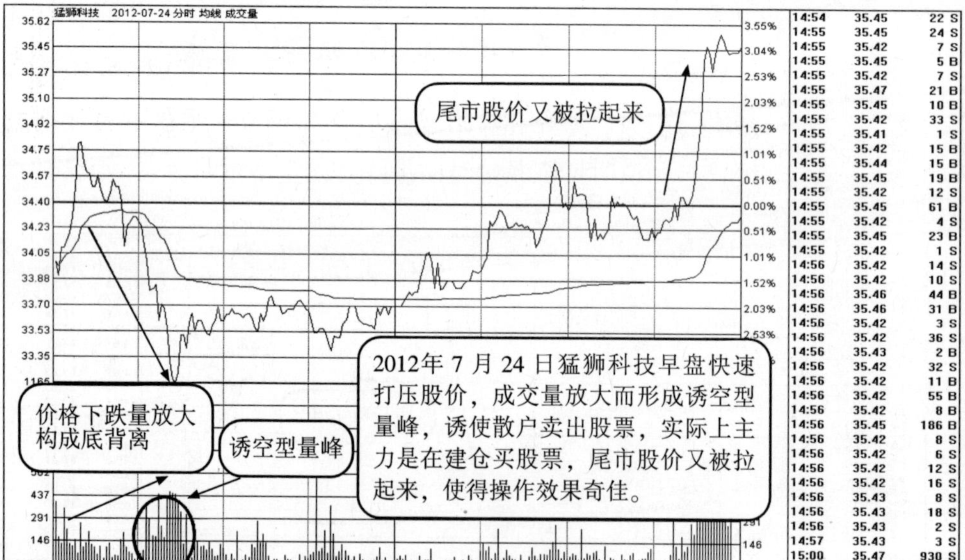

图 2－133

2012 年 7 月 24 日猛狮科技早盘开始快速打压股价，盘口中显示价跌量增的态势，量峰和波形呈现底背离现象。尾盘主力又把股价拉起，说明打压股价时的量峰是诱空型量峰。

实际上主力是在建仓，不断地吓出散户手中的筹码。

当天它所处的K线的位置如图2—134所示。

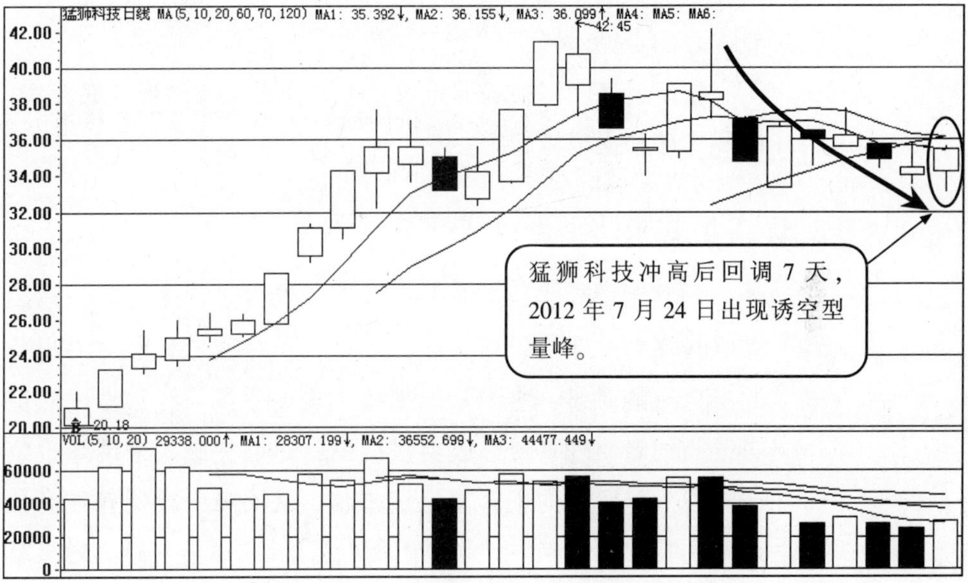

图2—134

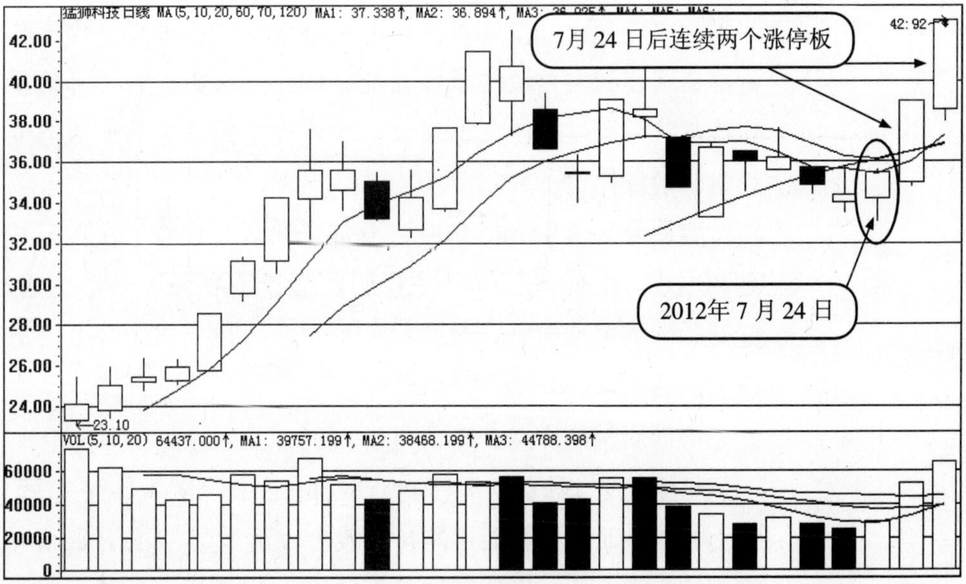

图2—135

2012 年 7 月 24 日之后它是如何表现的呢？请看图2—135。

尽管大盘当时是走熊的猛狮科技在 2012 年 7 月 24 日主力用诱空型量峰建仓后，股价逆势连续两个涨停板，根本不管大盘的走熊。

警示：诱空型量峰的特点：①成交量与波形形成底背离；②尾市股价必须拉起来。

4. 诱多型量峰是主力出货

诱多型量峰就是指主力在股票的操作过程中，对一只股票在拉高到一定的价格区域，而这个价格区域正是主力出货目标区域的时候，主力采取放量上攻的手段，经常做出对前期高点或者整理平台形成突破（也就是假突破）来诱导投资者，以为是股票的主升浪已经来临，从而吸引投资者在高位给主力接单，达到自己隐秘出货的目的。“诱多”顾名思义就是引诱做多，分时图中的这种量峰就是诱多型量峰。

诱多型量峰在分时图中的表现特征是：量价的顶背离。当顶背离出现时，量峰可以是冲击型量峰，也可以是攻击型量峰。现在的主力操作从操盘成本的角度考虑，为了降低操作成本，一般多用冲击型量峰，毕竟攻击型量峰的形成需要长时间的操作。

我们都知道主力操作股票分四个阶段：建仓、洗盘、拉高和出货。出货这个阶段是我们普通投资者最难以把握的。好好学习诱多型量峰，对于我们把握主力出货这个环节会有很大的帮助。

下面用例证讲述，请看图 2—136。

恒泰艾普 2012 年 8 月 23 日经过上午的横盘震荡之后，主力在下午 1 点开盘后迅速拉升股价，至 1 点 34 分，股价一度拉到上涨 8%，此时离涨停板只有一步之遥，分时图中出

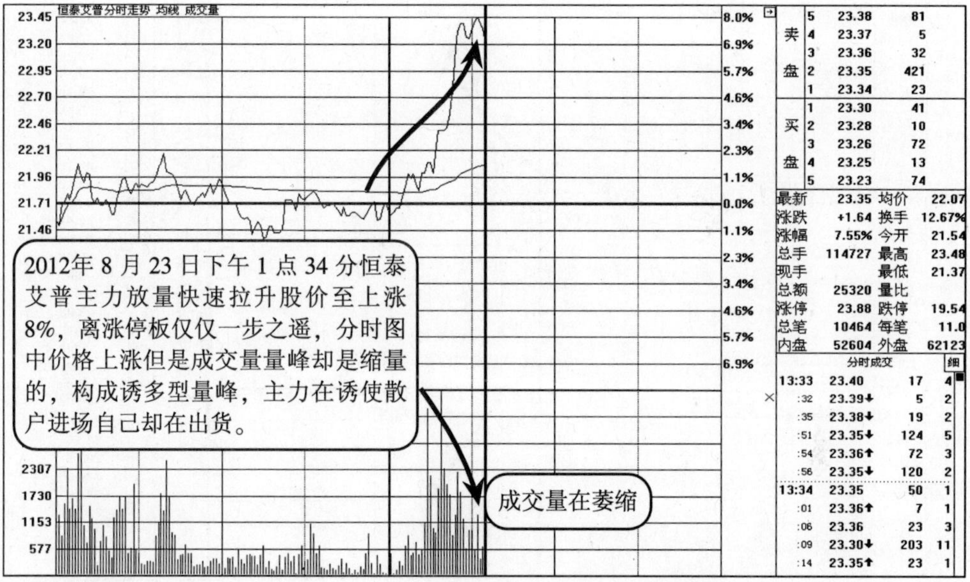

图 2—136

现股价上涨，但量峰却是在明显的萎缩。也就是出现成交量萎缩，股价上涨的量价顶背离现象，后续股价不支持继续上涨。这种情况下的量峰性质就是诱多型量峰。主力是在拉高股价吸引散户在高位进场，而自己却在出货。

主力拉高出货后到下午收盘的走势见图 2—137。

主力在高位大手笔出货后，后面的股价当然就会下跌。

之后的K线走势（图 2—138），5个交易日最大下跌幅度达 23%。

我们再以同力水泥（000885）为例，如图 2—139 所示。

同力水泥这一天的走势在低迷的市场中可谓是非常抢眼。除权探底后迅速走填权行情，并且要挑战前期 12.77 元的高位。当然这一天也使很多散户上当受骗，当天下午的走势见图 2—140。

同力水泥 2012 年 6 月 7 日股价上午横盘震荡，下午开盘不久主力拉升股价，13 点 18 分到 14 点 02 分虽然股价是上涨

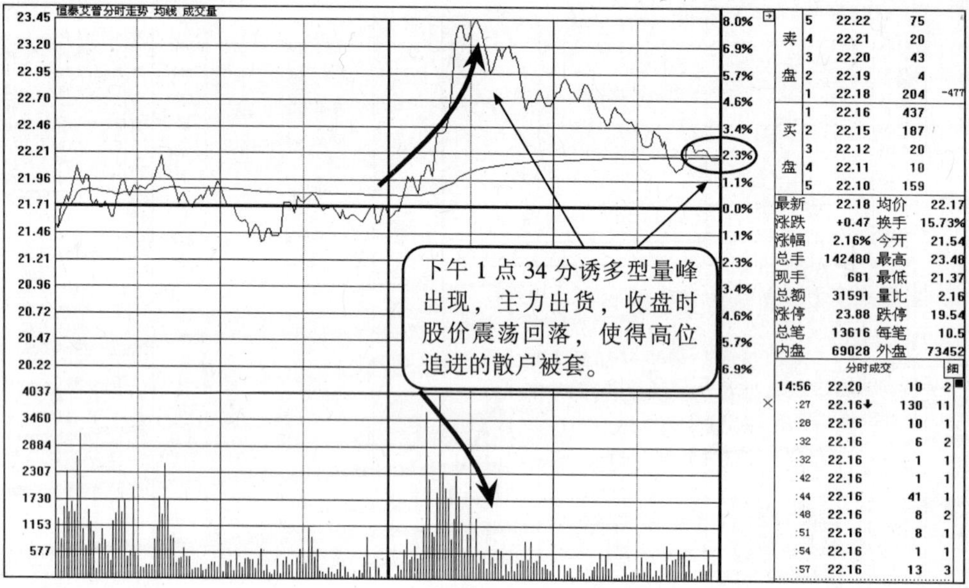
恒泰艾普分时走势 均线 成交量
下午1点34分诱多型量峰出现，主力出货，收盘时股价震荡回落，使得高位追进的散户被套。

图 2－137

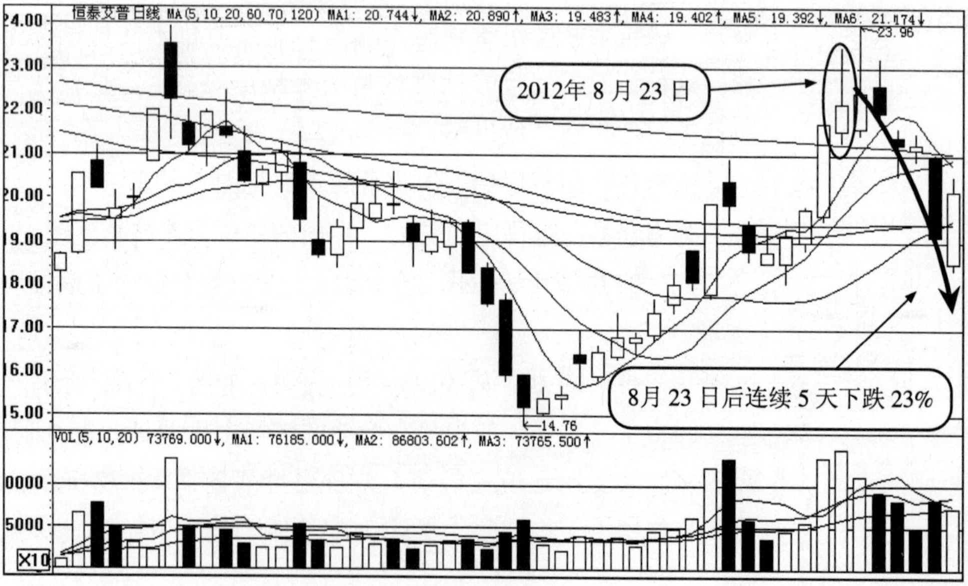
2012年8月23日
8月23日后连续5天下跌23%

图 2－138

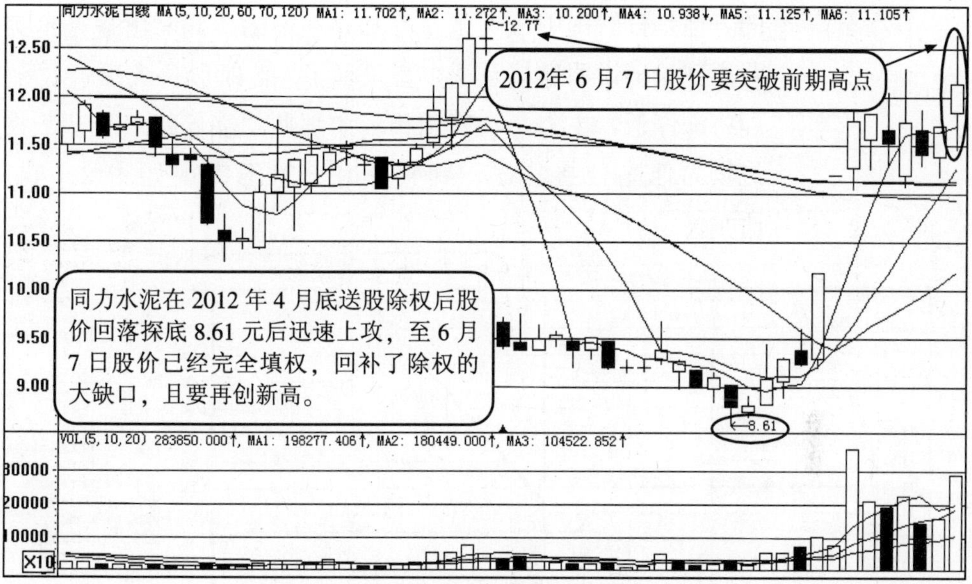
同力水泥日线 MA(5,10,20,60,70,120) MA1: 11.702↑, MA2: 11.272↑, MA3: 10.200↑, MA4: 10.938↓, MA5: 11.125↑, MA6: 11.105↑
12.77
2012年6月7日股价要突破前期高点
同力水泥在2012年4月底送股除权后股价回落探底8.61元后迅速上攻，至6月7日股价已经完全填权，回补了除权的大缺口，且要再创新高。
8.61
VOL(5,10,20) 283850.000↑, MA1: 198277.406↑, MA2: 180449.000↑, MA3: 104522.852↑

图 2—139

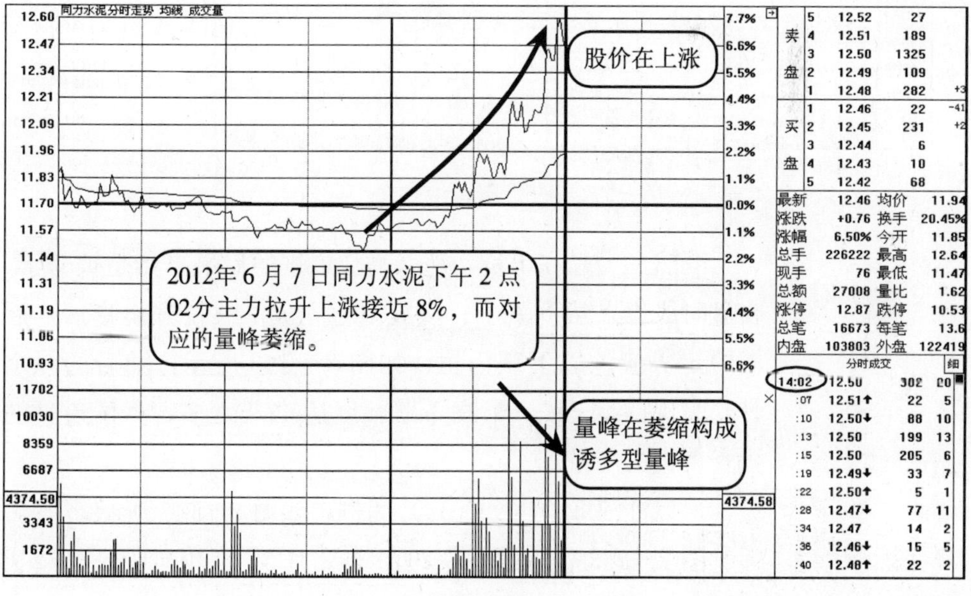
同力水泥分时走势 均线 成交量
股价在上涨
2012年6月7日同力水泥下午2点02分主力拉升上涨接近8%，而对应的量峰萎缩。
量峰在萎缩构成诱多型量峰
14:02

图 2—140

的，但是分时图中成交量量峰却是在萎缩，此时出现量价顶背离现象。说明这就是诱多型量峰了。此时股价大涨近8%，即将涨停板，主力是在吸引市场中那些“涨停板敢死队”来进场为他高位接货了。到收盘时分时图表现如图 2－141 所示。

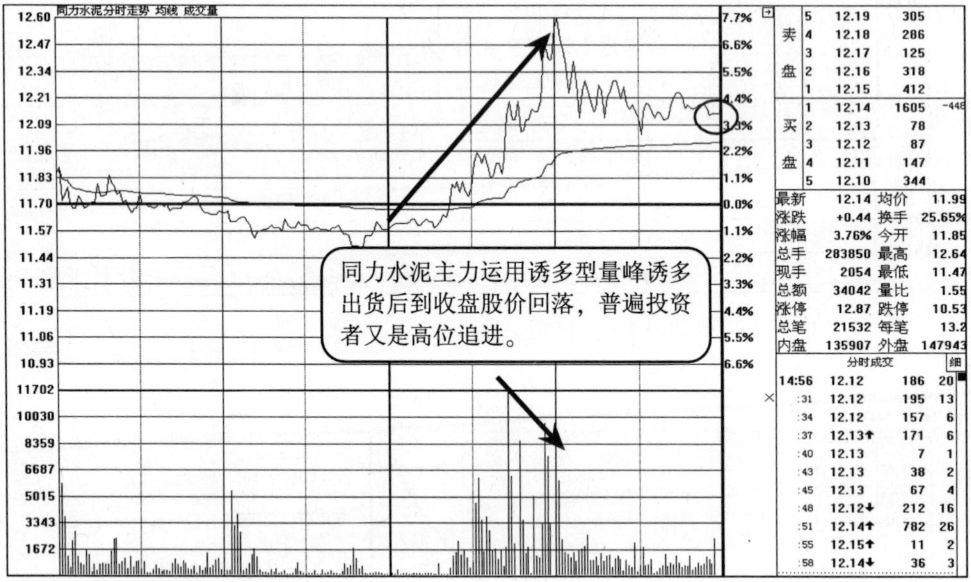

图 2－141

既然主力是在出货，那么高位追进的后果自然是被套了。收盘时股价果然下跌了。该股主力完成一波拉升出货后，后面的走势应该以下跌为主，如图 2－142 所示，随后的一个月，股价持续下跌，最高下跌幅度达 40%之多，高位追进的投资者损失惨重。

再以沙河股份（000014）为例，如图 2－143 所示。

图 2－143 告诉我们：2012 年 8 月 27 日沙河股份延续了前一天涨停板上涨的强势行情，K 线图有形成对前期高点突破的趋势。

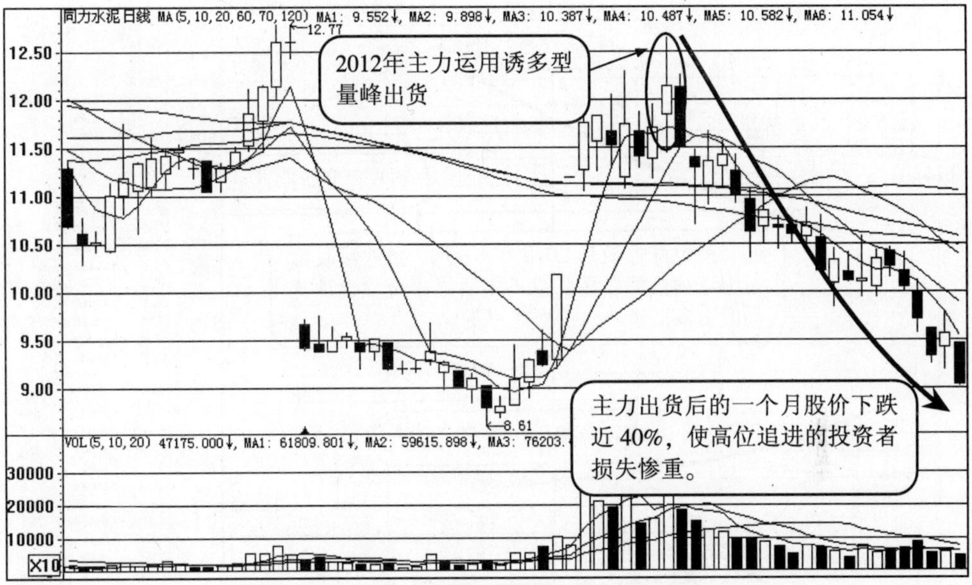
同力水泥日线 MA(5,10,20,60,70,120) MA1: 9.552↓, MA2: 9.898↓, MA3: 10.387↓, MA4: 10.487↓, MA5: 10.582↓, MA6: 11.054↓
2012年主力运用诱多型量峰出货
主力出货后的一个月股价下跌近40%，使高位追进的投资者损失惨重。
VOL(5,10,20) 47175.000↓, MA1: 61809.801↓, MA2: 59615.898↓, MA3: 76203.

图 2—142

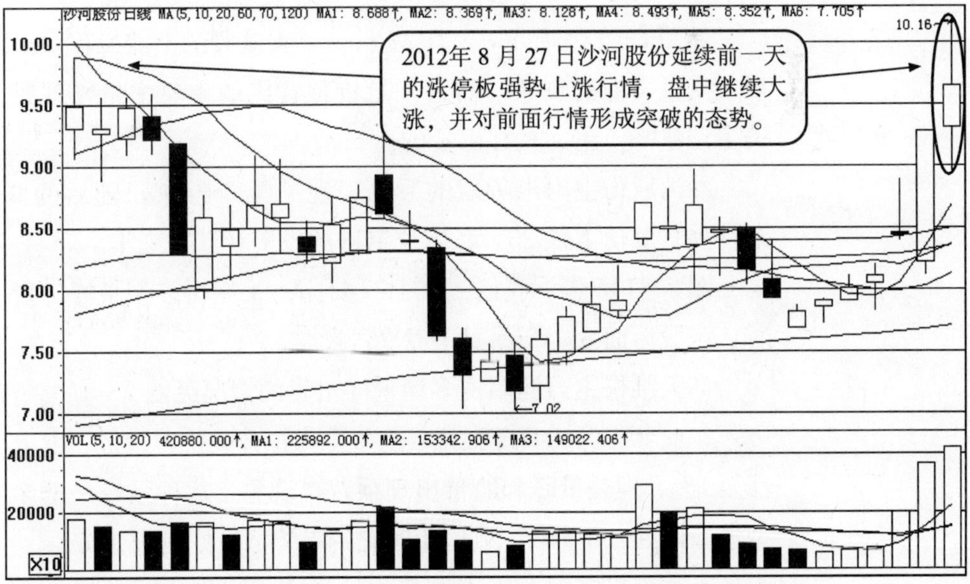
沙河股份日线 MA(5,10,20,60,70,120) MA1: 8.688↑, MA2: 8.369↑, MA3: 8.128↑, MA4: 8.493↑, MA5: 8.352↑, MA6: 7.705↑
2012年8月27日沙河股份延续前一天的涨停板强势上涨行情，盘中继续大涨，并对前面行情形成突破的态势。
VOL(5,10,20) 420880.000↑, MA1: 225892.000↑, MA2: 153342.906↑, MA3: 149022.406↑

图 2—143

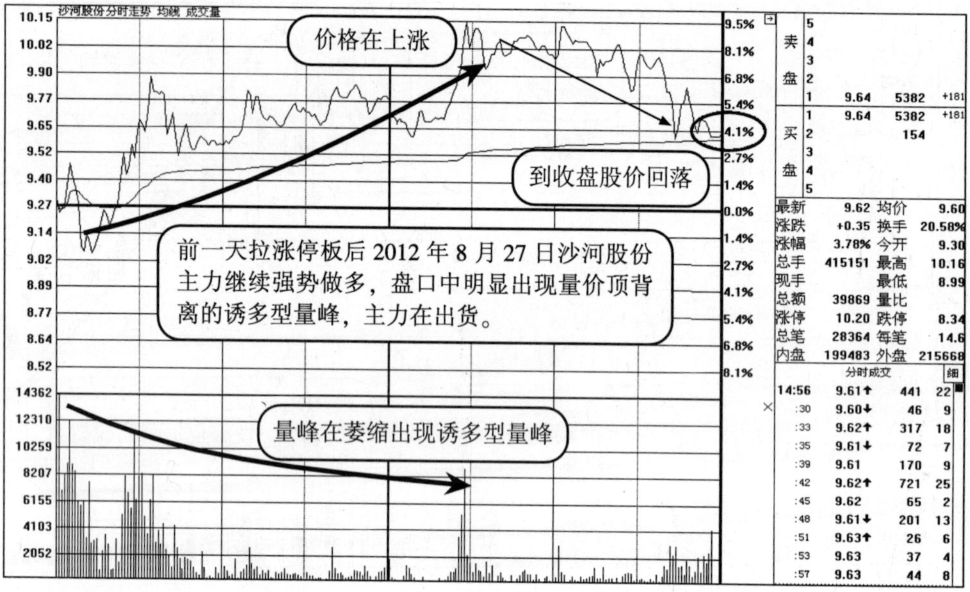

图 2—144

当天的分时走势情况见图 2—144。

如图 2—144 所示，8 月 27 日这一天该股的上涨过程中出现成交量萎缩的现象，而这种量价顶背离的现象中量峰就是诱多型量峰，主力是在出货的。

沙河股份主力出货后的股价表现见图 2—145，随后的 6 个交易日股价下跌 25%，高位追进的投资者严重套牢。

图 2—145 告诉我们：8 月 27 日主力采用诱多型量峰出货后，该股后面 6 个交易日下跌 25%。

苏大维格主力运用诱多型量峰出货的情况见图 2—146。

2012 年 9 月 4 日苏大维格上午主力拉升股价，股价一度上涨至 5%，但是量峰和股价出现顶背离现象，这种量峰是诱多型量峰，主力在出货。到收市时它的走势情况见图2—147。

苏大维格主力上午用诱多型量峰完成出货之后，到收盘时该股以绿盘报收，使得不明真相高位买进的投资者当天就亏损。

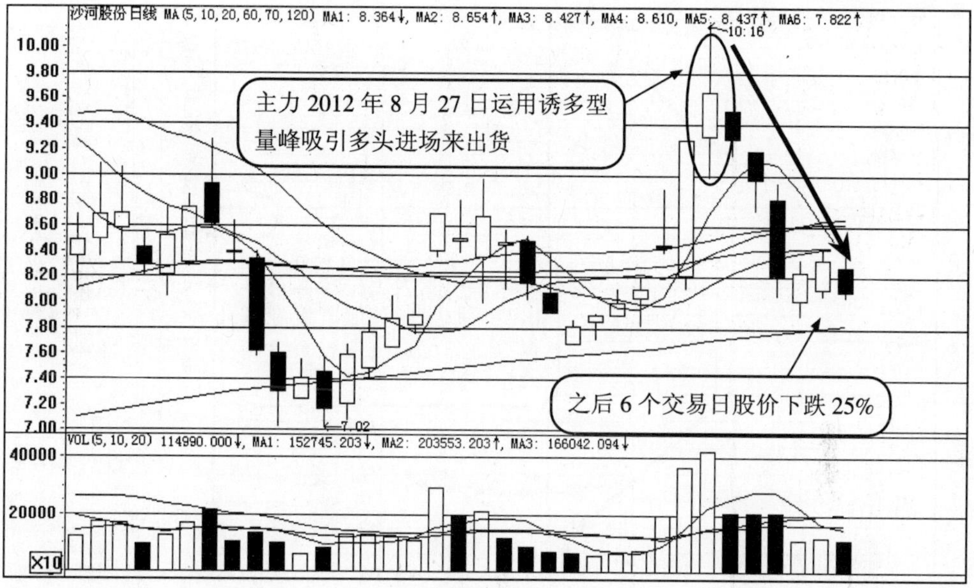
沙河股份 日线 MA(5,10,20,60,70,120) MA1: 8.364↓, MA2: 8.654↑, MA3: 8.427↑, MA4: 8.610, MA5: 8.437↑, MA6: 7.822↑
主力 2012 年 8 月 27 日运用诱多型量峰吸引多头进场来出货
之后 6 个交易日股价下跌 25%
VOL(5,10,20) 114990.000↓, MA1: 152745.203↓, MA2: 203553.203↑, MA3: 166042.094↓

图 2—145

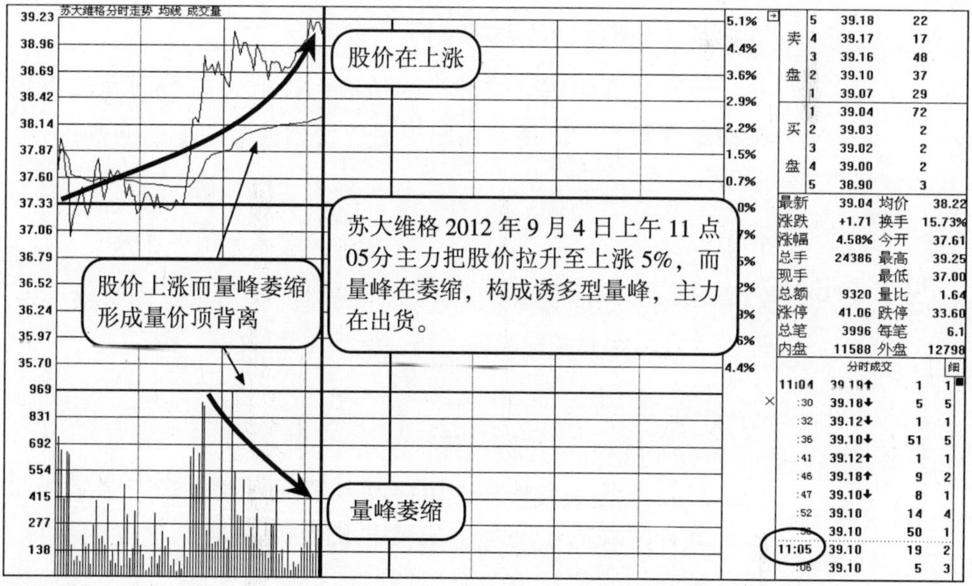
苏大维格分时走势 均线 成交量
股价在上涨
股价上涨而量峰萎缩形成量价顶背离
苏大维格 2012 年 9 月 4 日上午 11 点 05 分主力把股价拉升至上涨 5%，而量峰在萎缩，构成诱多型量峰，主力在出货。
量峰萎缩

图 2—146

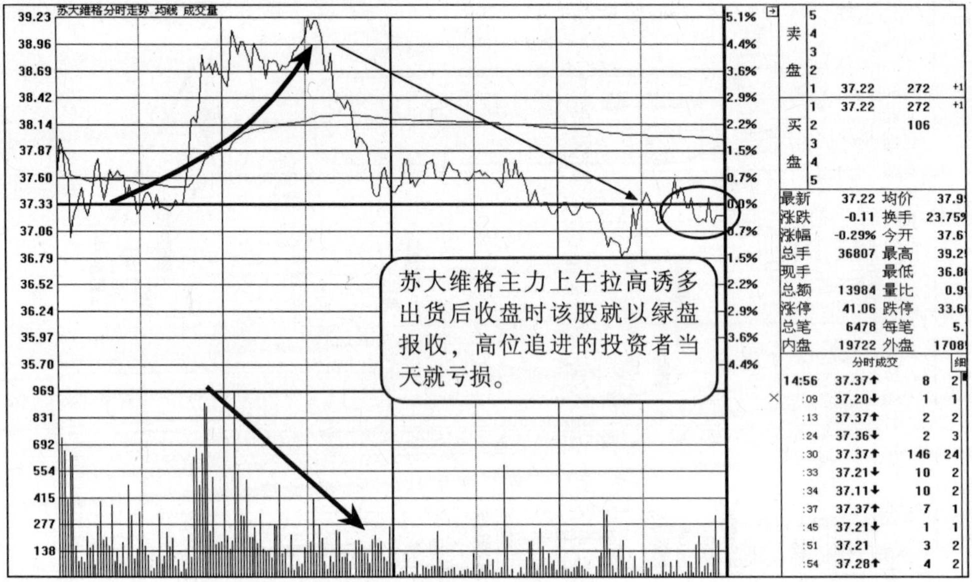

图 2—147

诱多型量峰是主力经常采取的出货手段。这样的案例不胜枚举，我们就不再多举例了。

警示：诱多型量峰的构成特点：①股价拉升时首先出现量价的顶背离；②顶背离出现后股价到收盘时必然回落。

四、分时成交

1. 每分钟成交笔数

每分钟成交笔数就是指在分时图盘口中，盘中交易时间内每分钟交易有多少笔。它考量的是交易活跃程度的指标，每分钟交易的笔数越多表明该股成交就越活跃，主力的操作越明显；反之表明成交清淡，主力操作不明显或者没有参与操作。

请看2012年9月4日恒泰艾普的成交笔数情况，见图2—148。

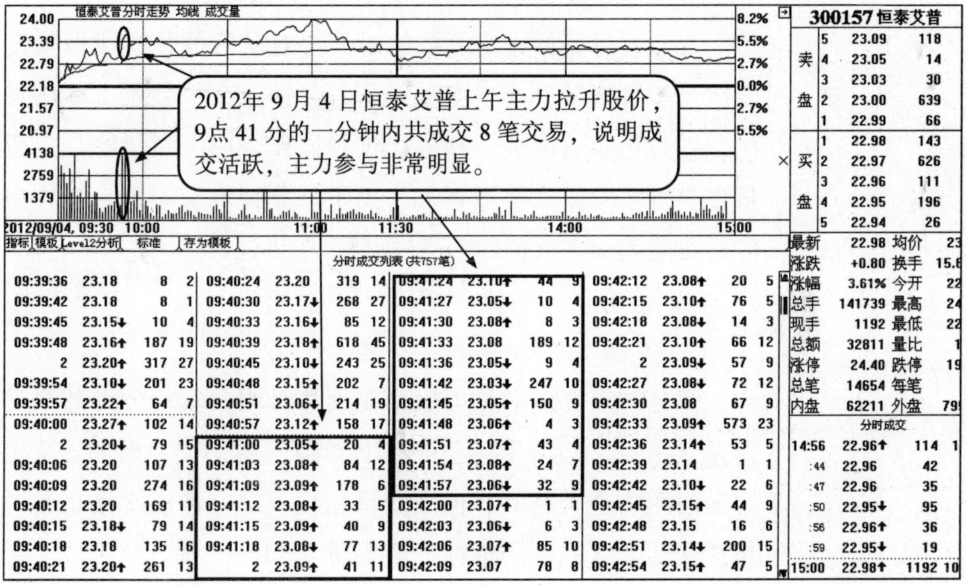

图2—148

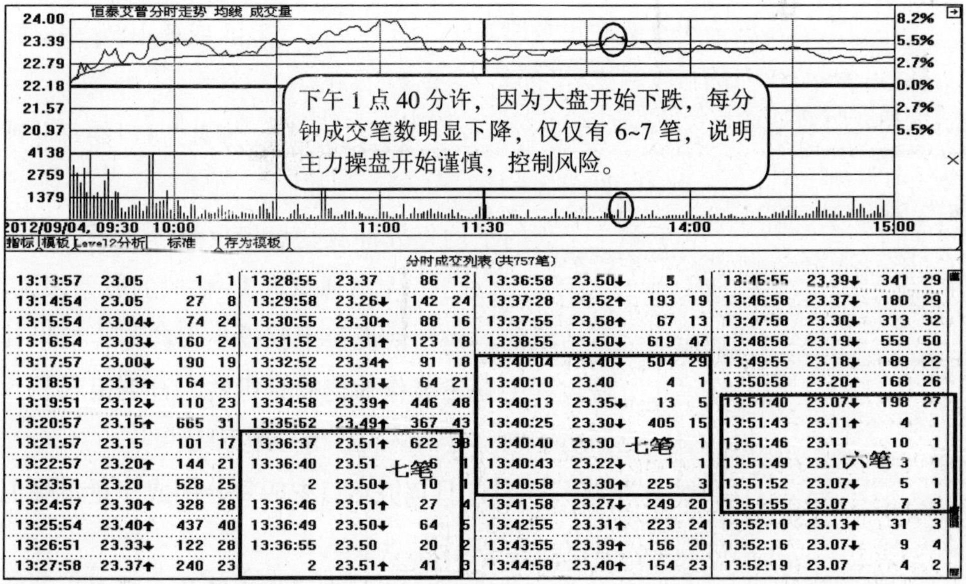

图2—149

当天下午1点40分许，由于大盘的快速下跌，对于主力继续做多风险加大，强势参与明显不利，每分钟成交笔数明显下降，请看图2－149。

我们看每分钟成交笔数的时候要对量峰的性质予以辅助分析。一般情况下攻击型量峰下每分钟成交笔数是不断增加的，主力积极运用资金和筹码进行操作。冲击型量峰下一般仅仅是短暂的成交笔数增加。关于每分钟成交笔数在操作中的运用笔者会在后面的15进场模型中讲述。

2. 每分钟成交量

每分钟成交量就是指股票在交易时间内每一分钟的交易总量（手）。一天有4个小时，即240分钟的交易时间，决定了分时图中全天有240根成交量量柱。每分钟成交量也是考量成交活跃度的一个指标。请看图2－150。看每分钟成交量的大小我们还要注意量峰值的大小。因为量峰值的大小决定了股票活跃与否。量峰值还要对应股票流通盘的数量来判定。因为大盘股和小盘股对于每分钟交易10045或者1000手，它们的概念是不一样的。请看图2－151。

2011年12月7日这一天的包钢稀土分时图盘口的每分钟成交量情况见图2－152。

包钢稀土全天的平均每分钟成交量仅仅是344手，最大的成交是1200手，这对于一个流通盘近15亿股的股票来说，明显是成交不活跃的，换句话说根本就没主力参与。如果其是在熊市下跌过程中是不能作为建仓目标的，否则很容易亏损。事实也证明了这一点，该股后市持续下跌。

到了2012年1月9日该股盘口中的每分钟成交量量峰值出现明显的变化，请看图2－153。

包钢稀土2012年1月9日结束了漫漫跌势，盘口中每分

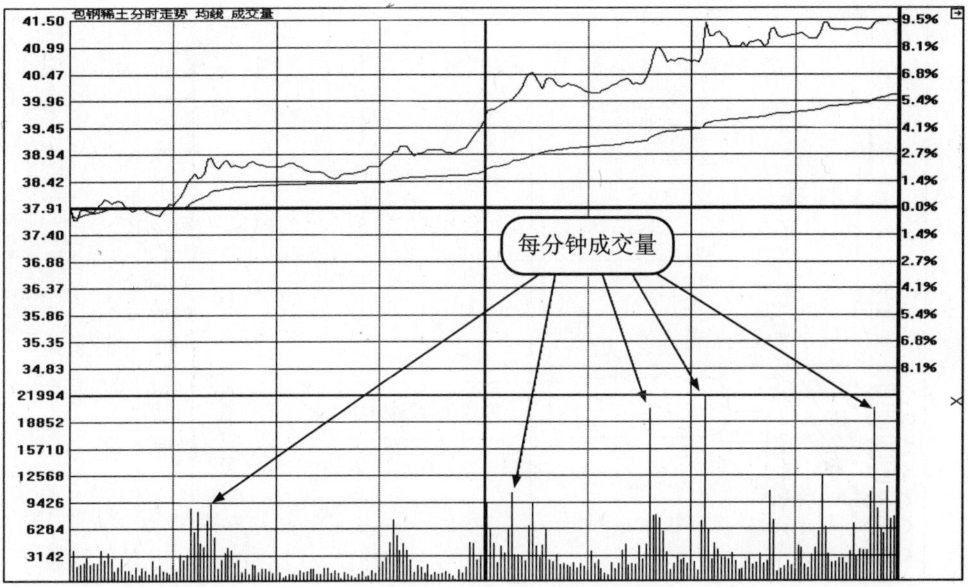
包钢稀土分时走势 均线 成交量
每分钟成交量

图 2—150

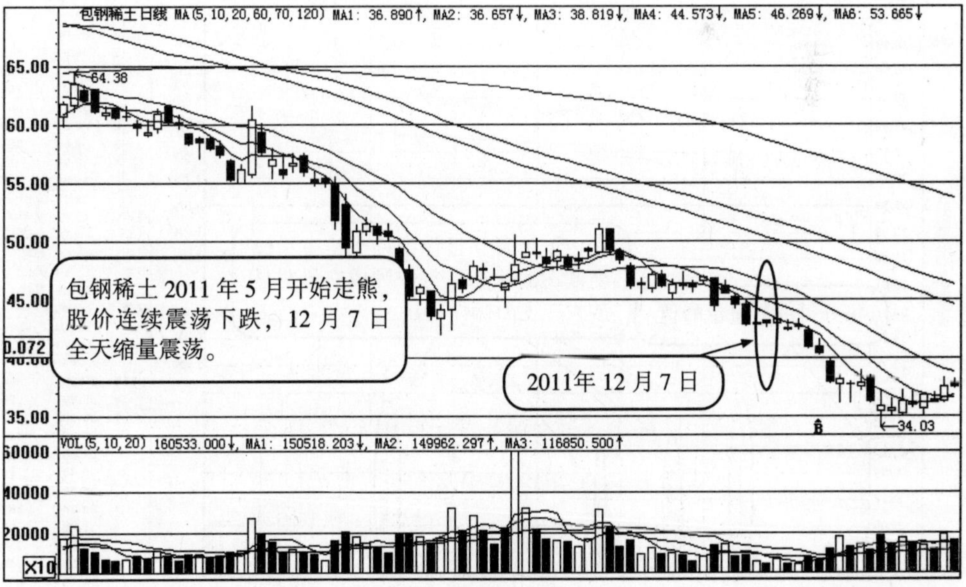
包钢稀土日线 MA(5,10,20,60,70,120) MA1: 36.890↑, MA2: 36.657↓, MA3: 38.819↓, MA4: 44.573↓, MA5: 46.269↓, MA6: 53.665↓
包钢稀土 2011 年 5 月开始走熊，股价连续震荡下跌，12 月 7 日全天缩量震荡。
2011年 12 月 7 日
VOL(5,10,20) 160533.000↓, MA1: 150518.203↓, MA2: 149962.297↑, MA3: 116850.500↑

图 2—151

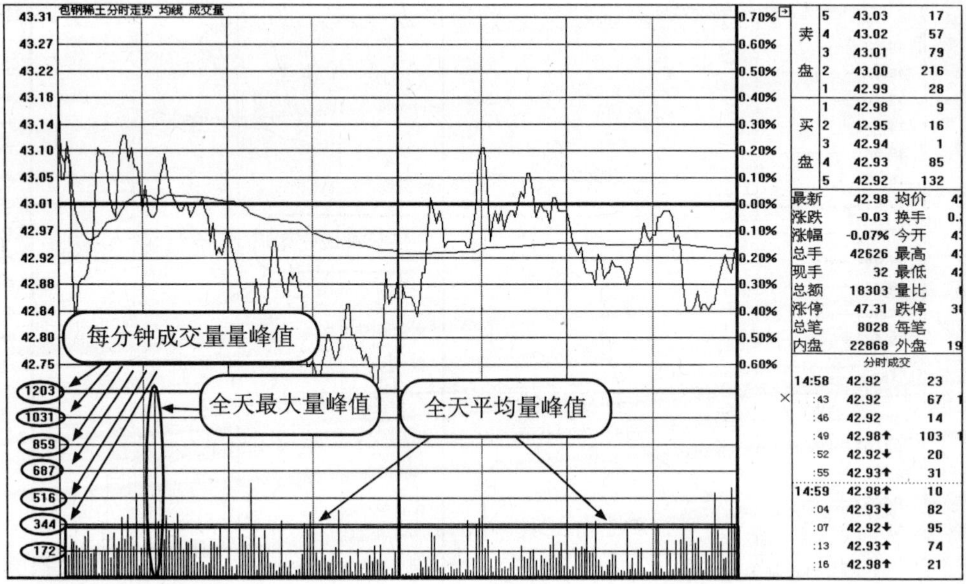
包钢稀土分时走势 均线 成交量
每分钟成交量量峰值
全天最大量峰值
全天平均量峰值
1203
1031
859
687
516
344
172

图 2—152

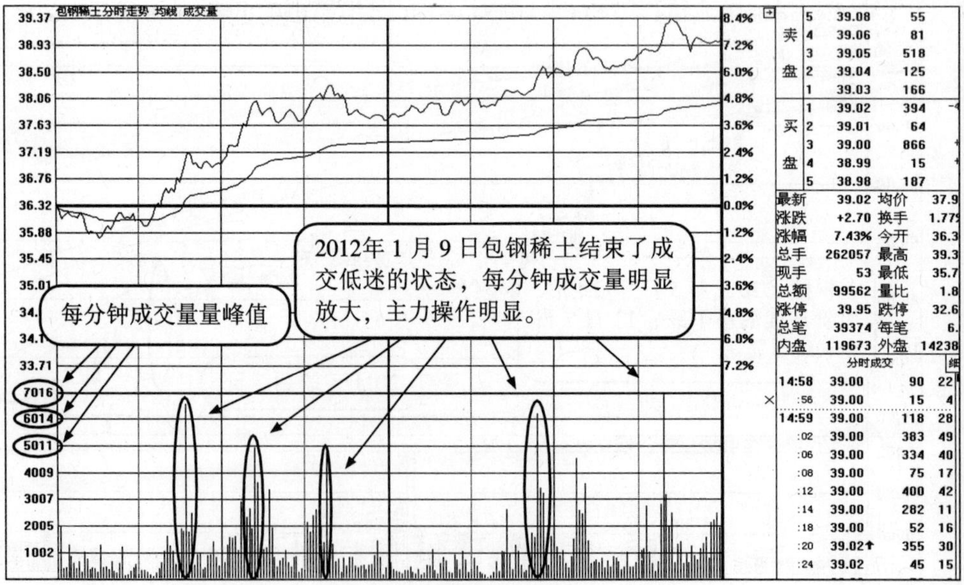
包钢稀土分时走势 均线 成交量
2012年1月9日包钢稀土结束了成交低迷的状态，每分钟成交量明显放大，主力操作明显。
每分钟成交量量峰值
7016
6014
5011

图 2—153

钟成交量明显放大，最高每分钟成交量量峰值达 7016 手，明显大于 2011 年 12 月 7 日的最大量峰值。主力开始抄底进场了。之后便展开一波非常凌厉的上涨行情（图 2—154）。

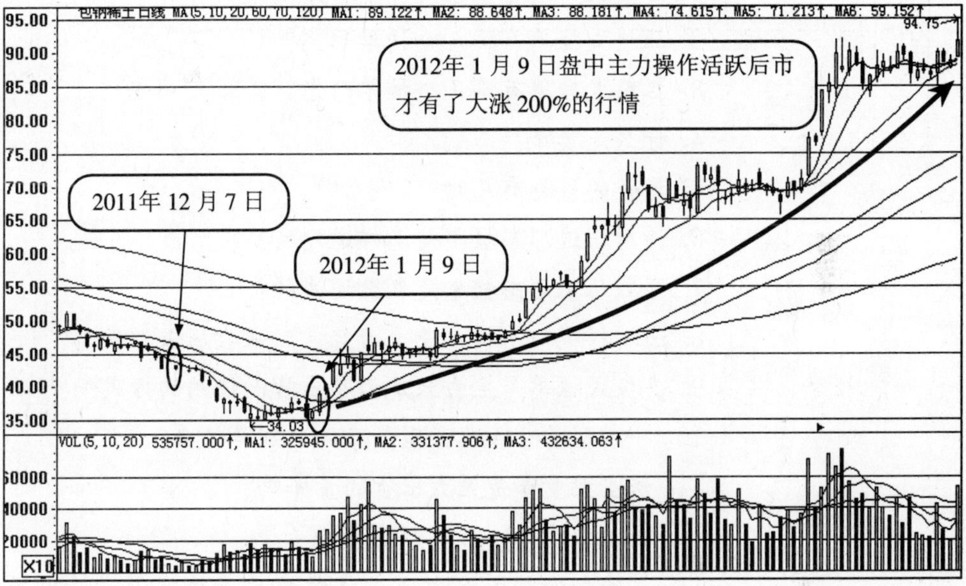

图 2—154

如图 2—154 所示，2012 年 1 月 9 日包钢稀土盘口开始活跃，主力进场操作，后市引发了大涨 200%的行情。

每分钟成交量量峰值的大小表示了股票的活跃度。而对应流通盘的大小笔者总结的心得是：流通盘 5000 万以下的最大量峰值应该不小于每分钟 500 手；流通盘 0.5～1 亿的最大量峰值不小于 1000 手；流通盘 1～3 亿的最大量峰值不小于 2000 手；流通盘 3～7 亿的最大量峰值不小于 3500 手；流通盘7～15 亿的最大量峰值不小于 5000 手；流通盘 15 亿以上的最大量峰值不小于 10000 手。

本章习题集

1. 分时盘口交易图由哪4个部分组成？

2. 压迫式挂单有哪几个挂单形态？

3. 拦截式挂单有哪几个挂单形态？

4. 什么是量峰？

5. 量峰的种类有几种？

6. 递增压迫形态挂单是怎样递增的？

7. 递减压迫形态挂单是怎么递减的？

8. 递增拦截形态挂单是主力经常用来打压吸货的吗？

9. 夹板式挂单是主力只是为了出货而使用的方式吗？

10. 冲击型量峰和攻击型量峰的区别是什么？

11. 诱空型量峰是主力出货的量峰吗？

12. 诱多型量峰特征有哪些？

13. 量峰和分时图波形形成底背离后是诱空型量峰的首先条件吗？

第三章
盘口猎庄

笔者多年的操作经验总结，归纳成了 8 个进场模型：“15”模型、堆量模型、三叉戟模型、新股进场模型、胜利反转模型、关键点模型、“1415”模型和大波段进场模型；3 个出场模型：两元出货模型、三元出货模型和涨停板出货模型。本章将讲述本书的重点——股票“15”模型，给出股票“15”模型的构成条件，量峰与波形的关系，个股的“15”模型案例等。希望朋友们认真学习，好好掌握，用好股票“15”模型的两个波形形态（W 形和 U 形），方便以后的实战中把握猎庄机会，跑赢大盘，战胜与你同台竞争的投资者们。

在上一章给朋友们讲述了盘口的基本理论，为了做到学以致用，在这一章通过运用前面讲述过的盘口知识，教会大家怎么样在市场里抓住主力（庄家）操作的热点强势股票。

笔者多年的操作经验总结为适用于熊市、平衡市、牛市中的8个进场模型，分别为："15"模型、堆量模型、三叉戟模型、新股进场模型、胜利反转模型、关键点模型、"1415"模型和大波段进场模型；适用任何市场情况下的3个出场模型，分别为：两元出货模型、三元出货模型和涨停板出货模型。笔者在本书中首先重点讲述给朋友们如何进场的一个"15"模型；其次需要了解胜利反转模型和堆量模型。其他的进场和出货模型笔者会在以后的著作中介绍。

一、"15"模型

即使是在熊市中我们几乎每天都可以看到强势上涨的股票，这其中的原因除了是利好和概念的刺激之外，多数股票的上涨还是由于主力（庄家）的拉升造成的。主力机构即使是在熊市中还是要做多的，因为他们的资金无论是自有资金还是私募信托，集资而来的资金都是要有成本的。一般每一年的年底都要给投资方以盈利回报的。所以主力（庄家）必然要在市场中寻找可操作的标的股票来操作。常采取短、平、快的方式坐庄，这就产生了熊市市场中的强势热点股票，笔者把这类股票叫作股票“15”模型。当然，股票“15”模型在平衡市和牛市照样也可以适用的。

1. 什么是“15”模型

“15”模型就是指熊市中某只股票在分时图盘口中，收盘前15分钟出现异动，快速放量上涨，而大盘是在震荡向下调整的情况，该股一般收盘时上涨幅度不是很大（不超过4%），之后一段时间走出大盘下跌、它反而上涨的行情。这一类股票笔者称之为股票“15”模型。

以东方金钰（600086）为例，如图3—1所示。

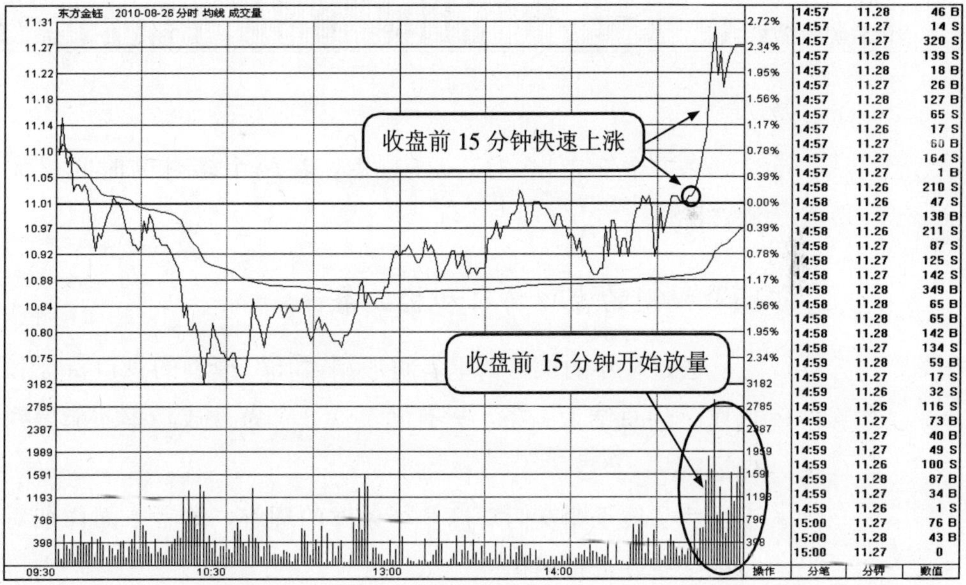

图3—1

2010年8月26日收盘前15分钟东方金钰放量上涨，走出标准的“15”模型。

从这一天的股票“15”模型开始，该股出现大涨的行情，见图3—2。

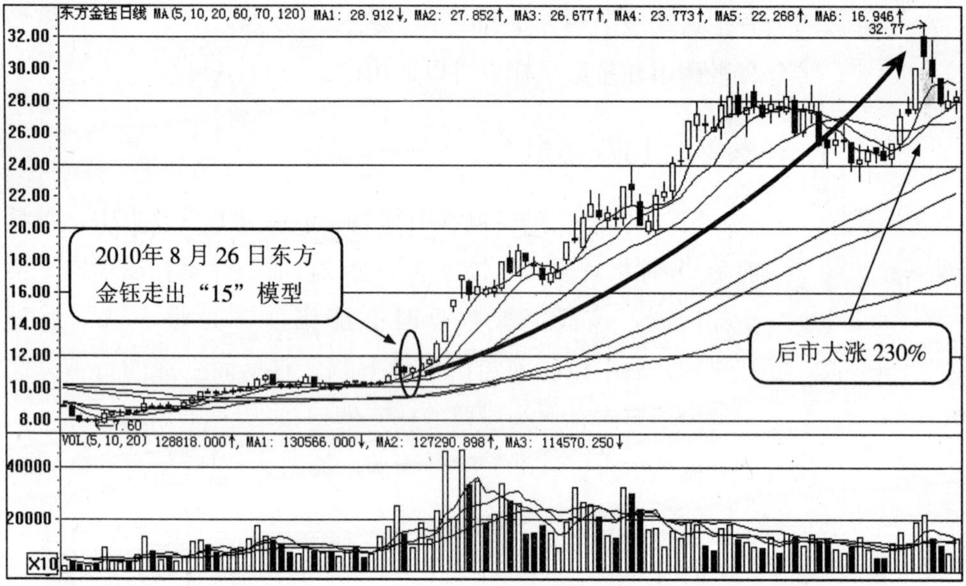

图 3—2

东方金钰走出“15”模型后，在两个多月的时间里大涨230%。

2. “15”模型的盘口特征和构成条件

通过多年的操盘，笔者将股票“15”模型的盘口特征和构成条件总结为8条，只有满足这8个条件成功率才能得到保证。

为了便于朋友们对这8个条件的理解，笔者下面详细对每一个条件进行解释。

(1) 日K线表现为回调多日或横盘多日（洗盘），走出模型的前两天有两根小阳线（更好），走出模型的当日不是在突破的价位。以方大炭素（600516）2011年1月28日走出“15”模型为例，见图3—3。

如图3—3所示，方大炭素2011年1月28日走出“15”模型。当天股价小幅上涨，但是并没有对前期高点形成突破，

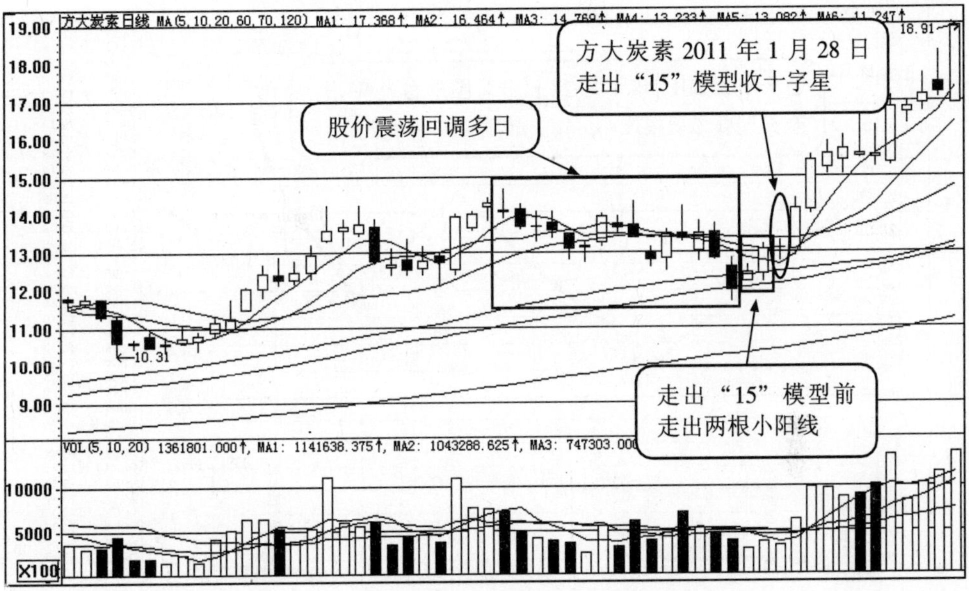

图 3—3

此前走出两根小阳线，前面股价经过了 15 天的震荡回调。走出“15”模型后该股连续 11 个交易日大涨 50%。

注意：这个条件适用于股票回调多日或者是横盘多日，不是已经上涨了很大的幅度，上涨很大幅度后股价在高位出现的“15”模型是假的“15”模型，风险是很大的。

(2) 当天分时图走势多表现为：开盘后（无论是高开还是低开；高开的股票较好）必须先打压股价，10 点 30 分前开始拉高股价建仓，一般拉高过程的时间在 45 分钟到 1 小时左右，之后再打压—拉高（全天分时图有时呈 W 形态或者 U 形态）。打压调整幅度不能超过 3.5%。如图 3—4 所示。

图 3—4 显示方大炭素 2011 年 1 月 28 日走出“15”模型。全天走势的步骤为：开盘震荡调整—拉升股价—再震荡调整—再放量拉高，分时图走势形态是 W 形态。上午调整的最低幅度没有超过－3.5%。－3.5%的调整幅度是个关键点位，主力打压的幅度一旦超过这个点位会给市场带来大量的

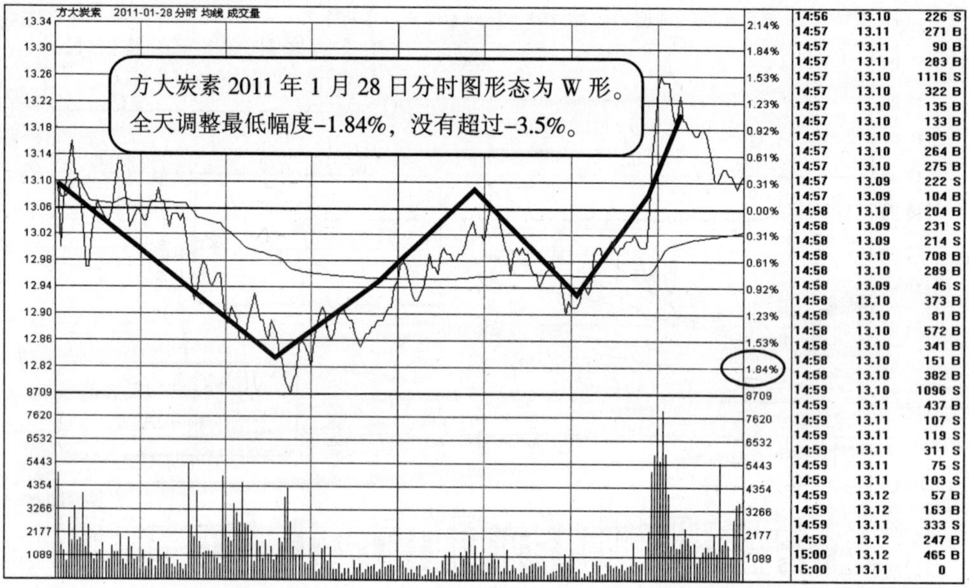

图 3—4

恐慌盘，恐慌盘大量的涌出对于主力后市操作是极为不利的，搞不好该股股价可能跌到跌停板位置，那样主力势必动用大量资金来护盘。所以主力打压一般不会超过这个幅度的，但是个别的案例也有，如春晖股份，见图 3—5。

之后该股的行情表现非常好，见图 3—6。

如图 3—6 所示，2012 年 7 月 31 日春晖股份走出“15”模型后连续 6 天涨停板。

（3）多在收市前 15 分钟附近出现此特殊模型（下午 14 点 15 分开始也有这样的模型）。

“15”模型股票发生的时间多在收盘前 15 分钟，但是个别的股票会提前。时间把控上我们也可以把监控时间提前至 14 点 15 分开始。

以中钢吉炭（000928）2011 年 1 月 28 日为例，见图 3—7。

（4）当天收盘上涨的幅度最好不要超过 2.5%，分时图

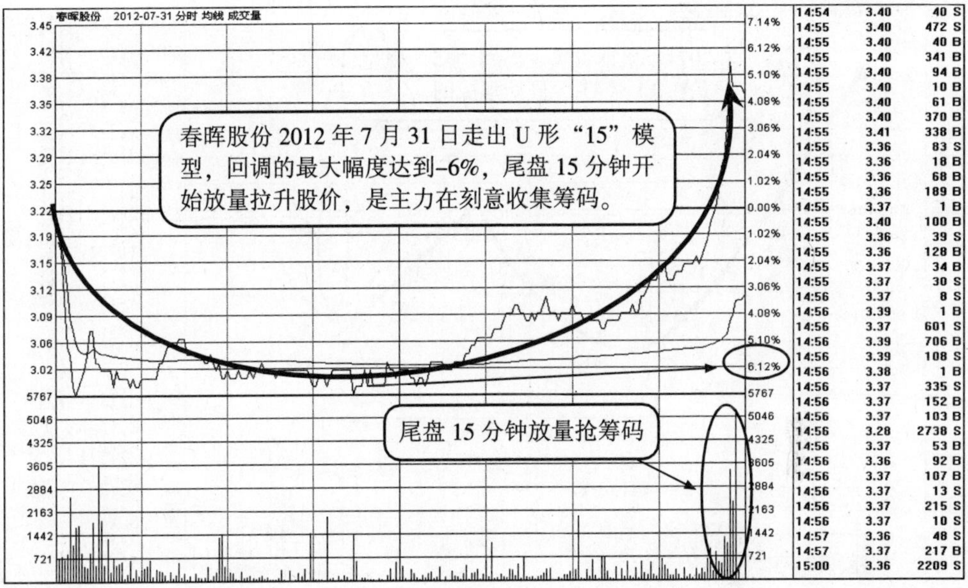
春晖股份 2012-07-31 分时 均线 成交量
春晖股份 2012 年 7 月 31 日走出 U 形“15”模型，回调的最大幅度达到-6%，尾盘 15 分钟开始放量拉升股价，是主力在刻意收集筹码。
尾盘 15 分钟放量抢筹码

图 3—5

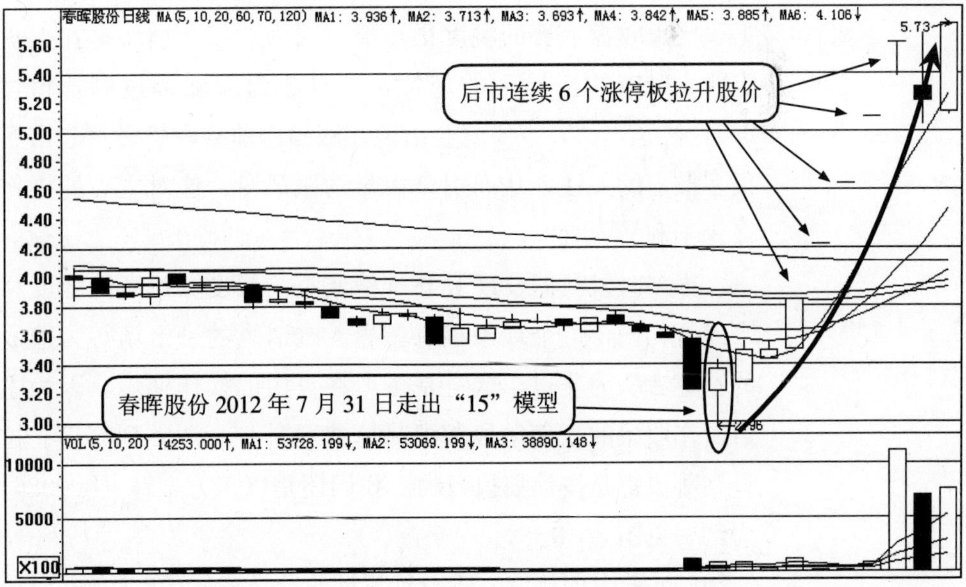
春晖股份 日线 MA(5,10,20,60,70,120) MA1: 3.936↑, MA2: 3.713↑, MA3: 3.693↑, MA4: 3.842↑, MA5: 3.885↑, MA6: 4.106↓
后市连续 6 个涨停板拉升股价
春晖股份 2012 年 7 月 31 日走出“15”模型
VOL(5,10,20) 14253.000↑, MA1: 53728.199↓, MA2: 53069.199↓, MA3: 38890.148↓

图 3—6

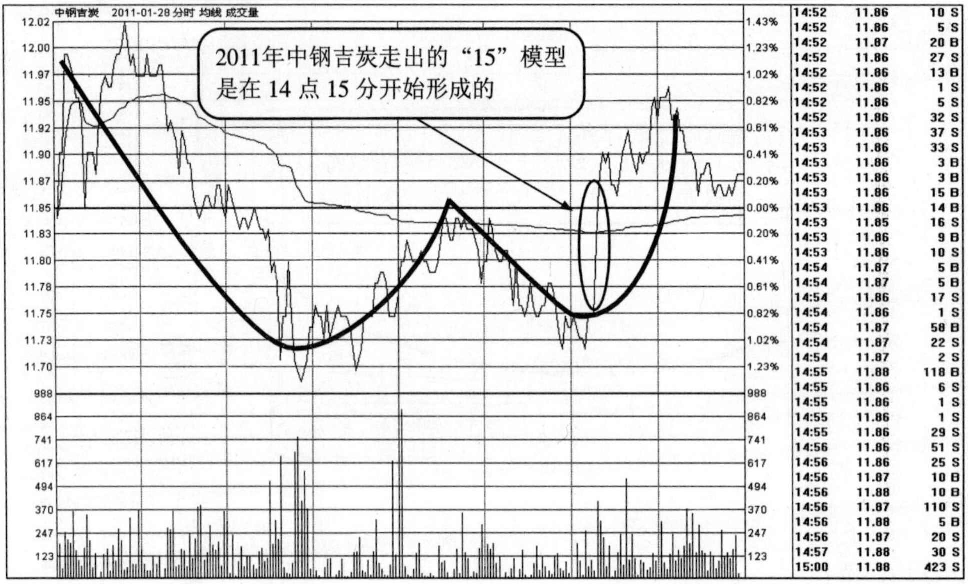

图 3—7

上打压幅度和收盘前突破收盘价上涨幅度最好相同或者相当。

当天收盘上涨的幅度很重要。因为“15”模型是在大盘走熊、熊市的格局下的产物，一旦收盘的涨幅过高，超过2.5%甚至更高，该股就会出现在涨幅榜前列，势必引起市场很多散户的关注，从而引来大量的跟风盘，这对主力的操作极为不利。

很多时候我们发现股票价格调整的幅度和拉高的幅度相当或者相同，这个现象很有意思，难道真的是市场行为造成的？笔者认为非也。这正是主力在盘中的操作使然，因为主力操作股票的任何阶段都要做好操盘计划，调整到哪里、拉升到哪里都是按计划执行的。我们还是以东方金钰（600086）为例，见图 3—8。

（5）收盘前放量。15 分钟累计的量峰是全天最大的。每分钟成最大成交量：中盘股 5～7 亿流通盘，100 万股以上；5 亿以下流通盘，每分钟 15 万股以上；2 亿以下流通盘，每分钟成

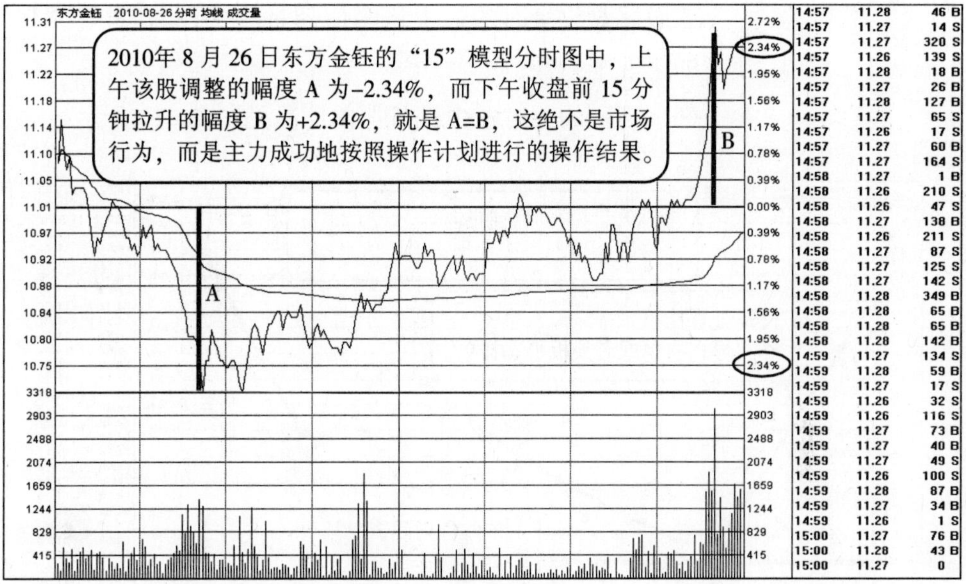

图 3—8

交量 8 万股以上。每分钟成交笔数：中盘股 5～7 亿流通盘不少于 18 笔，5 亿以下流通盘不少于 12 笔。如图 3—9 所示。

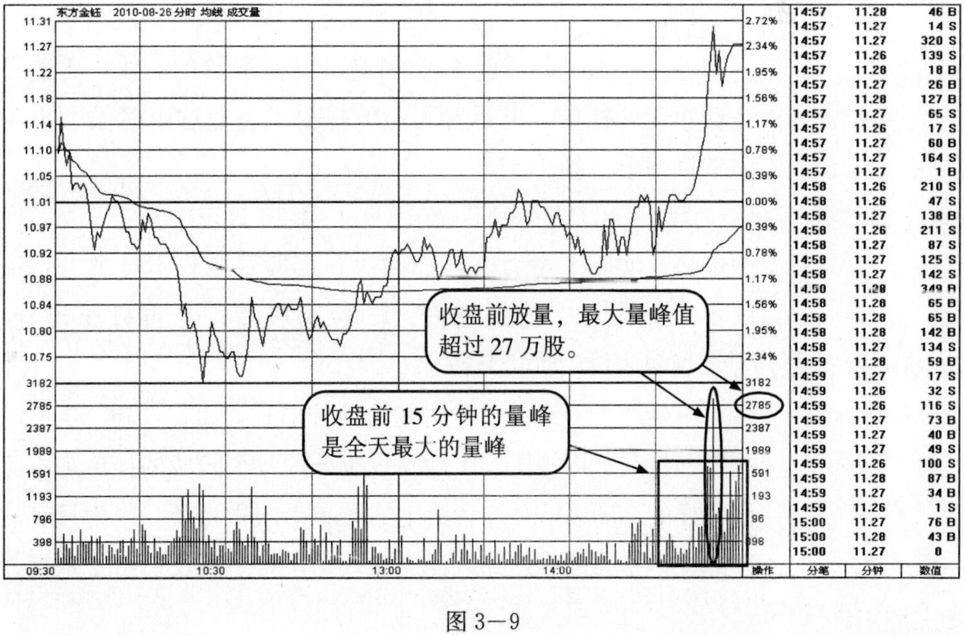

图 3—9

该股尾盘放量时的最大量峰值超过 27 万股，符合“15”模型的第五个条件。

(6) 当日的分时图中盘口挂单情况见图 3—10 所示。

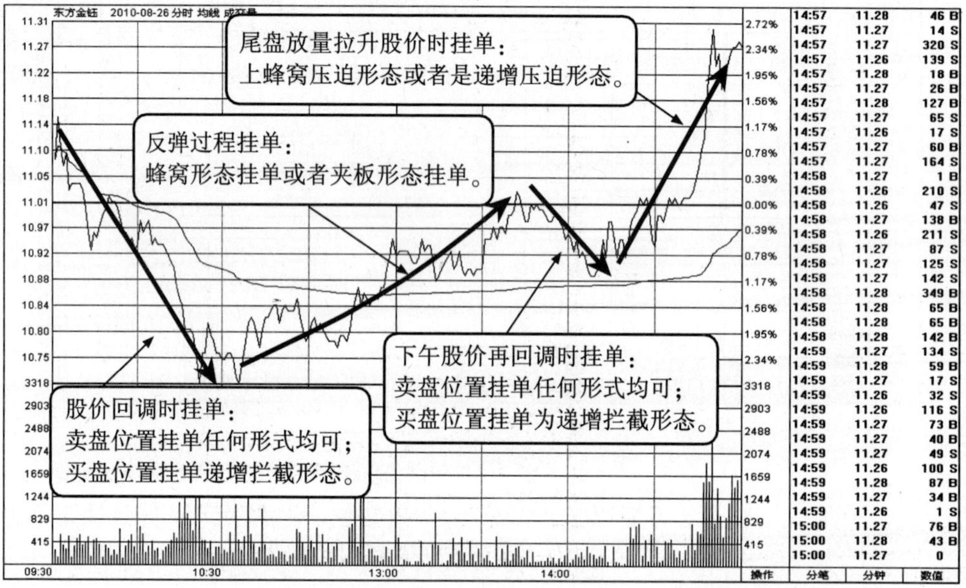

图 3—10

补充一点：收盘前 15 分钟急速拉升股价的时候，不能只是看卖盘的挂单，也要看买盘的挂单，一般这个时候会出现递减拦截形态挂单。

图 3—10 告诉我们：2010 年 8 月 26 日东方金钰“15”模型走势，实际上主力全天都在建仓买股票，只不过主力是采取 4 个步骤：①打压建仓；②拉高吸货；③再打压建仓；④收盘前放量扫盘抢筹码建仓。

笔者在上一章讲述了挂单的各种形式，而在“15”模型的打压和拉升、再打压、尾盘放量拉升的各个阶段的挂单是不完全一样的。图 3—10 笔者给出的挂单形式很重要，因为只有这样的挂单主力才能达到最佳操盘效果，希望朋友们给予重视并掌握。以下我们再以个股在盘中的挂单特征做详细讲述。

以春晖股份（000976）为例，如图 3—11 所示。

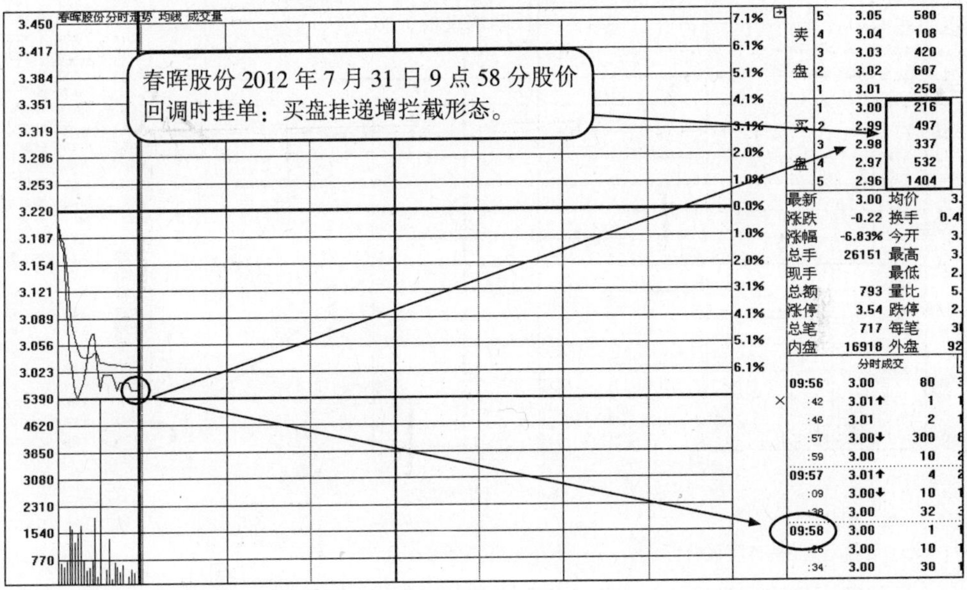

图 3—11

图 3—11 显示 9 点 58 分股价打压时的挂单是递增拦截形态的挂单，符合“15”模型打压过程的挂单要求。13 点 26 分的挂单情况见图 3—12 所示。

图 3—12 显示 13 点 26 分股价刚刚拉起时的挂单是上三层、下四层的夹板形态挂单，也符合我们的“15”模型在股价拉升过程的挂单条件要求。

股价 13 点 36 分拉升时挂单情况见图 3—13 所示。

图 3—13 显示 13 点 36 分又出现了蜂窝式挂单，此时也符合我们“15”模型拉升股价过程的挂单条件要求。

14 点 07 分的挂单情况见图 3—14 所示。

图 3—14 显示 14 点 07 分股价在回调时出现递增拦截形态挂单，符合股价在下午回调过程中的挂单条件要求。

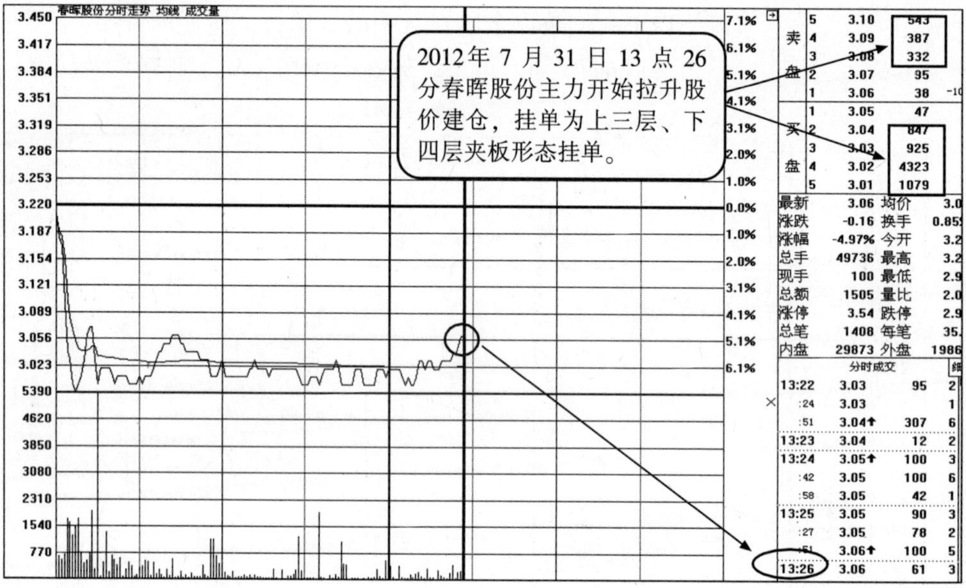
春晖股份分时走势 均线 成交量
2012年7月31日13点26分春晖股份主力开始拉升股价建仓，挂单为上三层、下四层夹板形态挂单。
卖盘
买盘
最新 3.06 均价
涨跌 -0.16 换手
涨幅 -4.97% 今开
总手 49736 最高
现手 100 最低
总额 1505 量比
涨停 3.54 跌停
总笔 1408 每笔
内盘 29873 外盘
分时成交
13:26 3.06 61

图 3—12

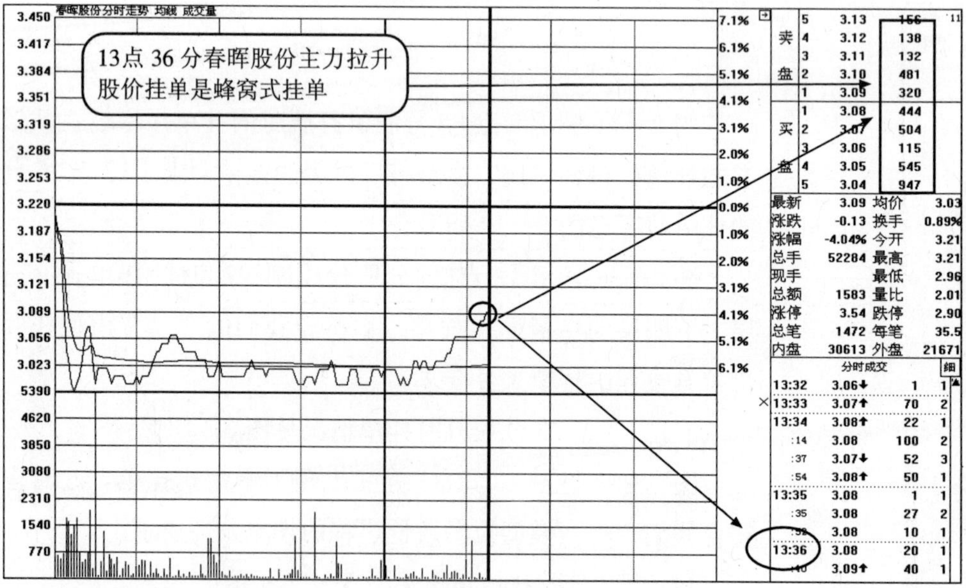
春晖股份分时走势 均线 成交量
13点36分春晖股份主力拉升股价挂单是蜂窝式挂单
卖盘
买盘
最新 3.09 均价 3.03
涨跌 -0.13 换手 0.89%
涨幅 -4.04% 今开 3.21
总手 52284 最高 3.21
现手 最低 2.96
总额 1583 量比 2.01
涨停 3.54 跌停 2.90
总笔 1472 每笔 35.5
内盘 30613 外盘 21671
分时成交
13:36 3.08 20 1

图 3—13

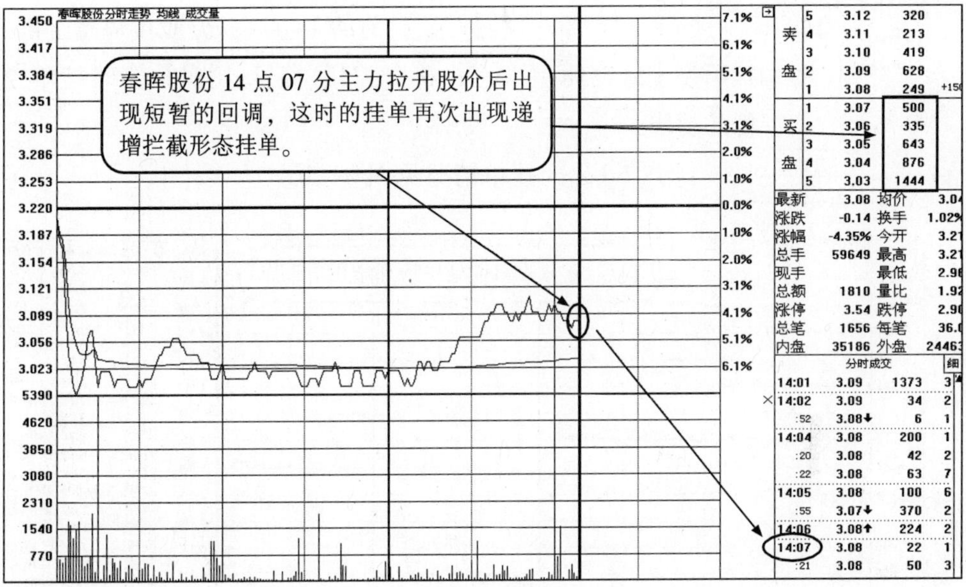

图 3—14

尾盘主力放量拉升股价抢筹码，14 点 55 分的挂单见图 3—15。

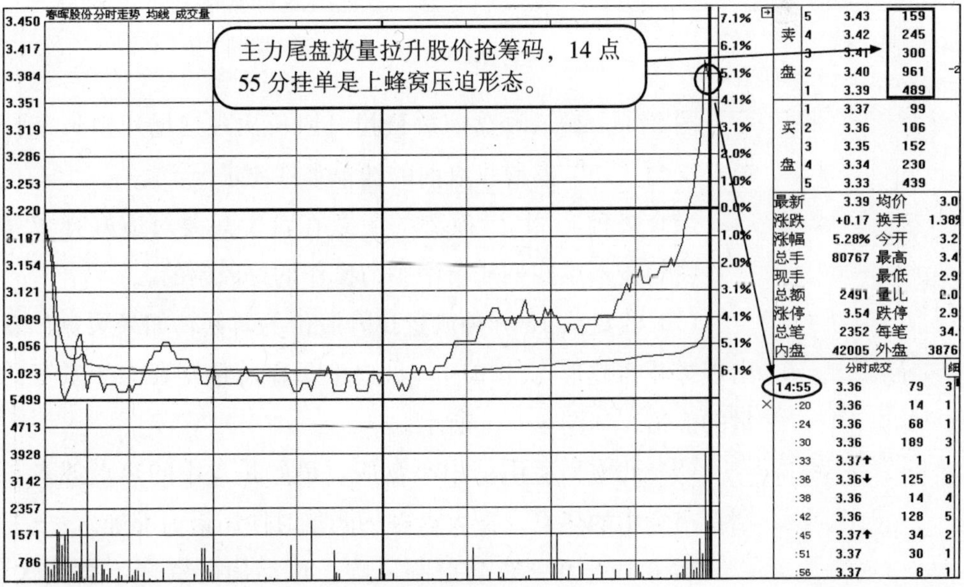

图 3—15

图 3—15 告诉我们：收盘前的 14 点 55 分股价放量上涨，挂单是上蜂窝压迫形态，符合“15”模型尾盘拉升时挂单条件的要求。

14 点 56 分的挂单情况见图 3—16。

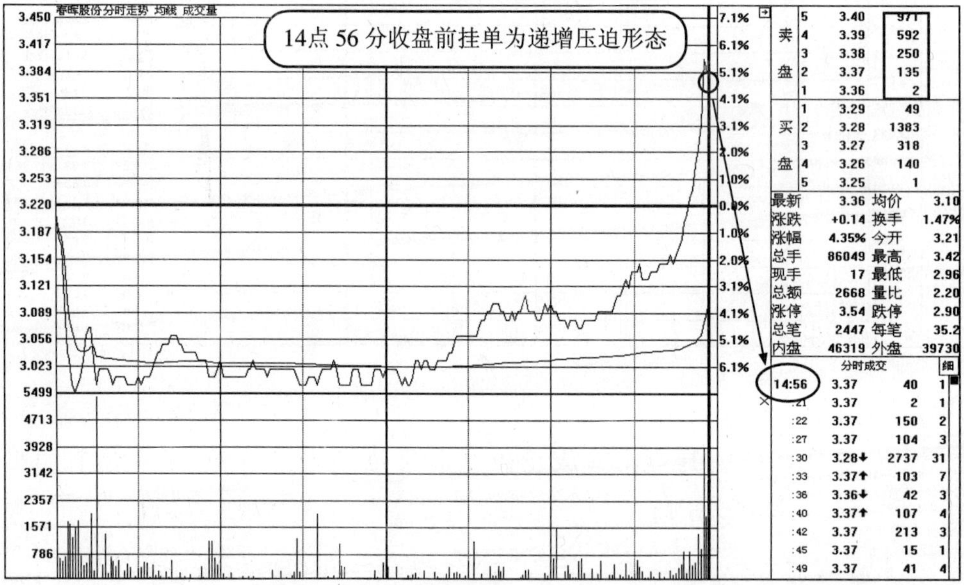

图 3—16

图 3—17 显示收盘前放量拉升股价出现递增压迫形态挂单，符合“15”模型收盘前的挂单条件要求。

综合来看，“15”模型的股票在盘中只要对应好挂单条件，我们是不难找到熊市中主力操作的好股票的。

（7）收盘前 15 分钟放量拉升股价的时候，如果买盘位置出现递减拦截形态挂单时，盘口中买盘总量则要大于卖盘总量的 2 倍，如图 3—17 所示。

（8）此模型适用于中小盘股，最好是盘中的热点或者长期是市场中的热点，在大盘震荡调整时使用最为准确。

熊市中主力一般会控制风险，可动用的资金不会很大，

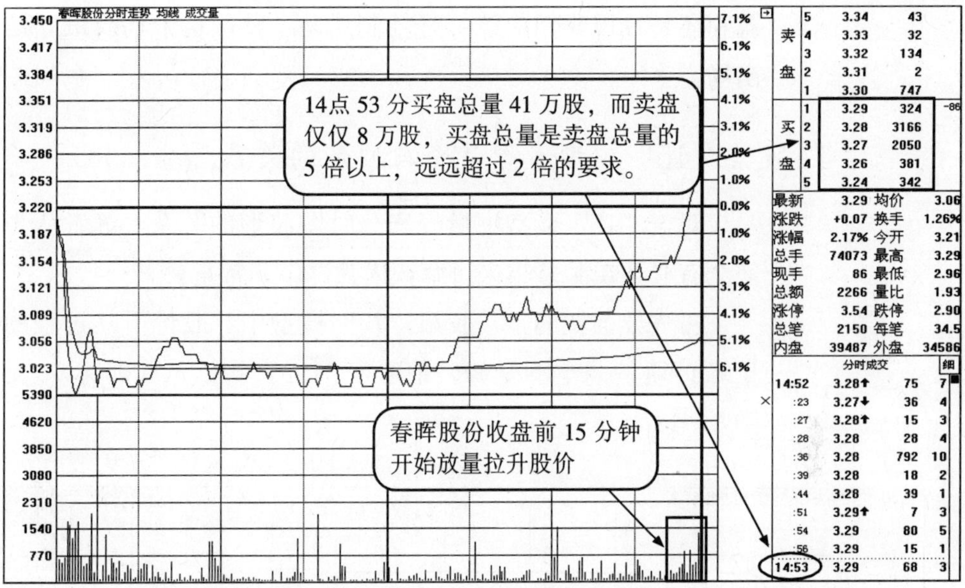

图 3—17

所以操作的股票以中小盘为主。而且为了便于顺利出货，都是抓热点或者长期是市场的热点。如稀缺资源类（稀土永磁）、太阳能、节能环保、有色、国家扶植产业等。

3. 如何找符合“15”模型的股票

（1）盘中：14点15分钟开始，键入80查看5分钟涨速的个股，一个一个看分时图，找出符合模型的股票加入自选股并进行对照“15”模型每一个条件，符合了就逢低进场。

（2）收盘后：键入“60”看涨幅榜中，涨幅在0～2.5%的股票，一个一个看分时图，找出符合模型的股票加入自选股。并进行对应“15”模型每一个条件，符合了就逢低进场。使用这个条件的时候，笔者建议使用大智慧软件进行。

如果出现操作失败，止损位以盘中跌破7天均线为准（或者止损幅度在3%～5%）。

7天一般是主力在熊市中操作股票的一个周期。无论是盈利还是亏损我们应该好好控制风险，跌破这个均线最好是出局。

4. 股票“15”模型盘口量峰与波形的关系

对于“15”模型中量峰和分时图波形的关系，笔者认为完全有必要单独拿出来讲解，因为这个非常重要。

首先要强调的是，股票“15”模型中，股价下跌过程的量峰必须是诱空型量峰。请看案例方大炭素（600516），见图 3—18。

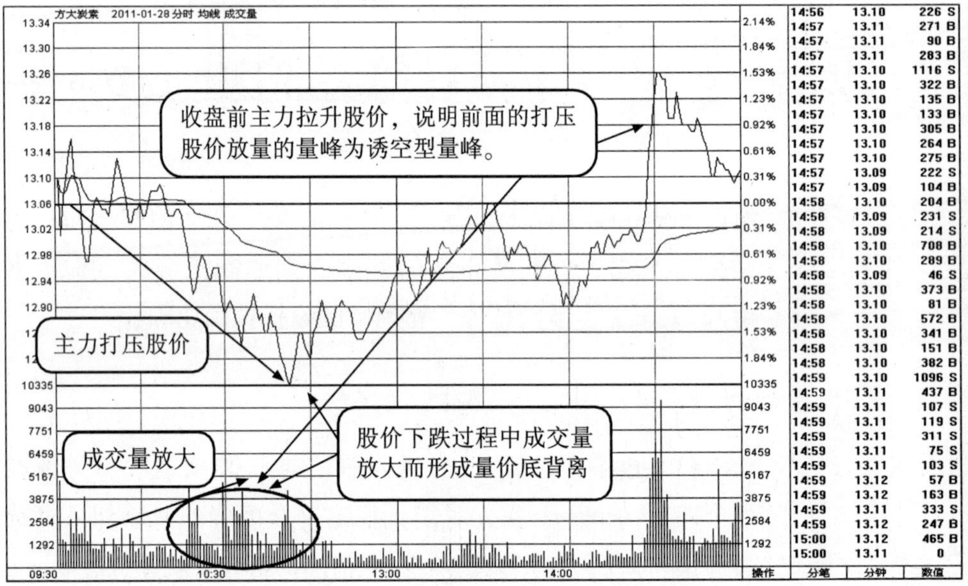

图 3—18

如图 3—18 所示，方大炭素这一天的“15”模型出现时，早盘下跌过程的波形是震荡向下的，而量峰是逐渐放大的诱空型量峰。尾盘是放量的攻击型量峰，波形是拉升的。

接着看东方金钰（600086）2010 年 8 月 6 日“15”模型量峰与分时波形关系，见图 3—19。

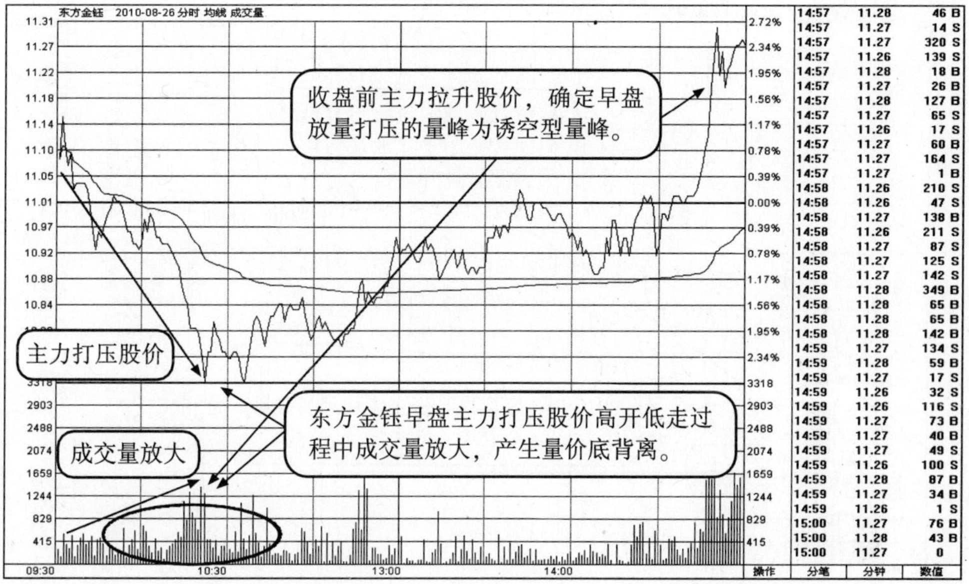

图 3—19

如图 3—19 所示，东方金钰（600086）这一天的“15”模型出现时，早盘下跌过程的波形是震荡向下的，而量峰是逐渐放大的诱空型量峰。尾盘是放量的攻击型量峰，波形是拉升的。

再看春晖股份“15”模型的量峰与分时图波形的关系，见图3—20。

如图 3—20 所示，春晖股份（000976）这一天的“15”模型出现时，早盘的下跌过程的波形是震荡向下的，而量峰是逐渐放大的诱空型量峰。尾盘是放量的攻击型量峰，波形是拉升的。

继续看猛狮科技“15”模型的量峰和波形的关系，见图 3—21。

如图 3—21 所示，猛狮科技（002684）这一天的“15”模型出现时，早盘下跌过程的波形是震荡向下的，而量峰是逐渐放大的诱空型量峰。尾盘是放量的攻击型量峰，波形是

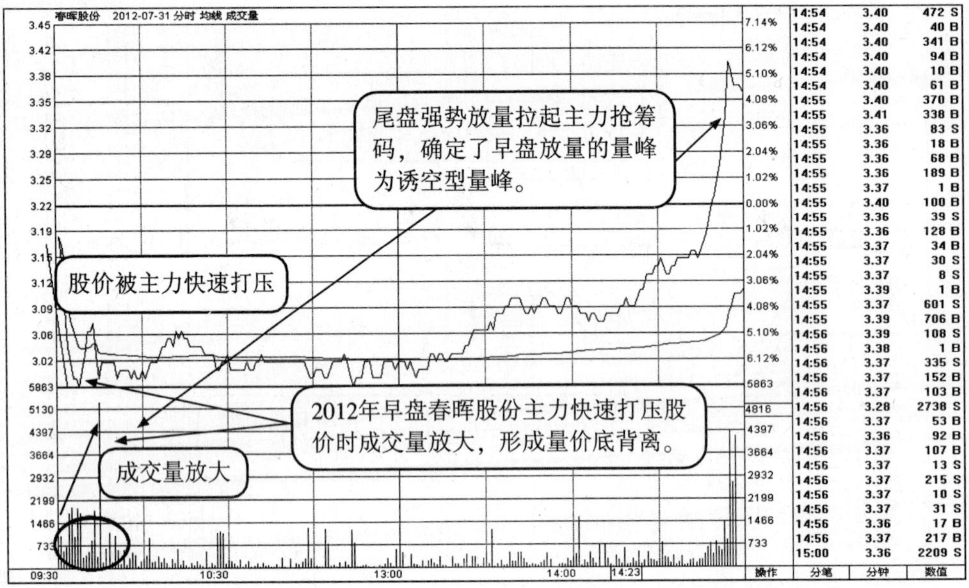
春晖股份 2012-07-31 分时 均线 成交量
尾盘强势放量拉起主力抢筹码，确定了早盘放量的量峰为诱空型量峰。
股价被主力快速打压
2012年早盘春晖股份主力快速打压股价时成交量放大，形成量价底背离。
成交量放大

图 3—20

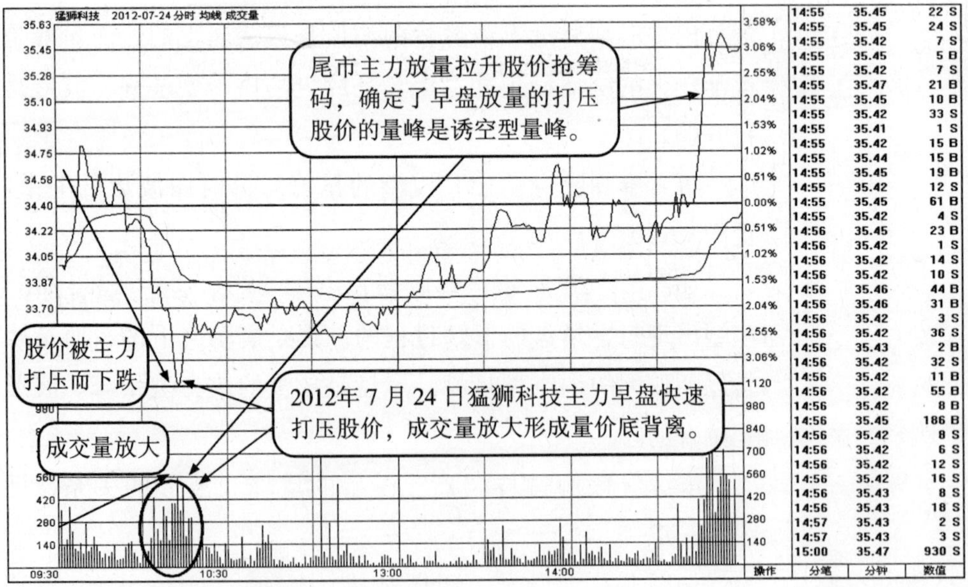
猛狮科技 2012-07-24 分时 均线 成交量
尾市主力放量拉升股价抢筹码，确定了早盘放量的打压股价的量峰是诱空型量峰。
股价被主力打压而下跌
2012年7月24日猛狮科技主力早盘快速打压股价，成交量放大形成量价底背离。
成交量放大

图 3—21

拉升的。

诱空型量峰的出现是“15”模型构成条件的一个补充。正是因为这一天的股票走出“15”模型，该股后面才有图 3—22 的表现。

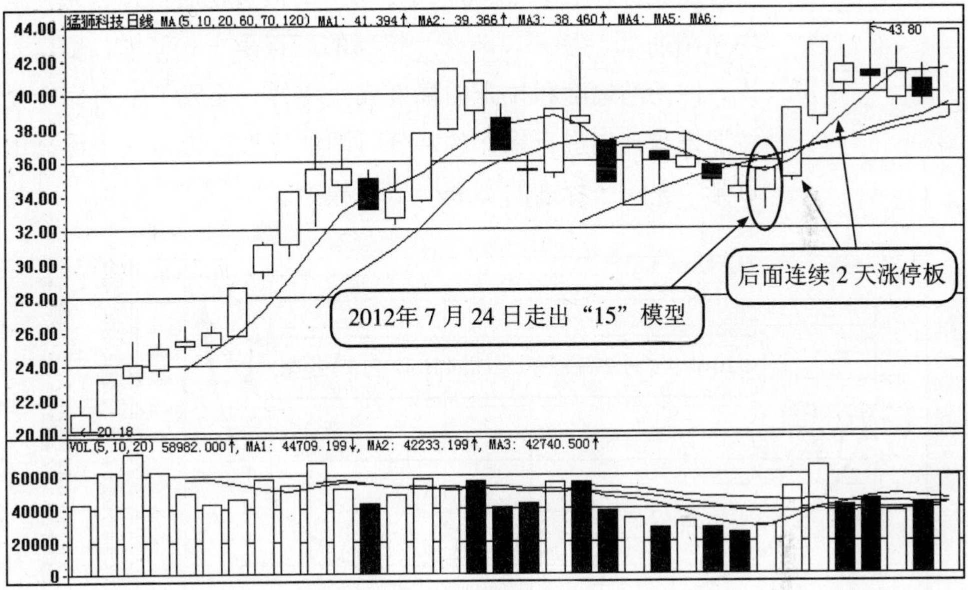

图 3—22

综上所述，对于股票“15”模型在打压股价时，首先出现量价底背离，之后再确定诱空型量峰。也就是说只有出现量价底背离后，股价在尾盘前拉起才能确定打压时的量峰是诱空型量峰。之后我们才可以仔细对应其他条件来考虑逢低进场。换句话说，量价底背离后股价必须被拉起。

二、股票“15”模型战例

为了便于朋友们对“15”模型进一步加深认识和了解，

以下给大家列出 13 个“15”模型的战例，请大家认真阅读。

1. 上汽集团（600104）（2010 年 8 月 27 日）

图 3—23 显示上汽集团 2010 年 8 月 27 日高开低走，主力打压股价，下午收盘前 15 分钟主力放量把股价拉起来，盘中回调的低点是－1.65%，拉高的高点是＋1.65%，也就是说，回调的幅度和拉升的幅度完全一样，诠释了主力完全是按照操盘计划进行操作的。分时图波形形态走出一个漂亮的 U 形，是一个标准的 U 形“15”模型。

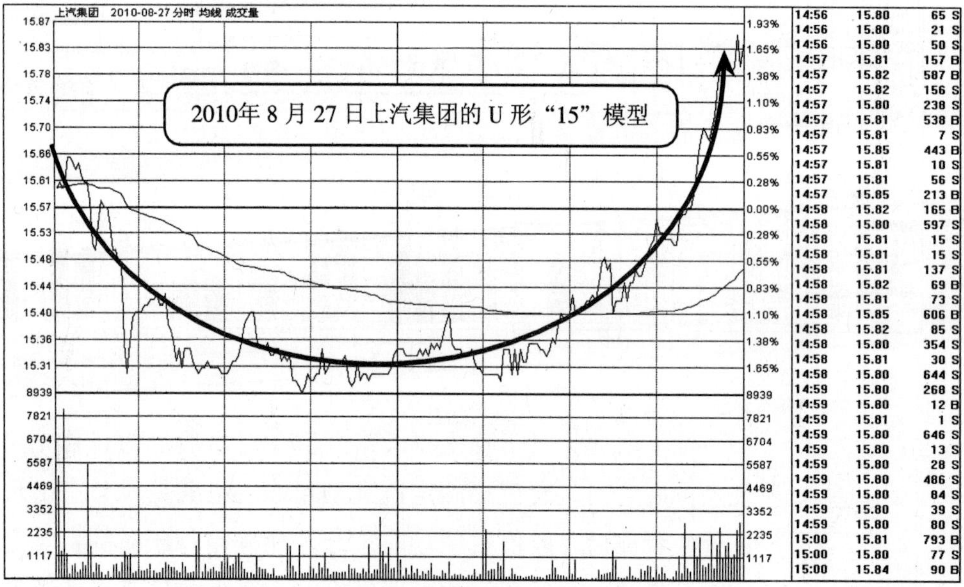

图 3—23

该股出现“15”模型后的走势见图 3—24。

图 3—24 显示上汽集团 2010 年 8 月 27 日走出 U 形“15”模型后，在熊市的市场环境下连续 5 个交易日股价上涨 27%。

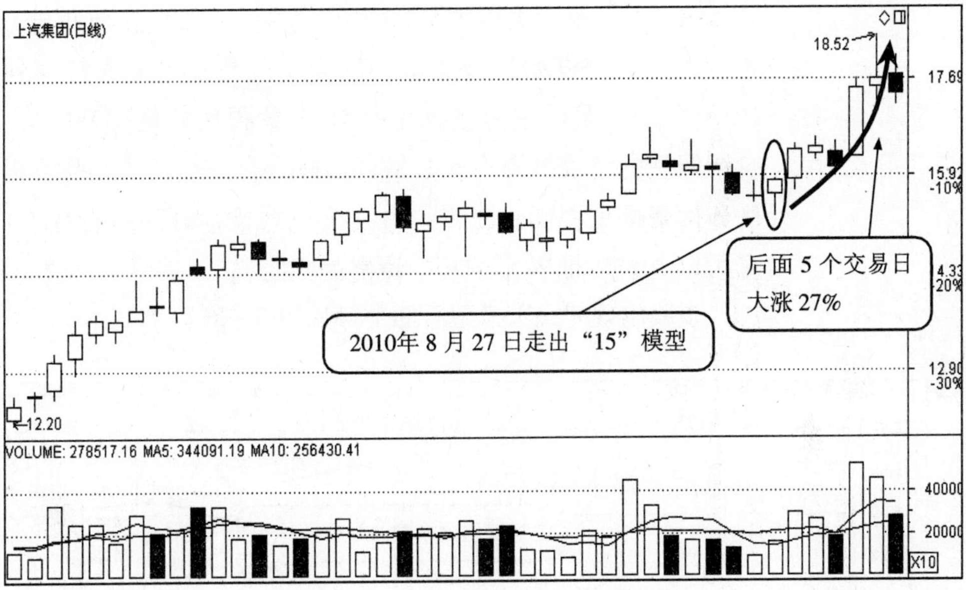

图 3—24

2. 太极集团（600129）（2010 年 9 月 1 日）

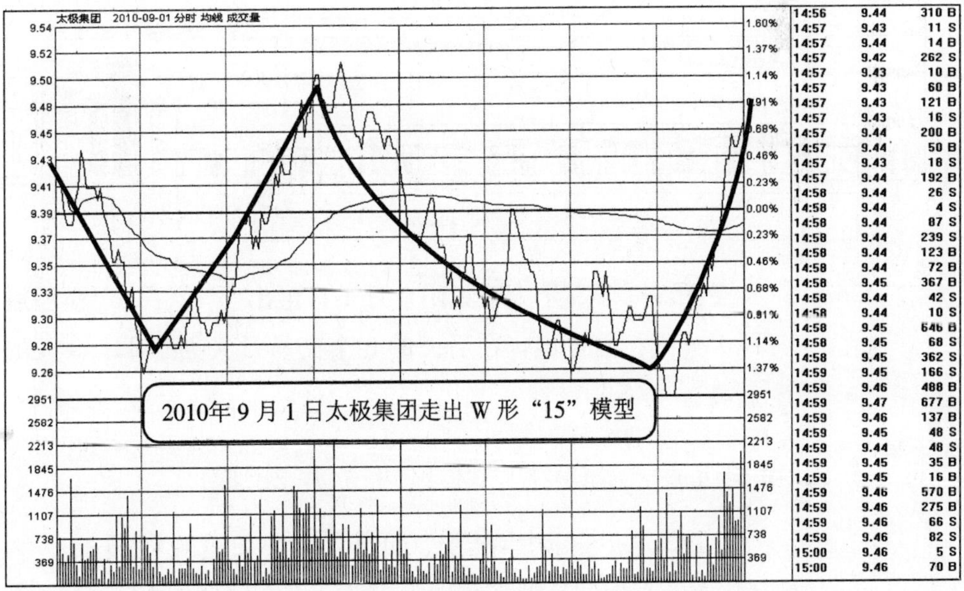

图 3—25

图 3—25 显示太极集团 2010 年 9 月 1 日股价先是高开低走，10 点止跌开始拉升股价，11 点又打压股价一直持续到 12 点 30 分，最后主力在收盘前 15 分钟再次放量拉升股价。盘中调整的幅度低点在－1.37%，高点在＋1.37%，调整幅度和拉高幅度相同，说明主力完全按照操盘计划进行操作。全天走出漂亮的 W 形“15”模型。

该股出现“15”模型后的走势见图 3—26。

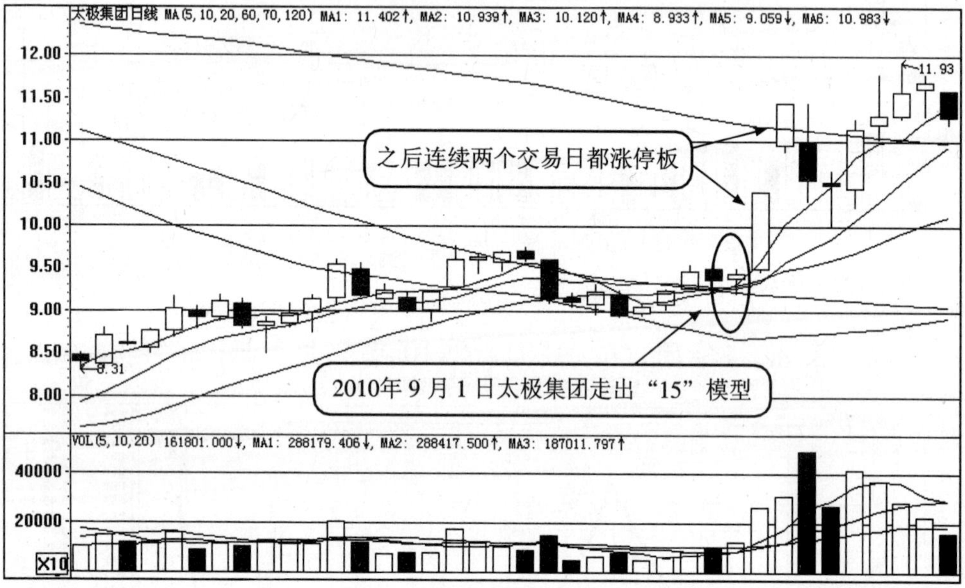

图 3—26

图 3—26 显示太极集团 9 月 1 日走出 W 形“15”模型后两天连续拉涨停板，在后面的 5 个交易日又创了 11.93 元的新高。

3. 中钢吉炭（000928）（2011 年 1 月 28 日）

图 3—27 显示中钢吉炭 2011 年 1 月 28 日走出 W 形“15”模型，拉升的时间是提前在 14 点 15 分开始，说明主力已经等不及

到收盘前15分进行了，可见主力抢筹码的意图很强烈。

该股出现“15”模型后的走势见图3—28。

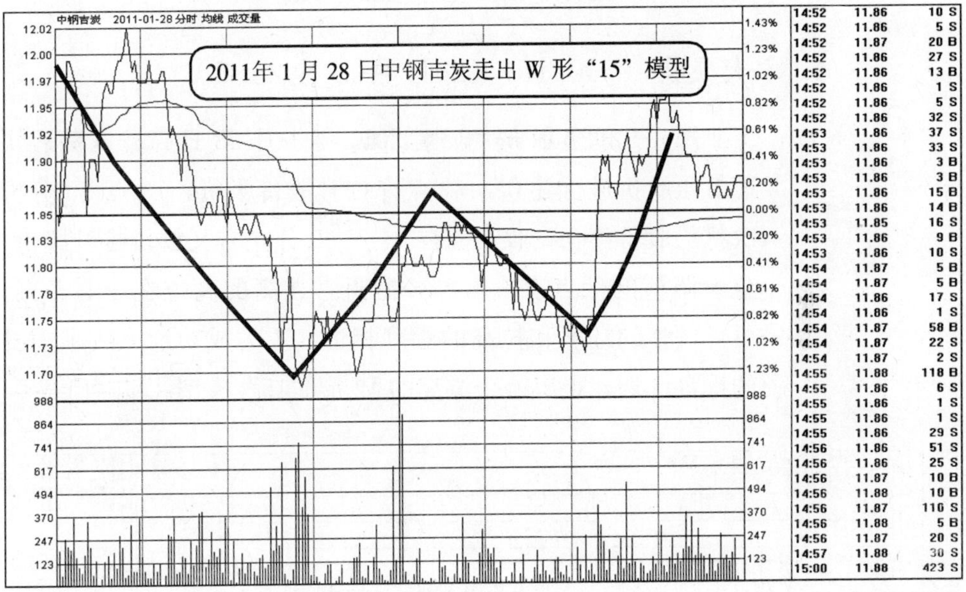

图3—27

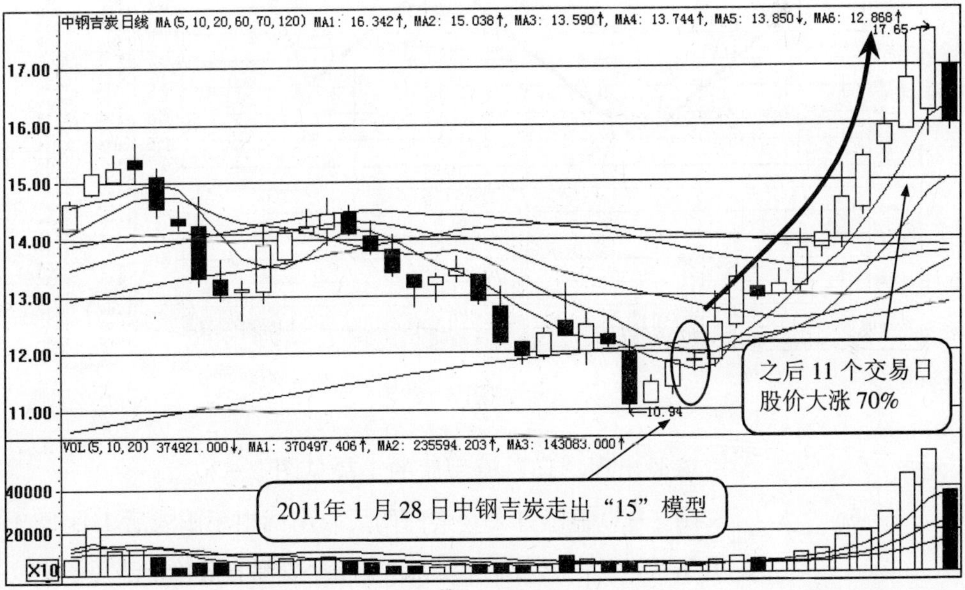

图3—28

图 3—28 显示中钢吉炭在前面收出两根缩量的小阳线后，2011 年 1 月 28 日走出 W 形“15”模型后的 11 个交易日，连续拉阳线，走势非常强劲，大涨 70%。

4. 方大炭素（600516）（2011 年 1 月 28 日）

图 3—29 显示方大炭素 2011 年 1 月 28 日高开震荡后快速打压股价进行建仓，11 点许拉升股价吸货，13 点 30 分再次打压股价建仓，收盘前在 14 点 30 分左右又放量拉升股价。全天调整的低点在－1.53%附近，拉高的高位在＋1.53%。可见调整的幅度和拉高的幅度相近，主力成功地完成了前日的操盘计划，走出一个漂亮的 W 形“15”模型。

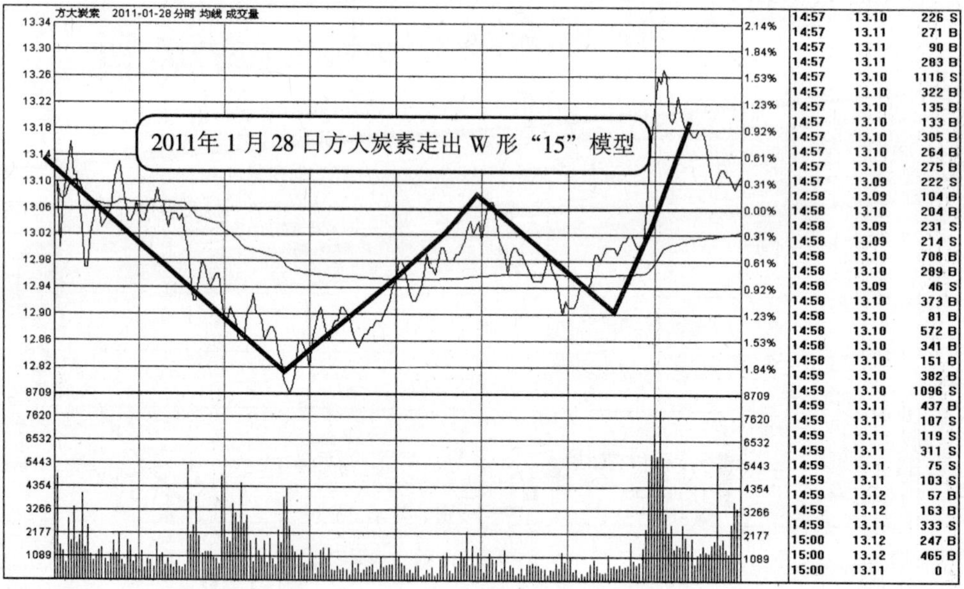

图 3—29

该股出现“15”模型后的走势见图 3—30。

图 3—30 显示方大炭素前两天收出两根小阳线后 1 月 28 日走出 W形“15”模型，在之后的 11 个交易日股价上涨 40%。

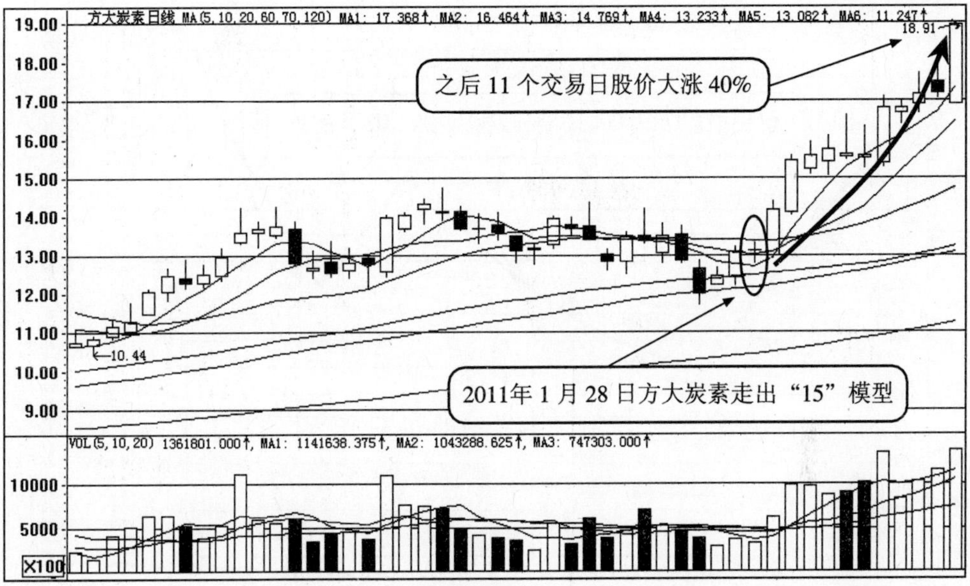

图 3—30

5. 东方金钰（600086）（2010 年 8 月 26 日）

图 3—31 显示 2010 年 8 月 26 日东方金钰主力先高开低走打压股价建仓，到 10 点 30 分开始拉高股价继续吸货，在 13 点 45 分再次打压股价吸货，到收盘前 15 分钟开始放量拉升吸货，使得股价快速上涨。全天调整的低点在－2.34％，高位在＋2.34％，调整幅度和拉高的幅度相同，主力成功地完成了操盘计划，走出 W 形“15”模型。

该股出现“15”模型后的走势见图 3—32。

图 3—32 告诉我们：这一天的“15”模型决定了主力的操作效果：两个多月股价大涨近 200％。

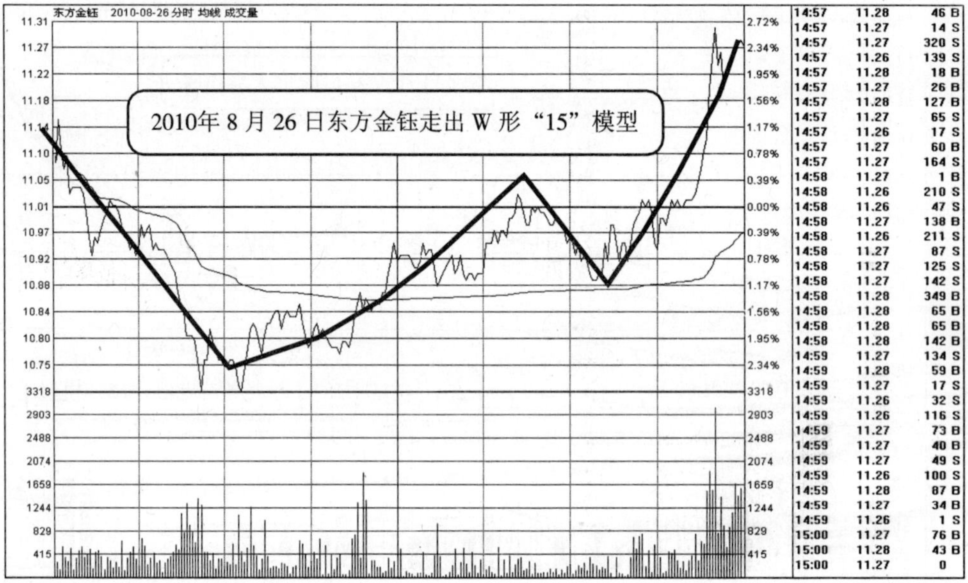
东方金钰 2010-08-26 分时 均线 成交量
2010年 8 月 26 日东方金钰走出 W 形“15”模型

图 3—31

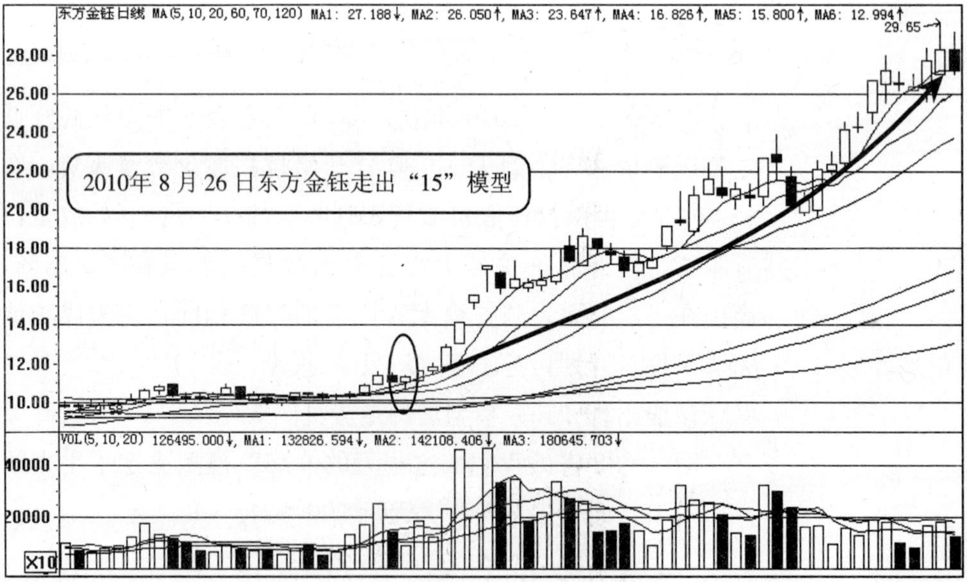
东方金钰日线 MA(5,10,20,60,70,120) MA1: 27.188↓, MA2: 26.050↑, MA3: 23.647↑, MA4: 16.826↑, MA5: 15.800↑, MA6: 12.994↑
29.65
2010年 8 月 26 日东方金钰走出“15”模型
VOL(5,10,20) 126495.000↓, MA1: 132826.594↓, MA2: 142108.406↓, MA3: 180645.703↓

图 3—32

6. 北矿磁材（600980）（2011年1月31日）

图3—33显示北矿磁材2011年1月31日开盘打压股价主力建仓，10点许主力拉升股价继续吸货，下午开盘主力再次打压股价建仓，到收盘前15分钟主力开始大手笔放量拉升吸货。全天走出W形“15”模型。

该股出现“15”模型后的走势见图3—34。

图3—34显示该股走出“15”模型后的第二天就拉出一个涨停板，随后的8个交易日股价继续上涨，总共涨幅接近40%。

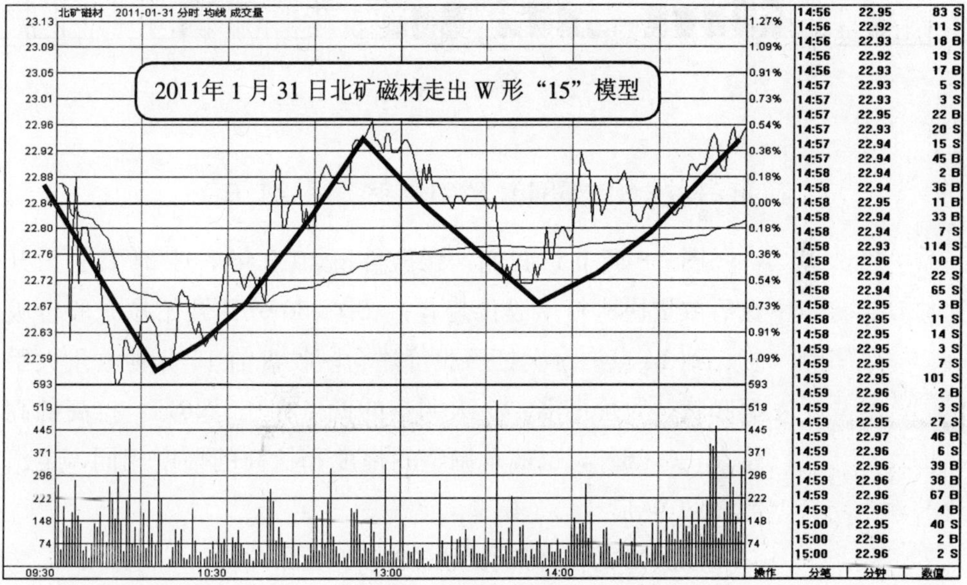

图3—33

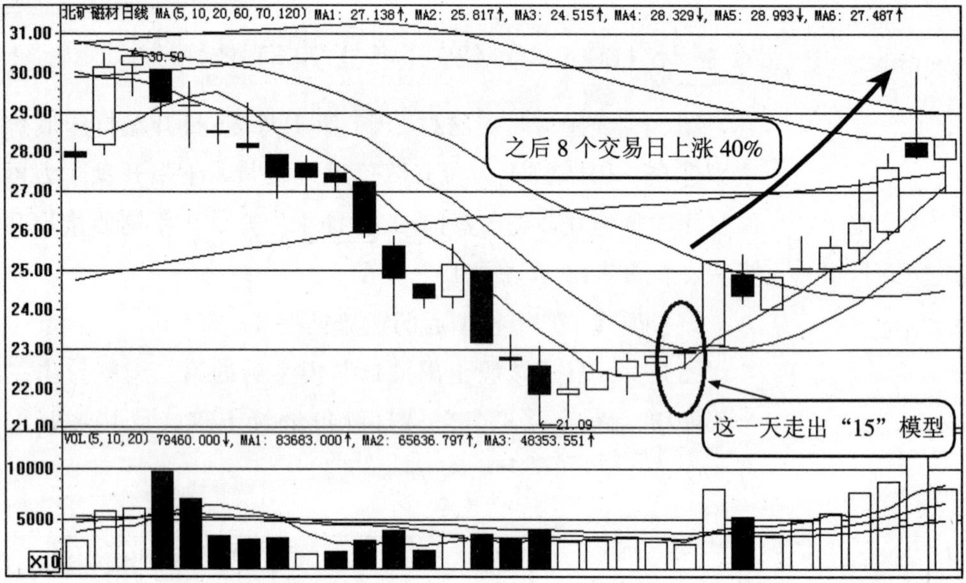

图 3—34

7. 猛狮科技（002684）（2012 年 7 月 24 日）

图 3—35 告诉我们：猛狮科技 2012 年 7 月 24 日主力开盘后放量快速打压股价建仓，10 点 30 分许开始拉升股价吸货，到 14 点许再次打压股价建仓，收盘前 15 分钟放量大手笔吸货，股价上涨。全天调整的低点在－3.06％，拉高的高位在＋3.06％，也就是调整的幅度和拉高的幅度相同，走出漂亮的 W 形“15”模型。

该股出现“15”模型后的走势见图 3—36。

图 3—36 显示猛狮科技走出“15”模型后连续 2 天拉出涨停板，短线盈利效果明显。

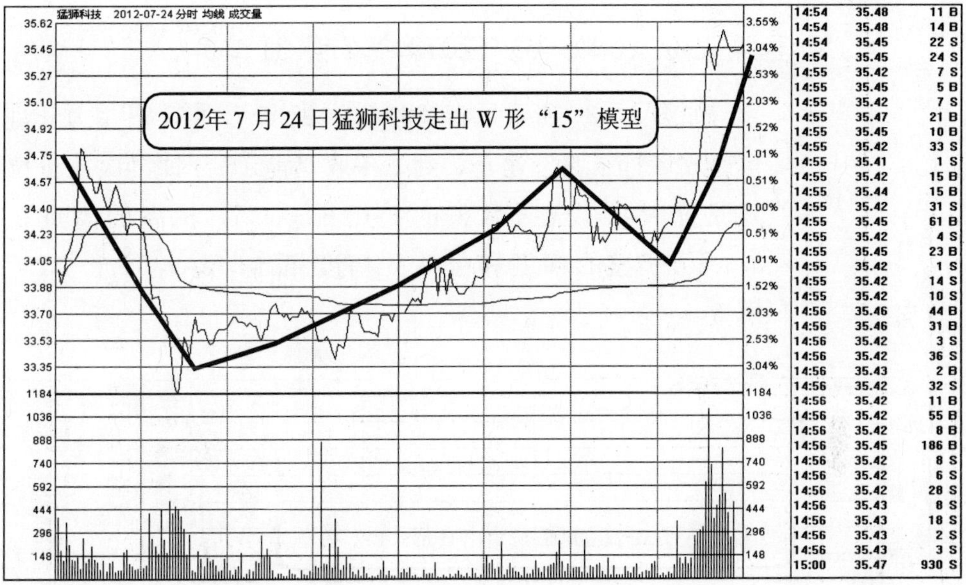
猛狮科技 2012-07-24 分时 均线 成交量
2012年7月24日猛狮科技走出W形“15”模型
14:54 35.48 11 B
14:54 35.48 14 B
14:54 35.45 22 S
14:54 35.45 24 S
14:55 35.42 7 S
14:55 35.45 5 B
14:55 35.42 7 S
14:55 35.47 21 B
14:55 35.45 10 B
14:55 35.42 33 S
14:55 35.41 1 S
14:55 35.42 15 B
14:55 35.44 15 B
14:55 35.42 31 S
14:55 35.45 61 B
14:55 35.42 4 S
14:55 35.45 23 B
14:55 35.42 1 S
14:55 35.42 14 S
14:55 35.42 10 S
14:56 35.46 44 B
14:56 35.46 31 B
14:56 35.42 3 S
14:56 35.42 36 S
14:56 35.43 2 B
14:56 35.42 32 S
14:56 35.42 11 B
14:56 35.42 55 B
14:56 35.42 8 B
14:56 35.45 186 B
14:56 35.42 8 S
14:56 35.42 6 S
14:56 35.42 28 S
14:56 35.43 8 S
14:56 35.43 18 S
14:56 35.43 2 S
14:56 35.43 3 S
15:00 35.47 930 S

图 3—35

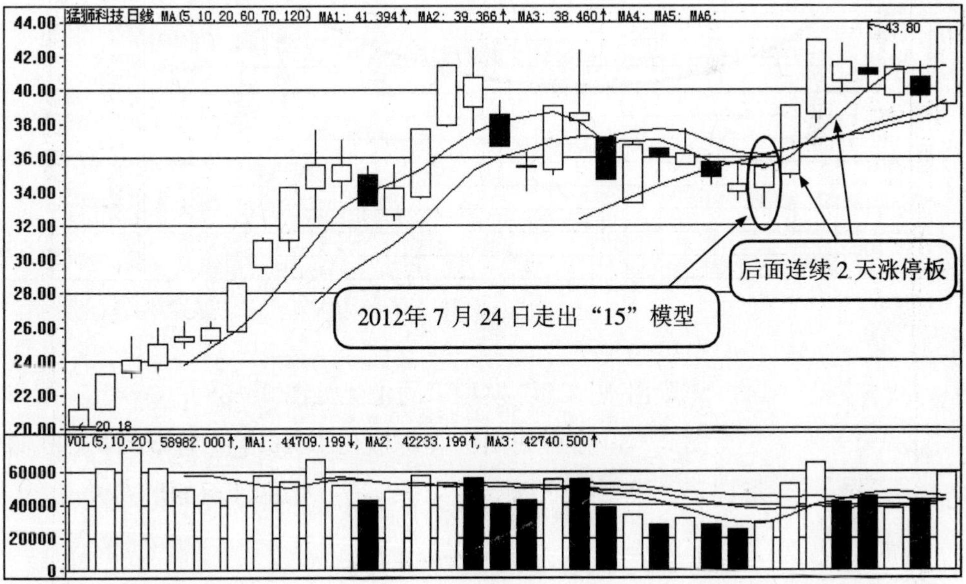
猛狮科技日线 MA(5,10,20,60,70,120) MA1: 41.394↑, MA2: 39.366↑, MA3: 38.460↑, MA4: MA5: MA6:
43.80
20.18
后面连续2天涨停板
2012年7月24日走出“15”模型
VOL(5,10,20) 58982.000↑, MA1: 44709.199↓, MA2: 42233.199↑, MA3: 42740.500↑

图 3—36

8. 春晖股份（000976）（2012 年 7 月 31 日）

如图 3—37 所示，春晖股份 2012 年 7 月 31 日主力开盘快速放量打压股价建仓，到下午收盘前 15 分钟再次放量拉升股价吸货，全天调整的低点在－6%，拉高的高点在 5.1%，调整的幅度和拉高的幅度相当，走出 U 形“15”模型。

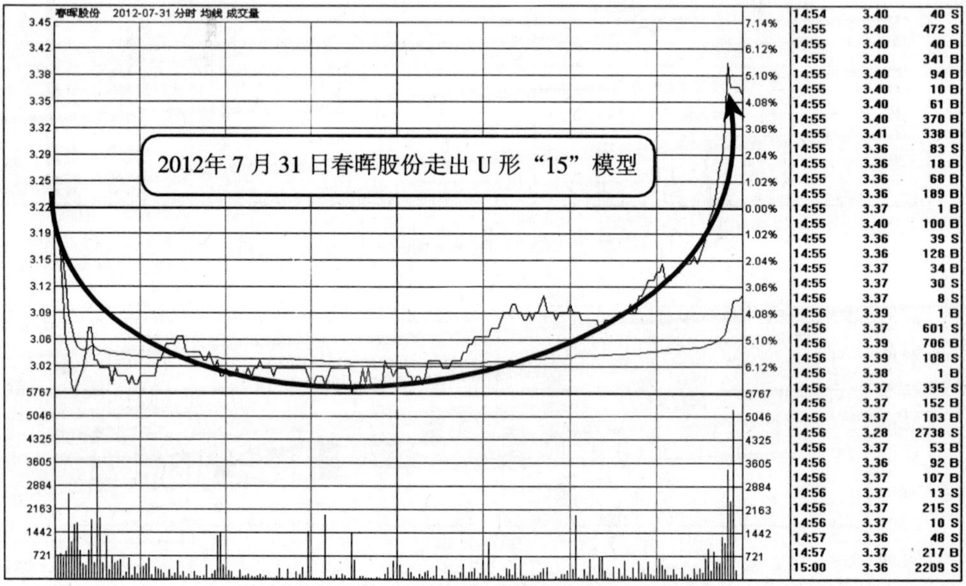

图 3—37

该股出现“15”模型后的走势见图 3—38。

图 3—38 告诉我们：春晖股份 2012 年 7 月 31 日走出 U 形“15”模型后连续 7 个交易日有 6 个涨停板的形式大涨。

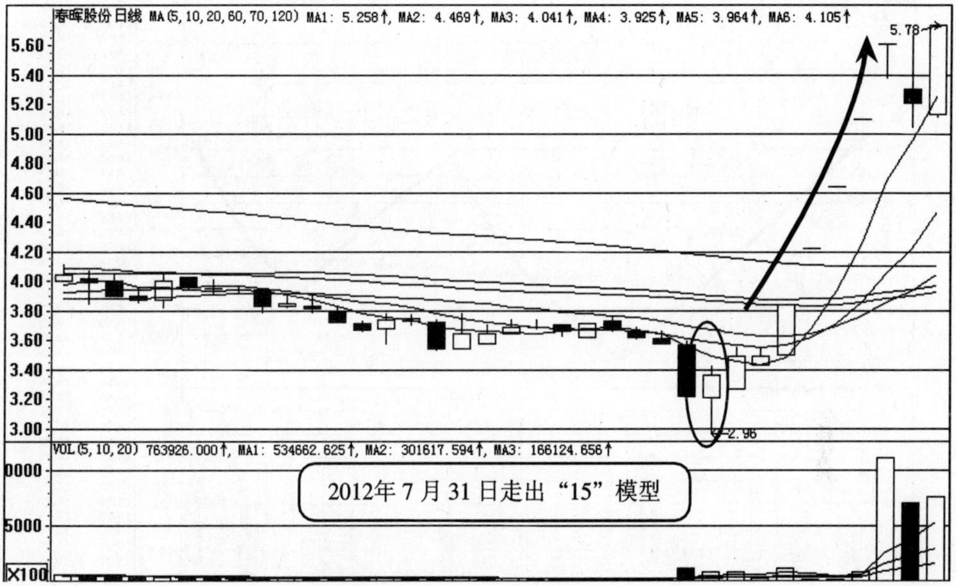

图 3—38

9. 上汽集团（600104）（2011 年 1 月 26 日）

图 3—39 显示上汽集团 2011 年 1 月 26 日开盘主力先是用高开低走来控制股价建仓，11 点拉高股价吸货，13 点 30 分再次打压股价建仓，收盘前 15 分钟放量大手笔吸货，使得股价上涨，全天走出 W 形“15”模型。

该股出现“15”模型后的走势见图 3—40。

图 3—40 告诉我们：这个“15”模型走出之后上汽集团在熊市中主力操作不温不火，11 个交易日上涨 20%。

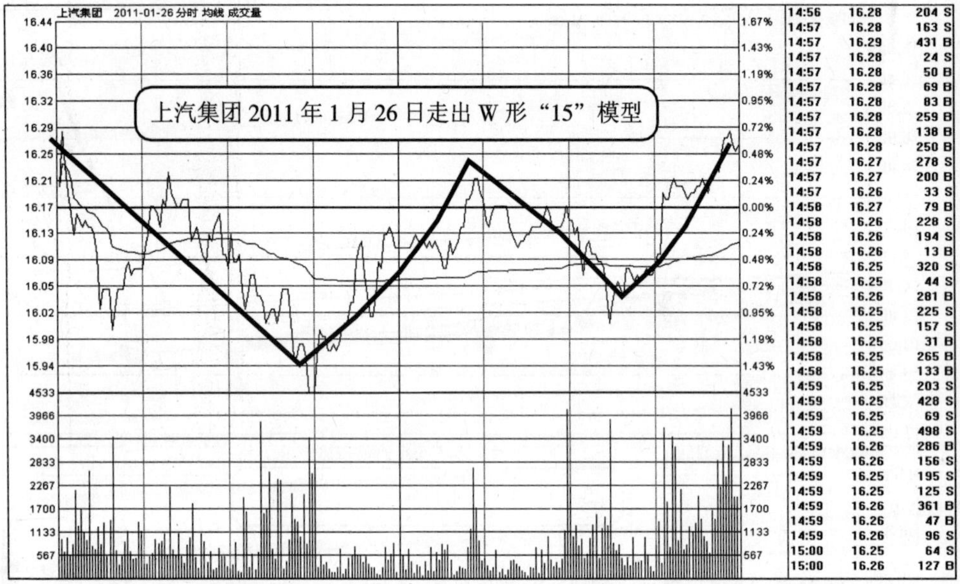
上汽集团 2011-01-26分时 均线 成交量
上汽集团 2011 年 1 月 26 日走出 W 形“15”模型

图 3—39

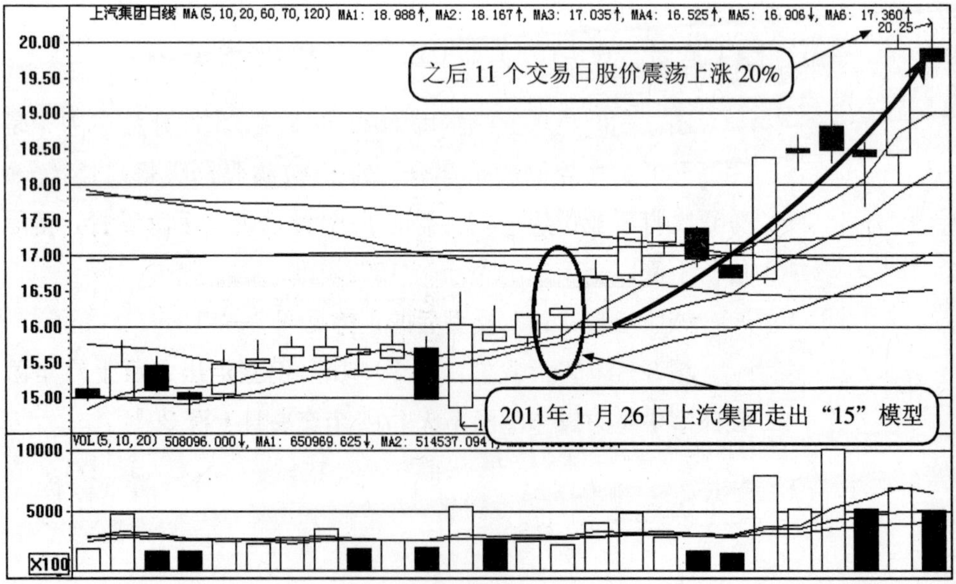
上汽集团日线 MA(5,10,20,60,70,120) MA1: 18.988↑, MA2: 18.167↑, MA3: 17.035↑, MA4: 16.525↑, MA5: 16.906↓, MA6: 17.360↑
之后 11 个交易日股价震荡上涨 20%
2011年 1 月 26 日上汽集团走出“15”模型
VOL(5,10,20) 508096.000↓, MA1: 650969.625↓, MA2: 514537.094

图 3—40

10. 神开股份（002278）（2012 年 8 月 3 日）

图 3－41 显示神开股份 2012 年 8 月 3 日开盘主力先打压股价建仓，10 点 30 分拉高股价吸货，之后再次打压股价建仓，到收盘前 14 点 15 分又放量大手笔吸货，使得股价上涨。全天调整的低点在－1.12％，拉高的高点在＋1.3％，调整的幅度和拉高的幅度相当，走出 W 形“15”模型。

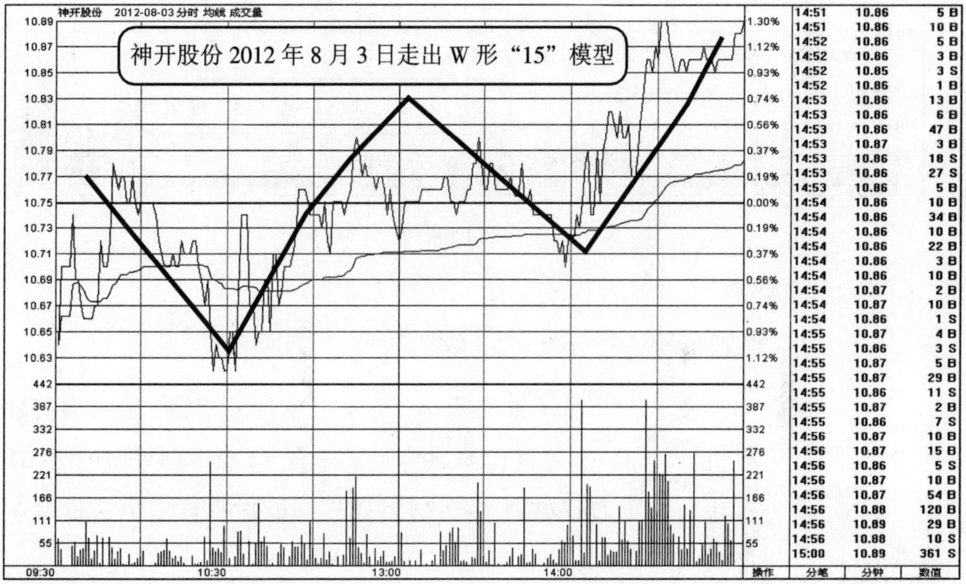

图 3－41

该股出现“15”模型后的走势见图 3－42。

图 3－42 告诉我们：8 月 3 日这个“15”模型引发了该股上涨 40％的行情。

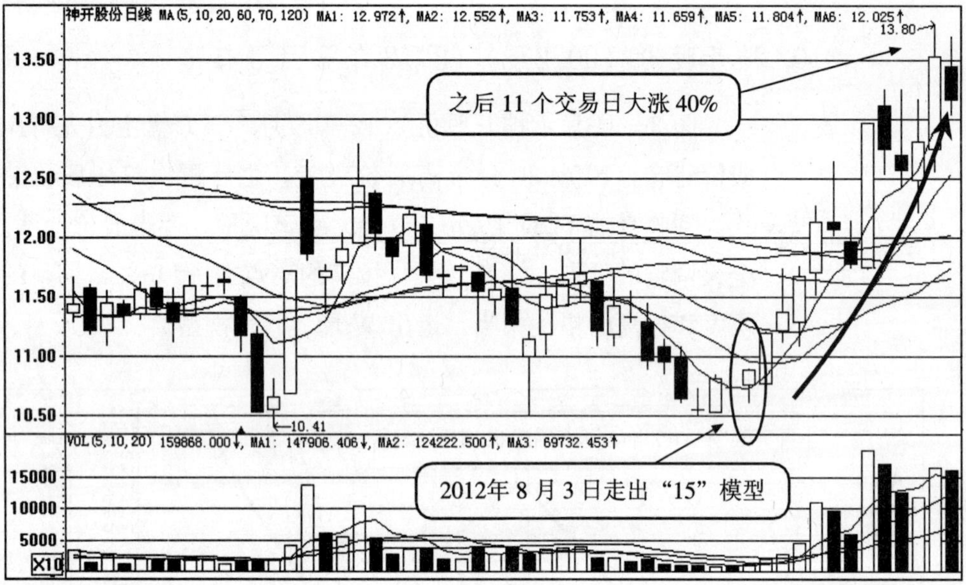

图 3—42

11. 银河磁体（300127）（2012 年 8 月 31 日）

图 3—43 显示银河磁体 2012 年 8 月 31 日开盘主力打压股价，10 点 40 分许拉高股价吸货，在 13 点 30 分完成第二次打压后，主力收盘前 15 分钟开始拉高股价吸货。全天走出 W 形“15”模型。

该股出现“15”模型后的走势见图 3—44。

图 3—44 告诉我们：8 月 31 日的“15”模型出现后，该股在熊市中逆势连续 5 天上涨 22%。

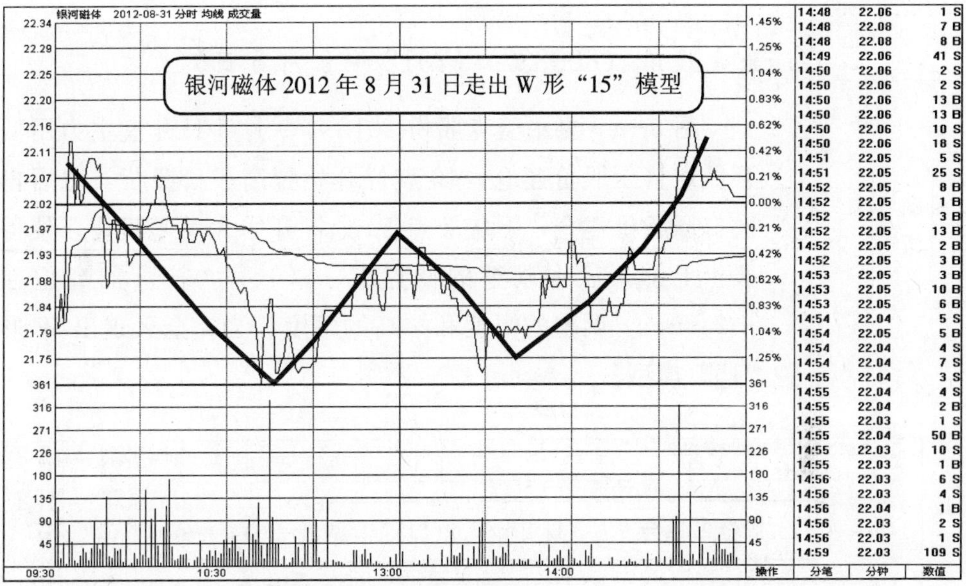
银河磁体 2012-08-31 分时 均线 成交量
银河磁体2012年8月31日走出W形“15”模型
09:30
10:30
13:00
14:00
操作
分笔
分钟
数值

图 3—43

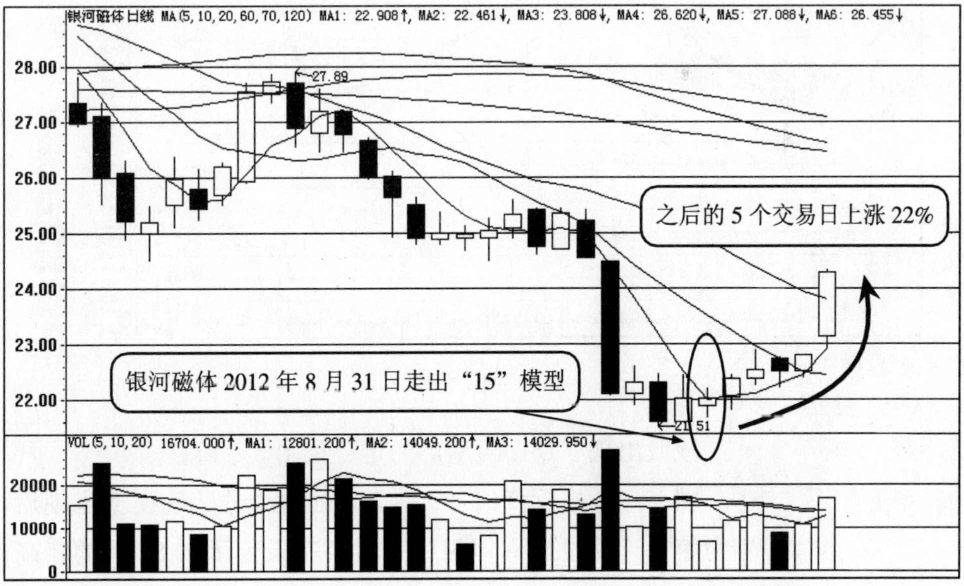
银河磁体日线 MA(5,10,20,60,70,120) MA1: 22.908↑, MA2: 22.461↓, MA3: 23.808↓, MA4: 26.620↓, MA5: 27.088↓, MA6: 26.455↓
27.89
之后的5个交易日上涨22%
银河磁体2012年8月31日走出“15”模型
21.51
VOL(5,10,20) 16704.000↑, MA1: 12801.200↑, MA2: 14049.200↑, MA3: 14029.950↓

图 3—44

12. 美克股份（600337）（2012 年 9 月 5 日）

图 3—45 显示美克股份 2012 年 9 月 5 日开盘主力用低开低走打压股价建仓，10 点许开始拉高股价吸货，之后再次打压股价建仓，下午 2 点 20 分钟开始大手笔吸货，使得股价上涨，盘中调整的低点在－3.13％，拉高的高位在＋2.69％，调整的幅度和拉高的幅度相当，全天走出 W 形“15”模型。

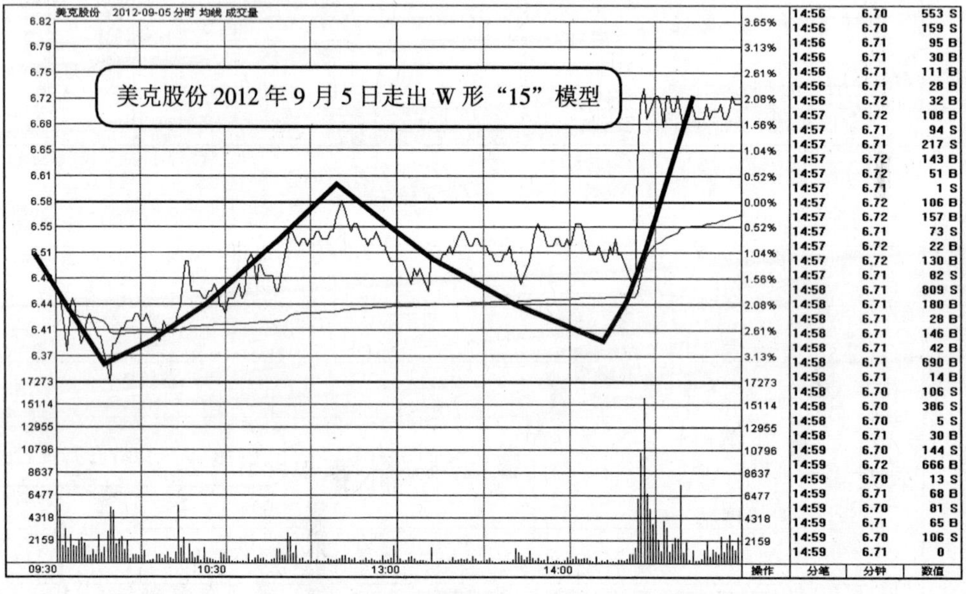

图 3—45

该股出现“15”模型后的走势见图 3—46。

图 3—46 告诉我们：9 月 5 日的这个“15”模型出现后，主力第二天就拉出涨停板，并在第三天创了 7.57 元的新高，短线最大涨幅 16％。

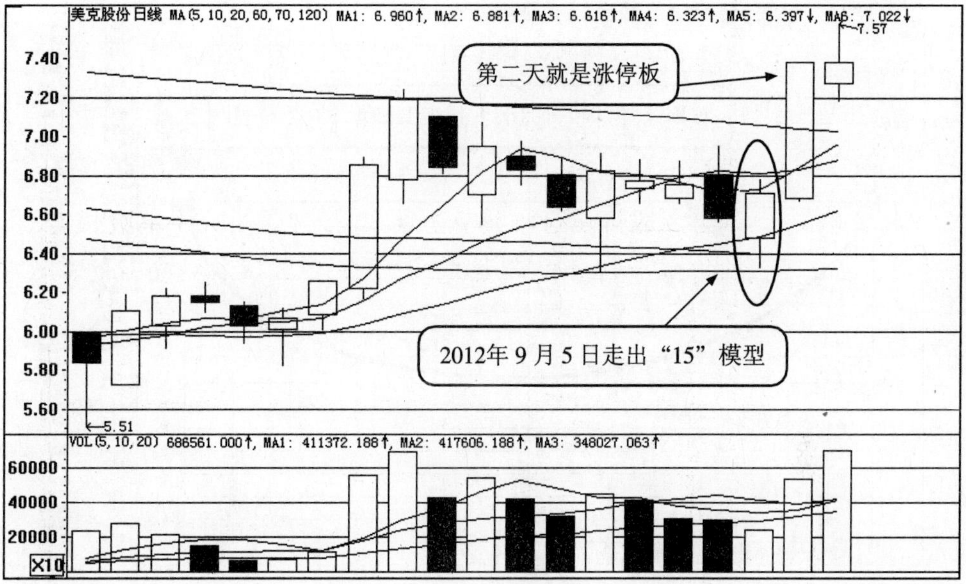

图 3—46

13. 恒泰艾普（300157）（2012 年 8 月 8 日）

图 3—47 显示恒泰艾普 2012 年 8 月 8 日开盘主力先打压股价在低位吓出散户的筹码（建仓），下午收盘前 15 分钟放量拉高股价继续大手笔吸货，走出 U 形“15”模型。

该股出现“15”模型后的走势见图 3—48。

图 3—48 告诉我们：恒泰艾普主力完成吸货后，在之后的 12 个交易日拉升股价，最大涨幅达 50%。

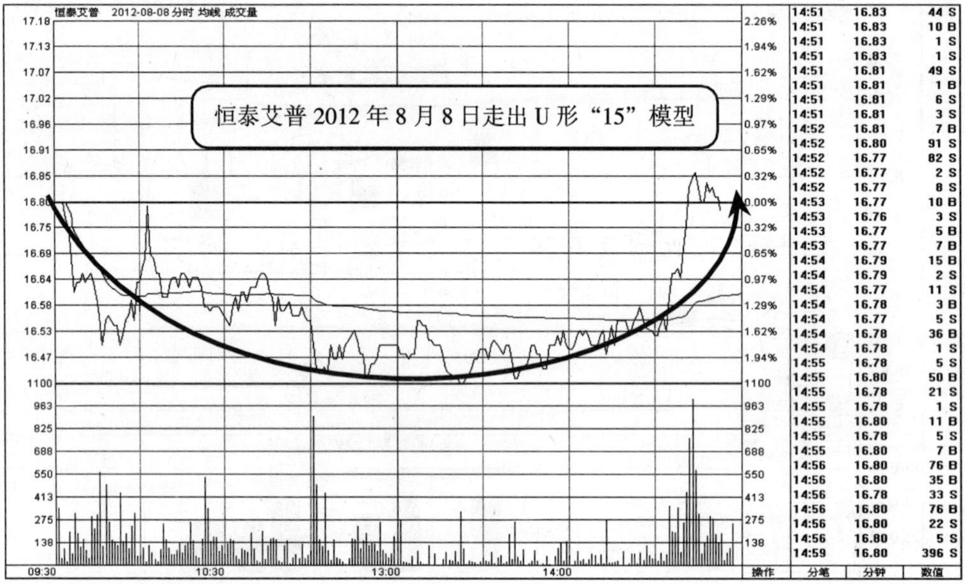
恒泰艾普 2012-08-08 分时 均线 成交量
恒泰艾普 2012 年 8 月 8 日走出 U 形“15”模型

图 3—47

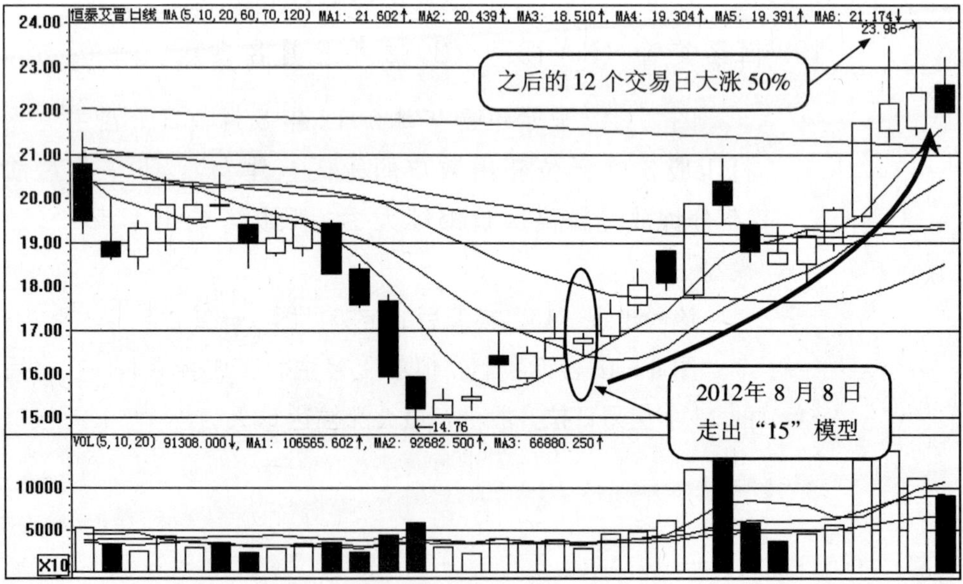
恒泰艾普 日线 MA(5, 10, 20, 60, 70, 120) MA1: 21.602↑, MA2: 20.439↑, MA3: 18.510↑, MA4: 19.304↑, MA5: 19.391↑, MA6: 21.174↓
之后的 12 个交易日大涨 50%
2012年 8 月 8 日
走出“15”模型
VOL(5, 10, 20) 91308.000↓, MA1: 106565.602↑, MA2: 92682.500↑, MA3: 66880.250↑

图 3—48

三、胜利反转模型

1. 什么是胜利反转模型

股票的胜利反转模型就是指股票在盘中急速下跌的过程中，成交量持续放大，在某一时刻突然又急速拉升股价到收盘时成功站在当天的开盘价之上。

2. 胜利反转模型的特征和构成条件（以天业股份为例）

（1）股票要符合形成热点群体（板块）的特征。

如图 3－49 所示，天业股份（600807）具有黄金、地产概念，2011 年 10 月 10 日受国际黄金价格大涨的影响该股盘中走强，相关板块的股票均走强。该股走出胜利反转模型，符合热点特征的条件。

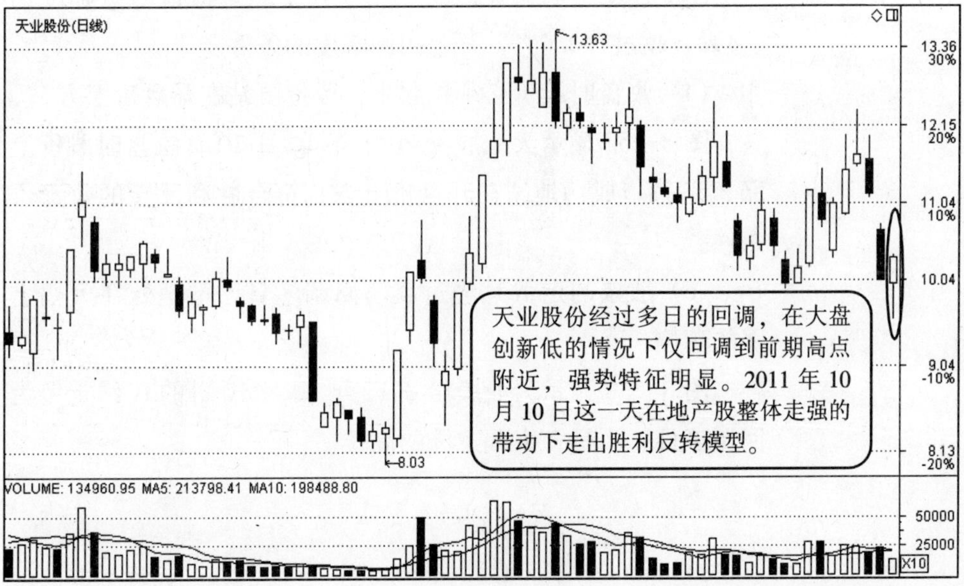

图 3－49

（2）股票的流通盘为中小盘股，最好不超过 5 亿股。

图 3—50 显示天业股份的流通盘为 30788.76 万股，符合流通盘要求的条件。

天业股份	操盘必读	财务透视	主营构成	行业新闻	大事提醒	八面来风
600807	最新季报	股东进出	股本分红	资本运作	行业地位	信息快讯

每股收益 (元)	:0.0400	目前流通(万股)	:30788.76
每股净资产 (元)	:1.5200	总 股 本(万股)	:32115.12
每股公积金 (元)	:0.1724	主营收入同比增长 (%)	:7.56
每股未分配利润(元)	:0.2727	净利润同比增长 (%)	:-67.68
每股经营现金流(元)	:0.0400	净资产收益率 (%)	:2.45
2012中期每股收益(元)	:0.0160	净利润同比增长 (%)	:-85.96
2012中期主营收入(万元)	:12634.03	主营收入同比增长 (%)	:-51.55
2012中期每股经营现金流(元)	:-0.3900	净资产收益率 (%)	:1.07

图 3—50

（3）盘中股价下跌是快速下跌，下跌的幅度要大（—3.5%～—6.5%之间）。

图 3—51 显示天业股份盘中急速下跌，最低下跌幅度达—4%，超过—3.5%，符合回调幅度的条件。

（4）收盘时股价必须拉起来，股价要站在开盘价上方。

图 3—52 显示天业股份 2011 年 10 月 10 日收盘时股价上涨 2.99%，成功地站在开盘价上方，符合胜利反转的收盘价条件。

（5）股票的走势是经过震荡回调多日，不是处在大幅上涨的高位。

图 3—53 显示天业股份 2011 年 10 月 10 日的 K 线走势为回调多日，不是在大幅上涨的高位。

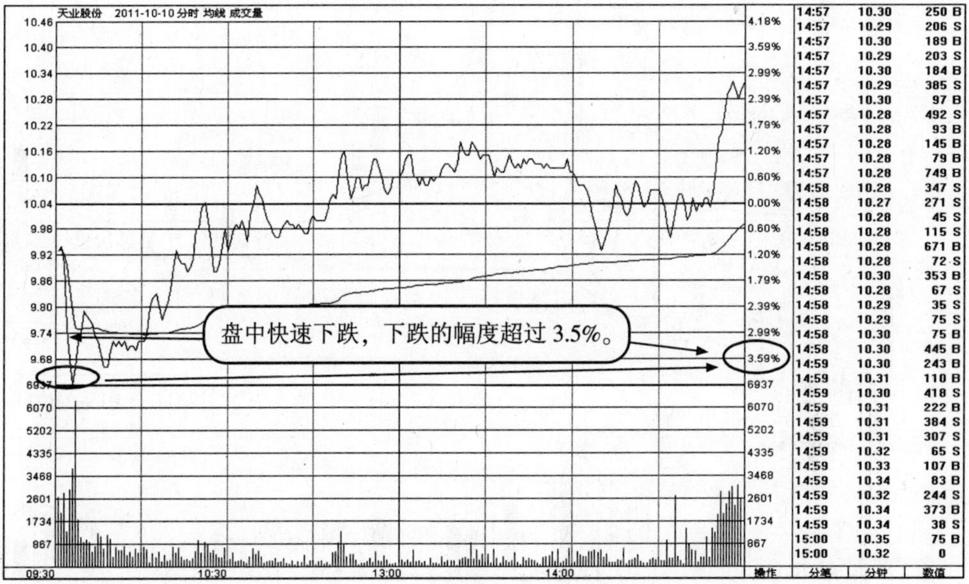
天业股份 2011-10-10 分时 均线 成交量
盘中快速下跌，下跌的幅度超过 3.5%。

图 3—51

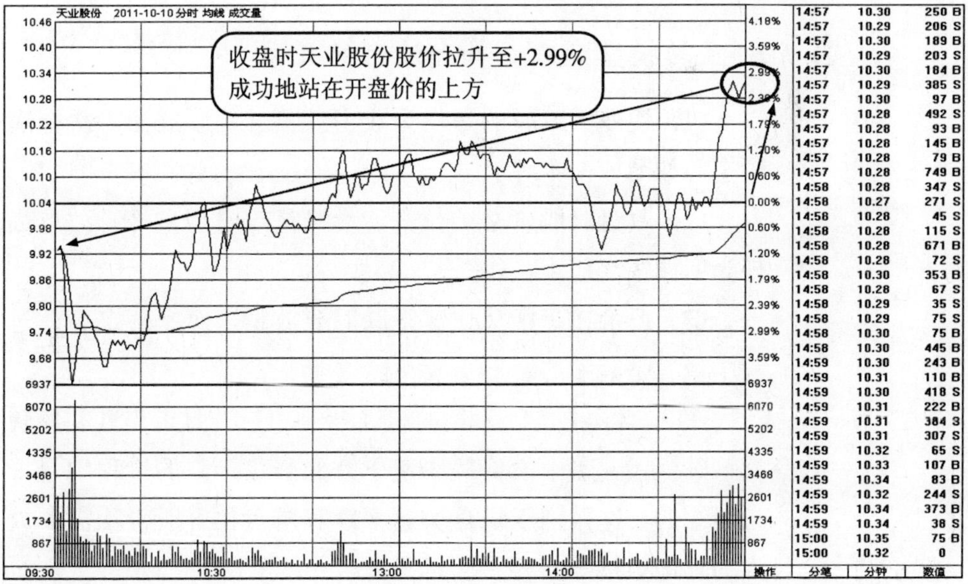
天业股份 2011-10-10 分时 均线 成交量
收盘时天业股份股价拉升至+2.99%
成功地站在开盘价的上方

图 3—52

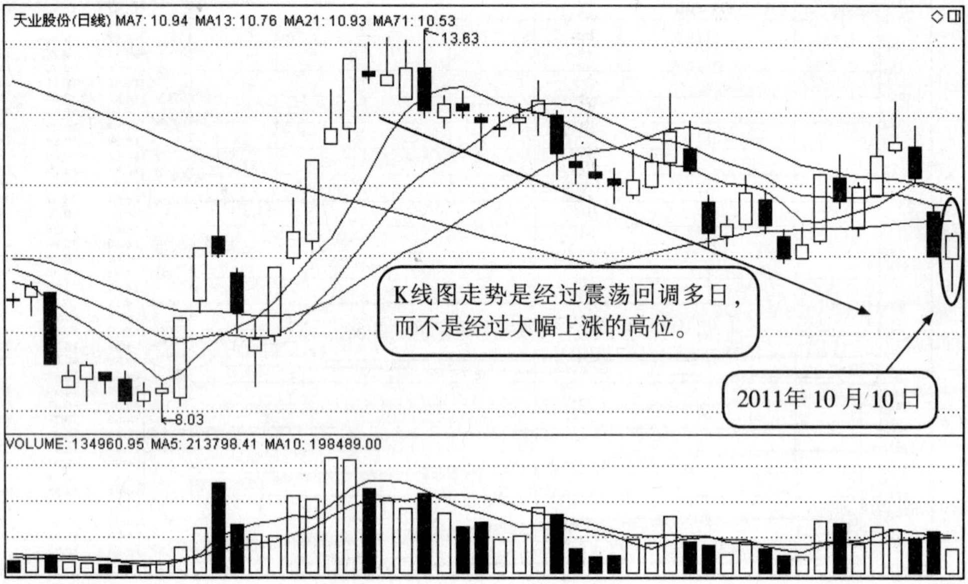

图 3—53

3. 胜利反转模型盘口量峰和波形的关系

(1) 快速下跌时的量峰为攻击型量峰，波形为二次探底形态，如图 3—54 所示。

(2) 收盘时股价必须拉升，量峰是攻击型量峰，波形表现为回调幅度极小，如图 3—55 所示。

(3) 股价在盘中从快速下跌时要放量，而震荡走高的过程中量峰是萎缩的。

图 3—56 显示天业股份 2011 年 10 月 10 日走出胜利反转模型的当天，盘中股价从快速下跌到震荡走高的过程中量峰是萎缩的，这区别于早盘快速下跌和尾盘拉升股价均需要放大的攻击型量峰。

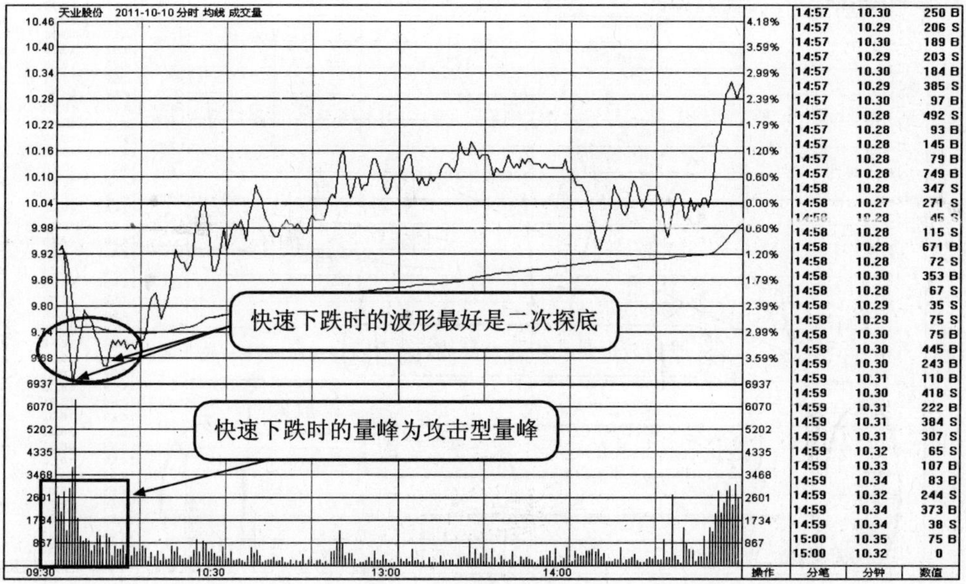
天业股份 2011-10-10 分时 均线 成交量
快速下跌时的波形最好是二次探底
快速下跌时的量峰为攻击型量峰

图 3—54

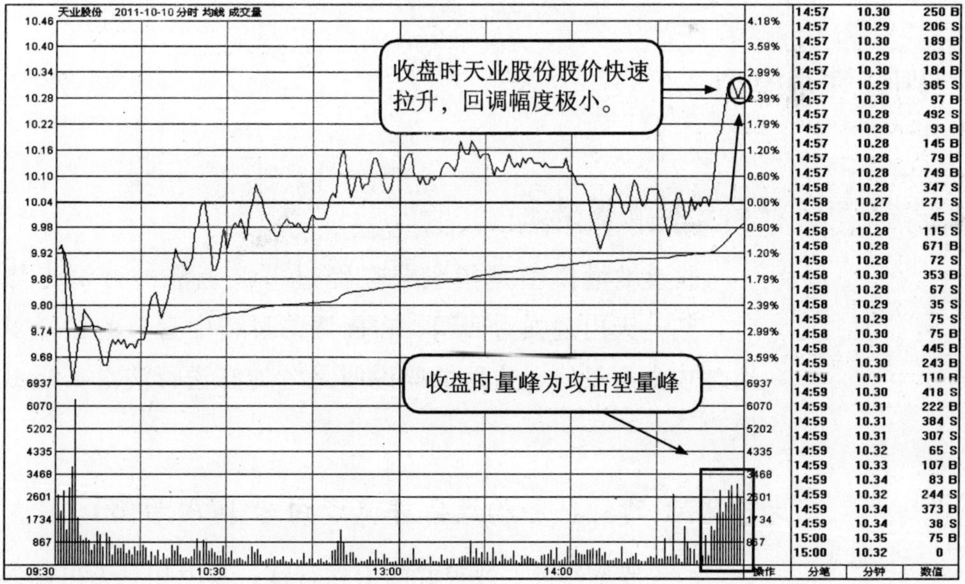
天业股份 2011-10-10 分时 均线 成交量
收盘时天业股份股价快速拉升，回调幅度极小。
收盘时量峰为攻击型量峰

图 3—55

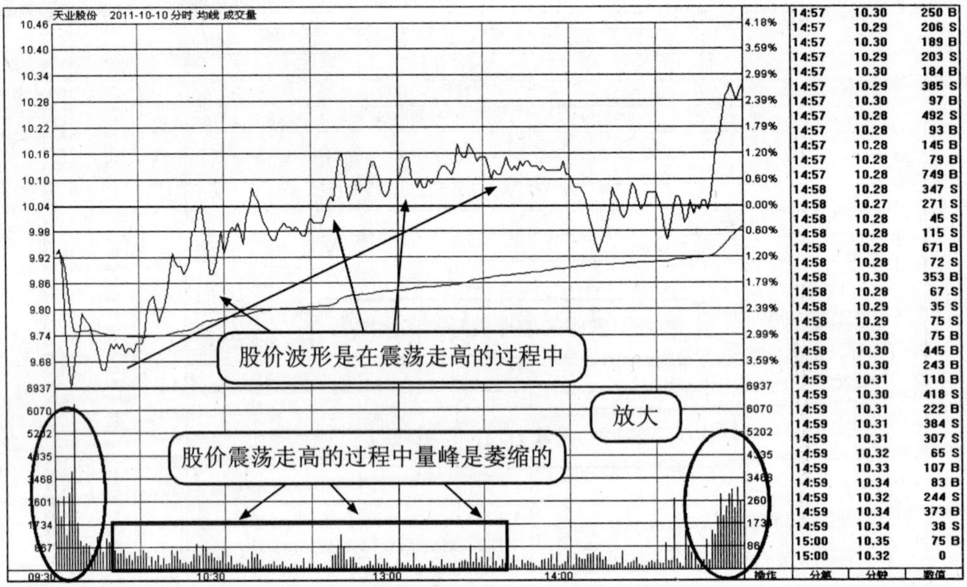

图 3—56

四、堆量模型

1. 什么是堆量模型

股票堆量模型是指股票在经过一波上涨的行情走势后，某一天出现强力回调，在回调的过程中盘口的量峰多出现攻击型量峰，这种情况说明是主力在进行洗盘，吓出散户。

2. 堆量模型的特征和构成条件（以白云山 A 为例）

（1）股票经过一波很好的上涨行情，盘中某一天出现强力回调，如图 3—57 白云山 A 日 K 线所示。

（2）股票有重组、盈利增长等利好的支持。

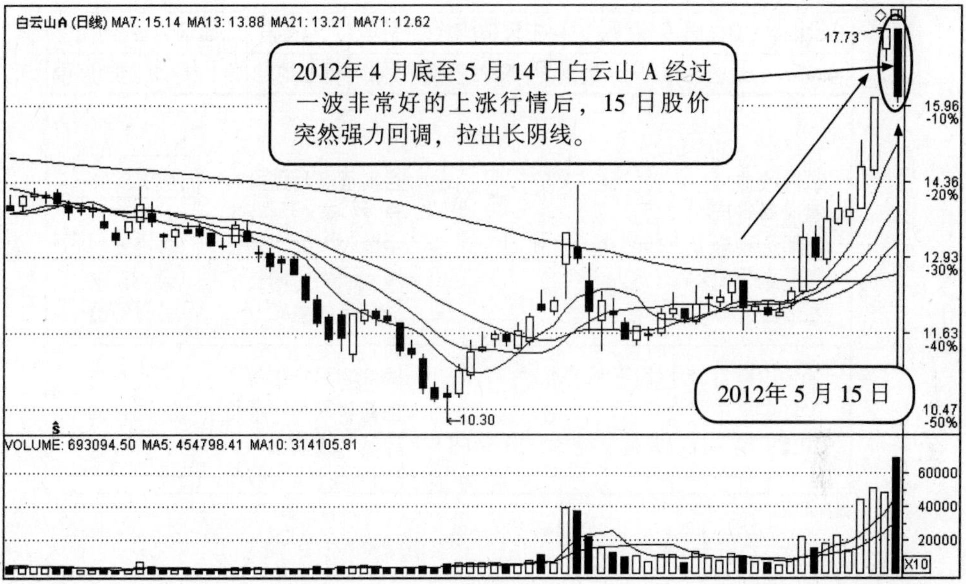

图 3—57

白云山 A 当时由于受广药集团的吸收合并，以及王老吉商标成功收回的影响，出现很好的上涨行情，符合堆量模型条件。

(3) 股票的流通盘为不超过 5 亿股的中小盘股。

图 3—58 显示白云山 A 的流通盘为 46903.78 万股，不超过 5 亿股，符合堆量模型的流通盘要求条件。

(4) 该股走势必须是强于大盘走势的强势股。

通过比较图 3—59 和图 3—60 可以说明白云山 A 的走势是完全不同于大盘下跌走势的，白云山 A 明显是跑赢大盘的强势股。

白云山A	操盘必读	财务透视	主营构成	行业新闻	大事提醒	八面来风	公司概况
000522	最新季报	股东进出	股本分红	资本运作	行业地位	信息快讯	回顾展望

每股收益	(元):0.5959	目前流通(万股)	:46903.78
每股净资产	(元):3.4100	总 股 本(万股)	:46905.37
每股公积金	(元):0.2323	主营收入同比增长	(%):19.49
每股未分配利润	(元):1.8689	净利润同比增长	(%):33.06
每股经营现金流	(元):0.9273	净资产收益率	(%):19.01
2012中期每股收益	(元):0.4647	净利润同比增长	(%):36.65
2012中期主营收入	(万元):238719.75	主营收入同比增长	(%):17.34
2012中期每股经营现金流	(元):0.5768	净资产收益率	(%):15.14

图 3—58

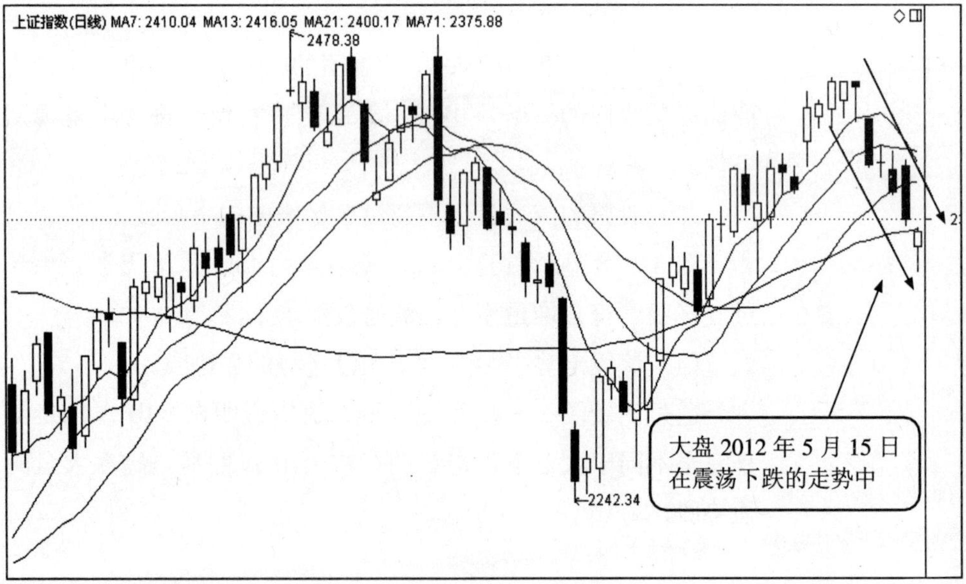

图 3—59

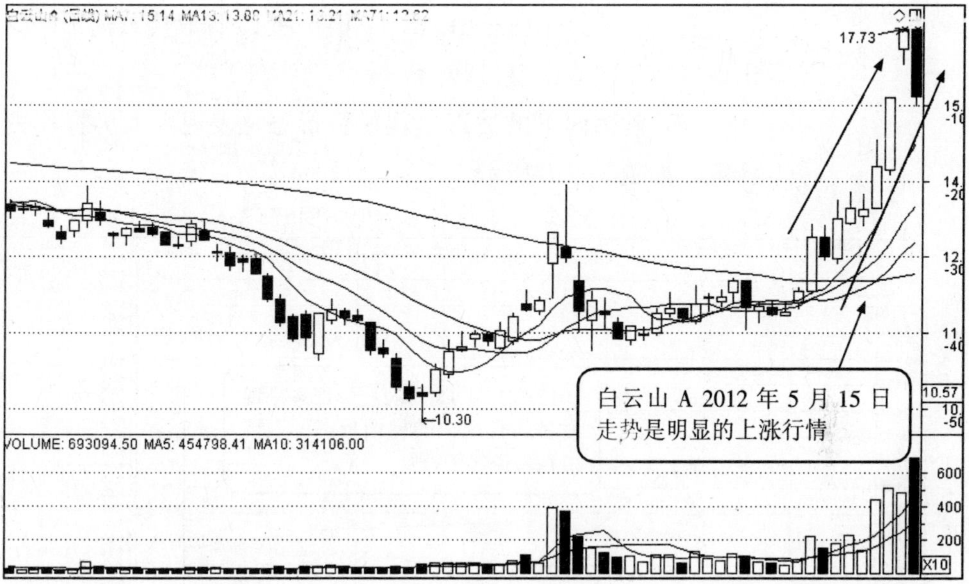

图 3—60

3. 堆量模型的量峰和波形的关系

（1）回调洗盘的当天多出现攻击型量峰（3 次以上）。

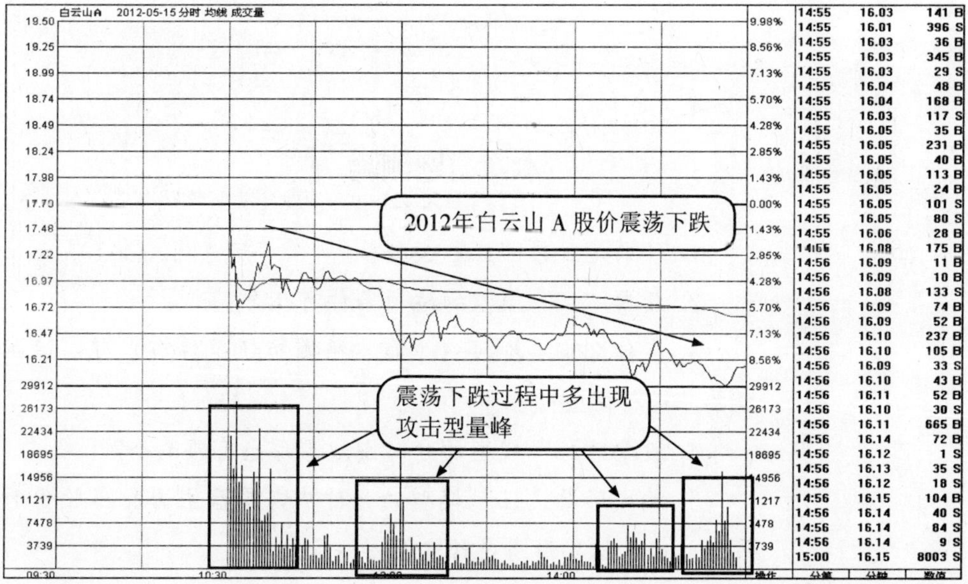

图 3—61

图 3—61 显示白云山 A2012 年 5 月 15 日股价震荡下跌时出现多达 4 次攻击型量峰。

（2）震荡向下的波形呈现梯级形态，表现出人为操作的特征，如图 3—62 所示。

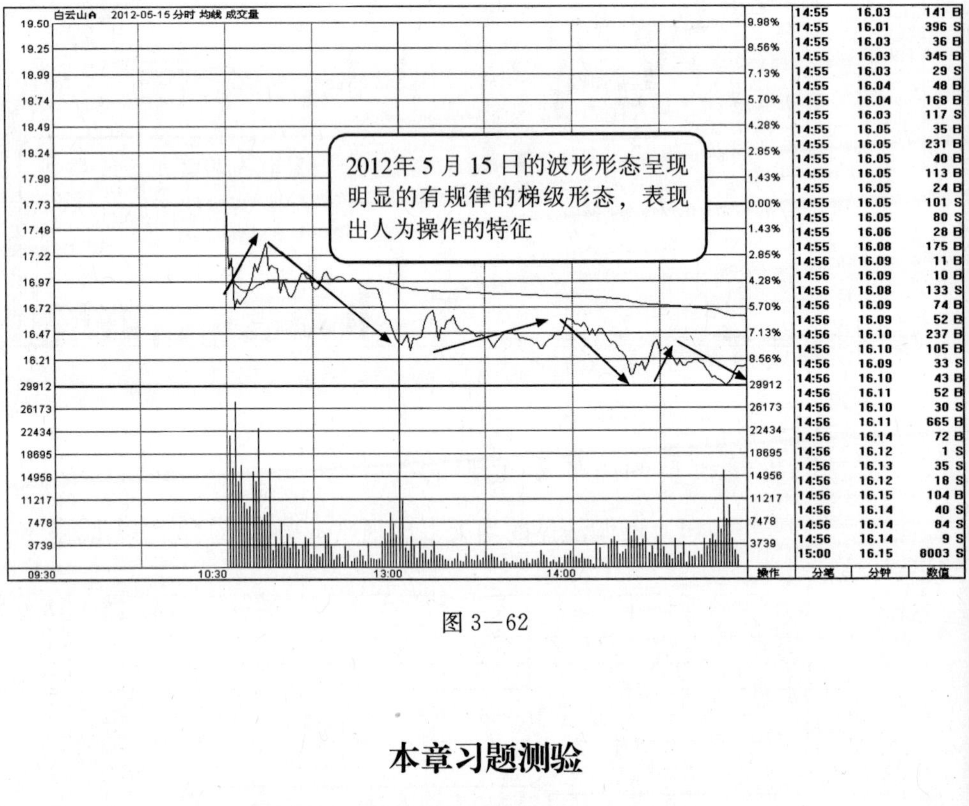

图 3—62

本章习题测验

1. 什么是股票“15”模型？

2. 股票“15”模型的适用条件有几个？

3. 在什么市场阶段（牛市、平衡市还是熊市）可以适用股票“15”模型？

4. 股票“15”模型的分时图波形形态有哪两个？

5. 构成股票“15”模型的条件中，早盘主力打压股价时买盘的位置挂单形态是什么？

6. 我们在盘中寻找“15”模型股票的时间段是从14点15分到14点45分这个区间吗?

7. 为什么熊市格局下股票“15”模型的适用股票都是中小盘股?

8. 股票“15”模型的股票是熊市中的热点,这些热点都属于哪些概念?

9. 股票“15”模型的分时图中一般回调的幅度和收盘上涨的幅度会是相同或者相当吗?

10. 收盘后怎么能找到“15”模型的股票呢?

11. 如果熊市中某股票前期已经有了大幅的上涨,那么出现“15”模型情况的走势,此时我们可以买进吗?

第四章

怎样写操盘计划

“好脑子不如烂笔头”这句话很有道理。盘中行情的变化是很快的，我们的大脑不可能对变化都做到完全记忆。无论是盘中还是盘后我们应该养成一个良好的习惯：认真写操盘计划。主要包括：大盘风险程度分析，操盘个股的选择——所属概念、板块和主力是否已经进场，以及进出场策略和止损设定。

为什么要写操盘计划呢？俗话说："干一行　爱一行。"笔者从1995年进入股市以来，经历了太多的跌宕起伏，失败过、成功过，有失败的彷徨，有成功的喜悦。在每一天的看盘过程中，大多数的时间都是以看为主，写是很少的。笔者经历的无论是机会还是风险，很长一段时间过后，这些机会和风险都被忘记了。即使偶尔想起某只个股的进场和出场节点也是不全面的，这是由于笔者当初根本就没有做文字的记录，这对于以后的操作是很不利的。后来我总结了：懒惰是阻止走向成功最大的敌人。

"好脑子不如烂笔头"这句话很有道理。盘中行情的变化是很快的，我们的大脑不可能对变化都做到完全记忆。无论是盘中还是盘后我们应该养成一个良好的习惯：认真写操盘计划。

如果一个投资者要把股票投资作为一项事业去做的话，笔者建议你就应该这样去做。虽然这样做也许很枯燥无味，但是如果你这样做了，那么你就离成功不远了。

一、怎样选股和制订操盘计划

主力（庄家）在每一次操盘前都是有操盘计划的。我们普通投资者也应该一样，做到在每一次操作之前拟订好操盘计划。操盘计划要注意以下几个方面：

1. 大盘风险程度的分析

任何时候我们在操作股票的时候都要关注大盘。这是个习惯，谁要是说我炒股票从来不看大盘，那这个人要么是股神，要么就是一个亏损者。对于大盘风险程度的分析，其实简单地说，就是要弄清楚大盘处于熊市、牛市还是平衡市？根据这个定位来确定我们的操作细节。

2. 了解待操作股票所属什么概念和板块

在操作某只股票前，一定要分析清楚该股是不是市场的短期热点或者长期热点，是不是市场里的强势股。比方说某只股票公布了一个利好，市场中表现为连续几天的放量上涨，由此带来市场的追捧，该股就是市场的热点。或者某一板块由于政策、国际市场的走强引发的连续上涨（如 2010 年国际黄金价格的大涨，致使有色板块中含金的个股长期走强），这也是市场的热点。那么由于世界能源的日近枯竭，未来的新能源概念、节能环保概念、稀缺资源概念等都将是市场长期的热点。

3. 通过对盘口语言分析该股是否确定主力已经进场（走出进场模型）

这一点很重要。确定主力是否进场，盘口是否走出进场模型是我们买入股票的依据。

4. 上涨盈利空间的预期

很多人在实际操作中往往忽略这一点。多数人都是买入股票后即使盈利了也没有一个盈利出局的计划，最后只能在无法忍受亏损的情况下出局，这是最悲哀的事情。

5. 进场策略

进场策略的关键在于进场仓位的比重及分几次买入，双重仓位（两笔买入）、多重仓位（多笔买入）还是单一仓位（只买一笔），这涉及到资金规模的运用技巧，笔者会在第六章资金操作规模管理模式里做详细的讲述。

6. 止损的设定

止损是老生常谈的一个话题，也是大多数投资者最不愿意提的话题，因为谁都不想亏损，都想赚钱。可我要强调的是，会不会止损是一个投资者在市场中能否生存和成功的关键。

7. 获利出局

我们在股市投资的最终目标就是赚钱。获利卖出股票是我们最开心的事情，但是卖出股票要以股票出货模型为标准，盘口的挂单、量峰、波形等我们要严格遵守。

二、操盘计划案例分析

1. 神开股份（002278）

笔者以神开股份（002278）2012 年 6 月 26 日收盘时的操盘计划为例来说明。

神开股份 2012 年 6 月 26 日这一天开盘后不久主力就很快封死涨停板，到收盘时涨停板从来没有打开过。在熊市格局下，这样的强势股是不多的，该股又是上市不久的次新股，

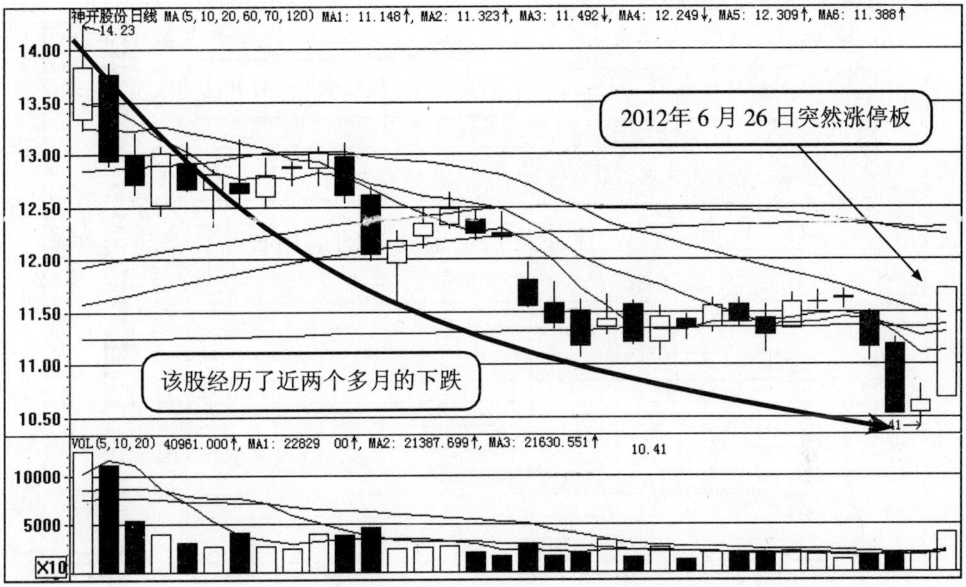

图 4—1

此股引起笔者的关注。当天的K线图走势如图4—1所示。

日K线情况：股价连续两个月下跌创新低时收出小阳线，初步有止跌现象，股价从14.23元下跌至10.41元，跌幅近40%，此时短期风险也就释放殆尽。

当天的分时盘口走势见图4—2所示。从图4—2挂单情况看：先是自然的小单，9点34分挂出递增压迫形态，9点35分变为下蜂窝拦截形态，9点37分挂出“一”字压迫形态，9点38分夹板形态挂单，到9点39分涨停板为“一”字拦截形态。这个挂单过程表明主力在抢筹码建仓。而大盘处于熊市调整中，上证指数此时的走势情况见图4—3。

上证指数处于熊市下跌过程中，成交量持续萎缩，2012年6月26日收出小阳线，市场出现止跌迹象，此时个股操作风险把控难度不大。

神开股份的概念：从事能源采掘业，是市场的长期热点。随着能源的紧张和使用资源的枯竭，该股应该被看好。

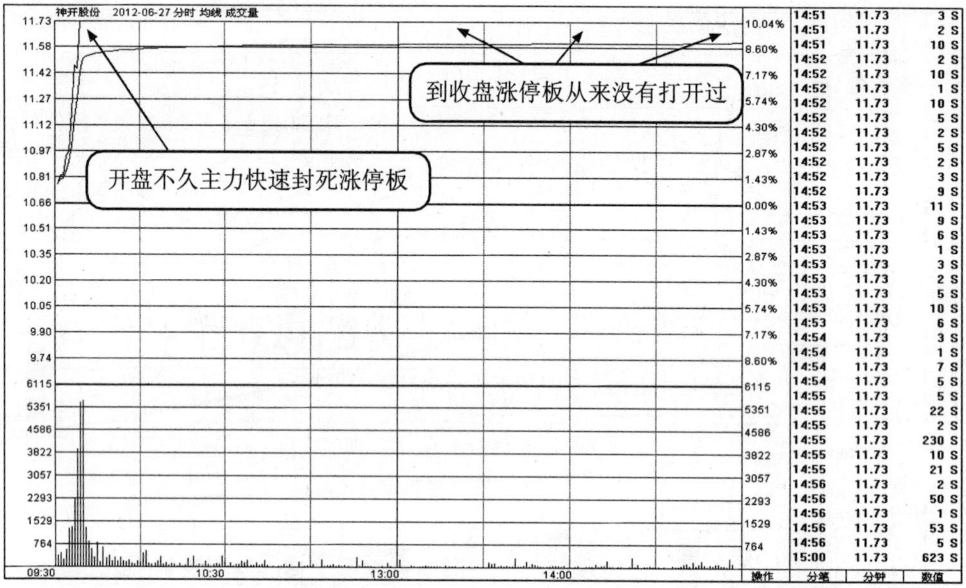
神开股份 2012-06-27 分时 均线 成交量
到收盘涨停板从来没有打开过
开盘不久主力快速封死涨停板

图 4—2

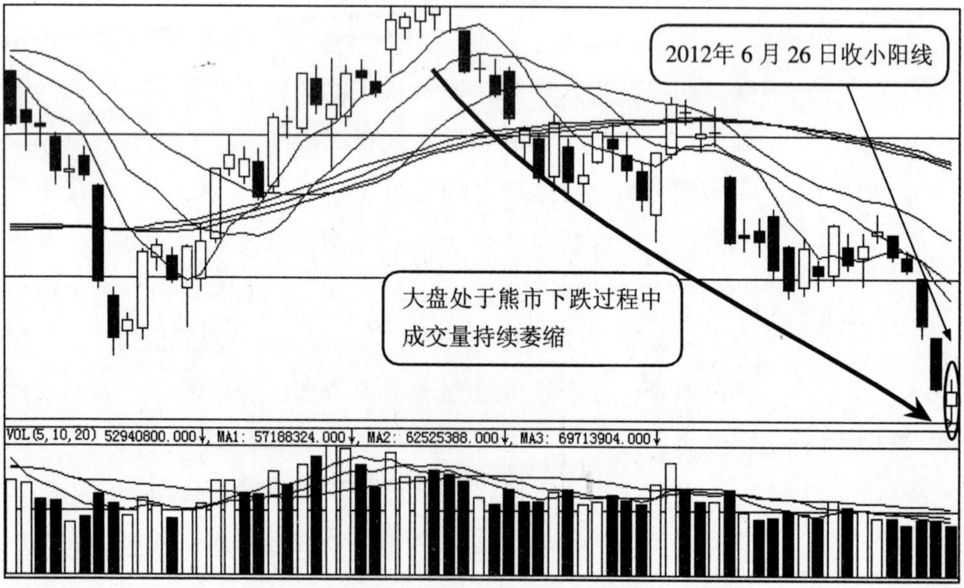
2012年 6 月 26 日收小阳线
大盘处于熊市下跌过程中
成交量持续萎缩

图 4—3

操作策略：熊市中不追高等待股价回抽按多重仓位（分多笔买进）的原则在低位进行进场，操作资金规模为总资金的20%。

第二日的走势见图4－4。

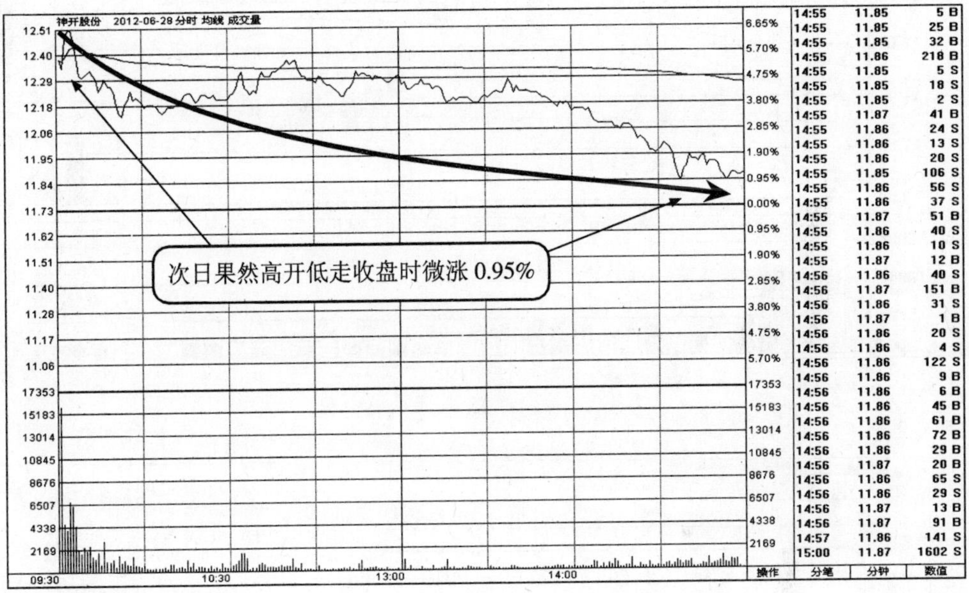

图4－4

第三天的K线走势见图4－5和图4－6。

图4－6显示该股走出胜利反转进场模型，该股由于是在熊市中走强，所以后市盈利预测不要求太高，7%～10%之间即可，止损幅度设在－3%。该股实际的后市走势见图4－7。

图4－7显示神开股份后两天的走势非常强劲，涨幅达到5.8%。按照以上的操盘计划进行操作盈利效果很好，操作是成功的。

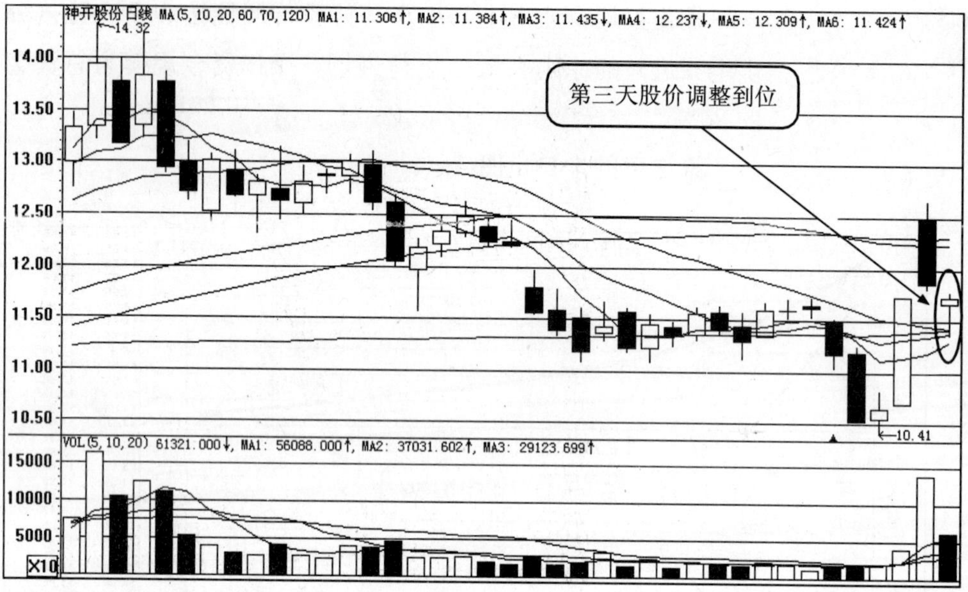

神开股份日线 MA(5,10,20,60,70,120) MA1: 11.306↑, MA2: 11.384↑, MA3: 11.435↓, MA4: 12.237↓, MA5: 12.309↑, MA6: 11.424↑
14.32
第三天股价调整到位
10.41
VOL(5,10,20) 61321.000↓, MA1: 56088.000↑, MA2: 37031.602↑, MA3: 29123.699↑

图 4—5

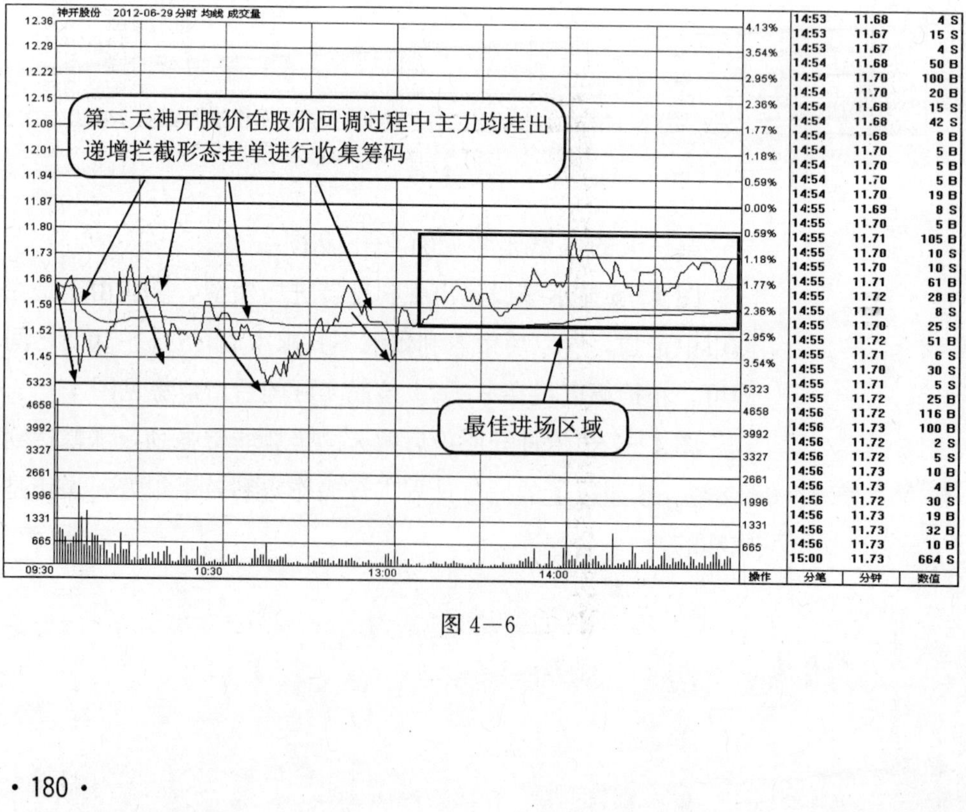

神开股份 2012-06-29 分时 均线 成交量
第三天神开股价在股价回调过程中主力均挂出递增拦截形态挂单进行收集筹码
最佳进场区域

图 4—6

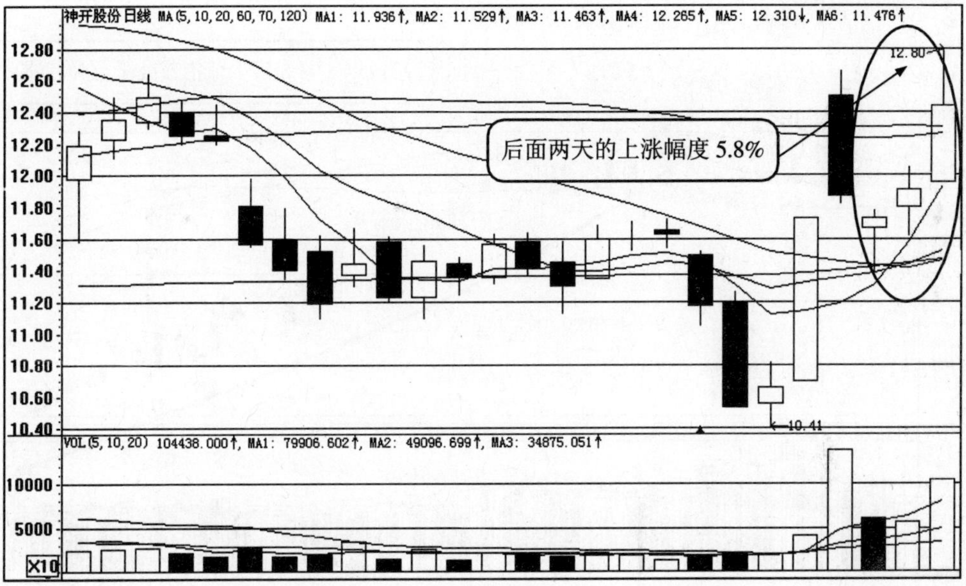

图 4—7

2. 宝德股份（300023）

再以宝德股份（300023）为例：大盘处于熊市中，短线有反弹要求。2012 年 4～8 月上证指数的走势情况见图 4—8。

上证指数在碰触 2100 点的整数关后，结束熊市调整而展开反弹，连续 4 个交易日放量收阳线，此时可以进行个股的操作。

2012 年 8 月 8 日宝德股份走出 U 形“15”模型。当时的 K 线走势情况见图 4—9。

图 4—9 告诉我们：该股在经过多日的大幅下跌后继续下跌的风险已经释放，2012 年 8 月 8 日走出“15”模型是短线操作的最好时机。

这一天“15”模型的分时盘口交易图走势见图 4—10。

如图 4—10 所示，宝德股份 2012 年 8 月 8 日走出 U 形“15”模型。

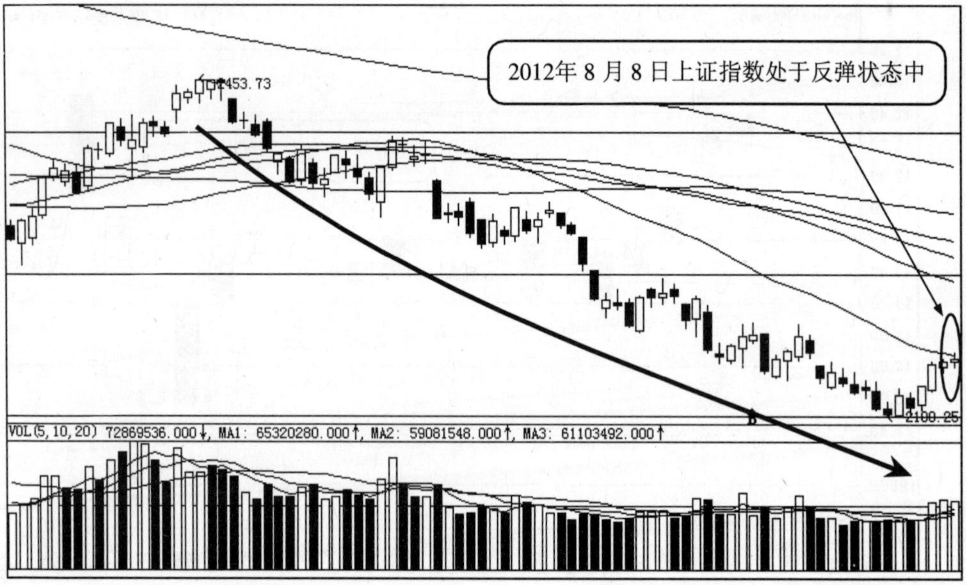
2012年8月8日上证指数处于反弹状态中
3453.73
2100.25
VOL(5,10,20) 72869536.000↓, MA1: 65320280.000↑, MA2: 59081548.000↑, MA3: 61103492.000↑

图4—8

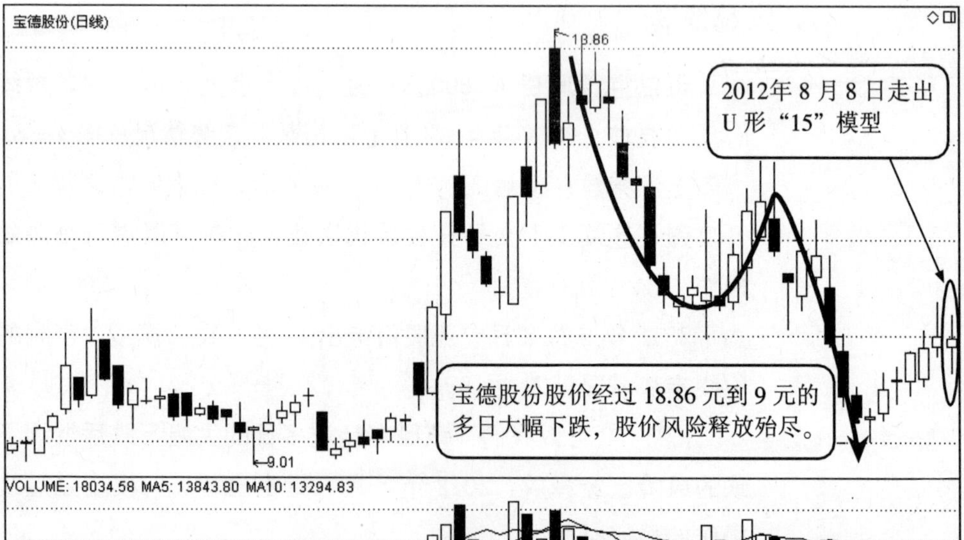
宝德股份(日线)
18.86
2012年8月8日走出
U形“15”模型
9.01
宝德股份股价经过18.86元到9元的
多日大幅下跌，股价风险释放殆尽。
VOLUME: 18034.58 MA5: 13843.80 MA10: 13294.83

图4—9

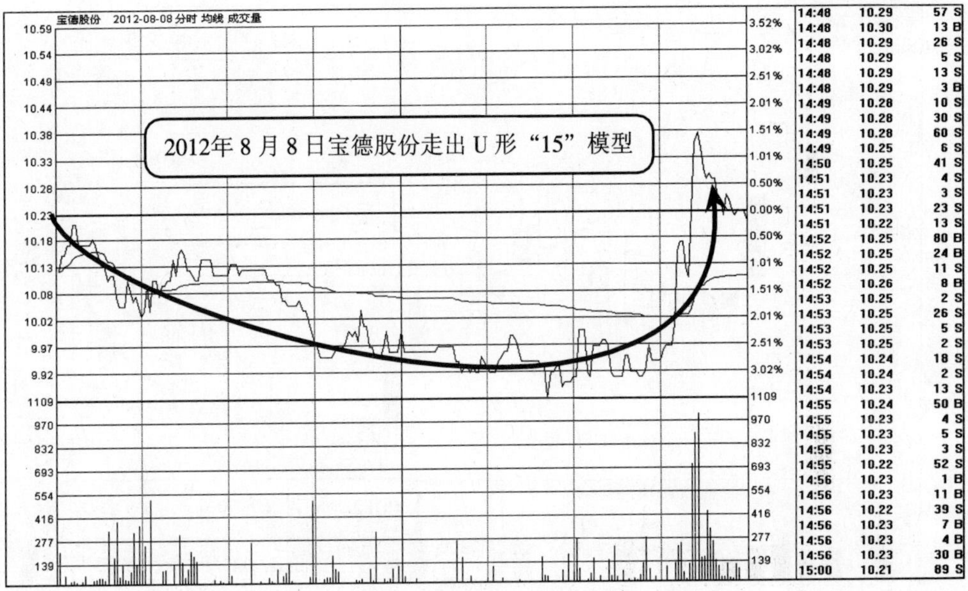

图 4—10

该股无论是挂单、量峰、分时图波形等条件都符合股票“15”模型 8 大条件，原则上是符合进场条件的。按照回调买进的办法操作，坚决不追涨。

宝德股份属大盘走熊情况下的连续拉阳线的强势股。从事石油钻采系统的研发和生产，具有长期热点炒作的概念。

进场策略：30％的资金、双重仓位（两次买进）逢低进场。上涨盈利预期：8％～15％；止损设定在：－3％。后市该股的表现见图 4—11。

如图 4—11 所示，宝德股份 2012 年 8 月 8 日符合股票“15”模型，一周内股价大涨 20％。按照以上的操盘计划进行操作，盈利效果是非常好的，操作属成功。

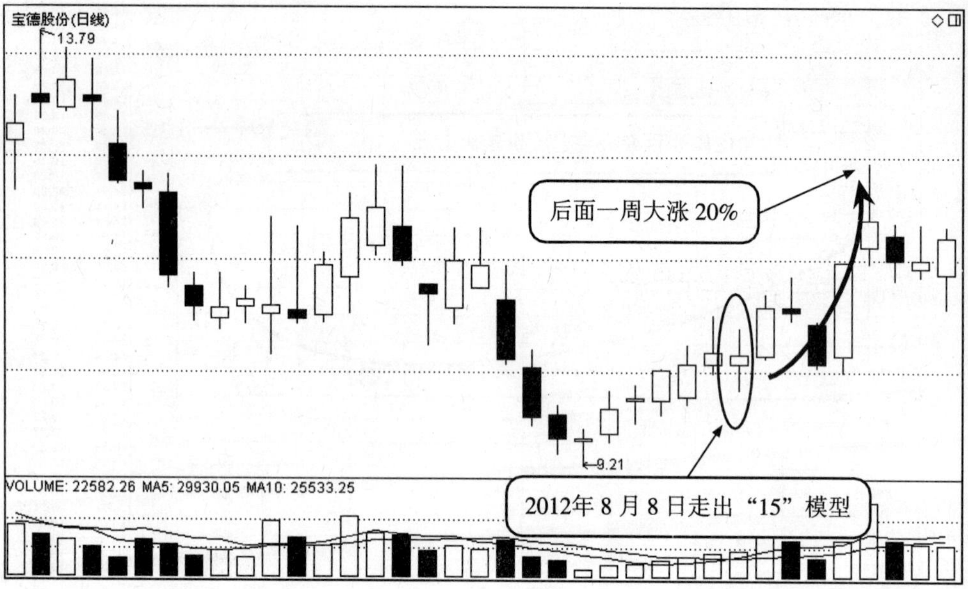
宝德股份(日线)
13.79
后面一周大涨 20%
9.21
VOLUME: 22582.26 MA5: 29930.05 MA10: 25533.25
2012年 8 月 8 日走出“15”模型

图 4—11

第五章 实战操盘日志

实战操作过程中笔者的感触很深：有成功的喜悦，更有不按照模型进场失败的痛苦。书中虽然没有列举失败的例子，但这并不等于笔者没有失败。在这个市场风险永远伴随着我们，谁要做到常胜不败那是不可能的。但是，只要我们掌握了盘口的细节（必须把股票进场模型学会），看清主力（庄家）的操盘手法和意图，该进的时候进，该出的时候出（包括止损），我们就可以把风险控制在可撑控的范围之内，从而成为市场中的赢家。

理论要与实践相结合。笔者在前面的章节里讲述了盘口的理论性知识，为了便于朋友们的理解和掌握，笔者在本章中把近期的实战操盘记录展示给大家，朋友们可以从中看到，运用本书提供的“15”模型、胜利反转模型和堆量模型就能在市场中获得高盈利。

1. 天业股份（600807）的操作过程（2011 年 10 月 10 日）

2011 年 10 月 10 日，在大盘继续低迷走熊的情况下，地产概念股逆势走强，天业股份（600807）更是在上午走出笔者的“胜利反转”模型，引起笔者的关注。

当时上证指数处于熊市状态中，指数在 2400 点以下区域，这一天更是创出 2338 点的新低，其 K 线走势如图 5--1 所示。

图 5—1 显示上证指数自 2011 年 4 月初到 10 月一直是在熊市下跌过程中，10 月 10 日盘中创出 2338.69 点的新低。日线的各项动量指标均出现底背离现象，反弹值得期待，大盘风险得到阶段性释放，此时可以进行个股的操作。

熊市中寻找热点强势股票操作，这是炒股的铁律。天业股份具有地产、黄金概念，在世界黄金大涨的情况下该股走强符合热点的原则。天业股份的 K 线走势如图 5—2 所示，天业股份经过多日的震荡下跌后 2011 年 10 月 10 日的 K 线图中出现胜利反转模型的 K 线。

天业股份 2011 年 10 月 10 日上午的走势如图 5—3 所示。

此时笔者经过对该股的多方面分析，以及与胜利反转模

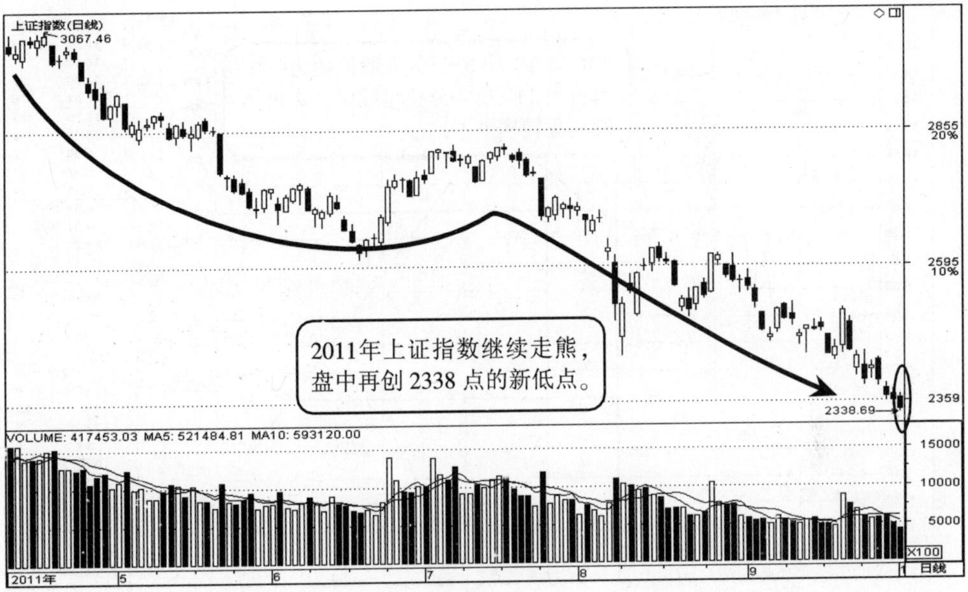
上证指数(日线)
3067.46
2011年上证指数继续走熊，
盘中再创2338点的新低点。
2338.69
2855
20%
2595
10%
2359
VOLUME: 417453.03 MA5: 521484.81 MA10: 593120.00
15000
10000
5000
X100
2011年
5
6
7
8
9
日线

图 5—1

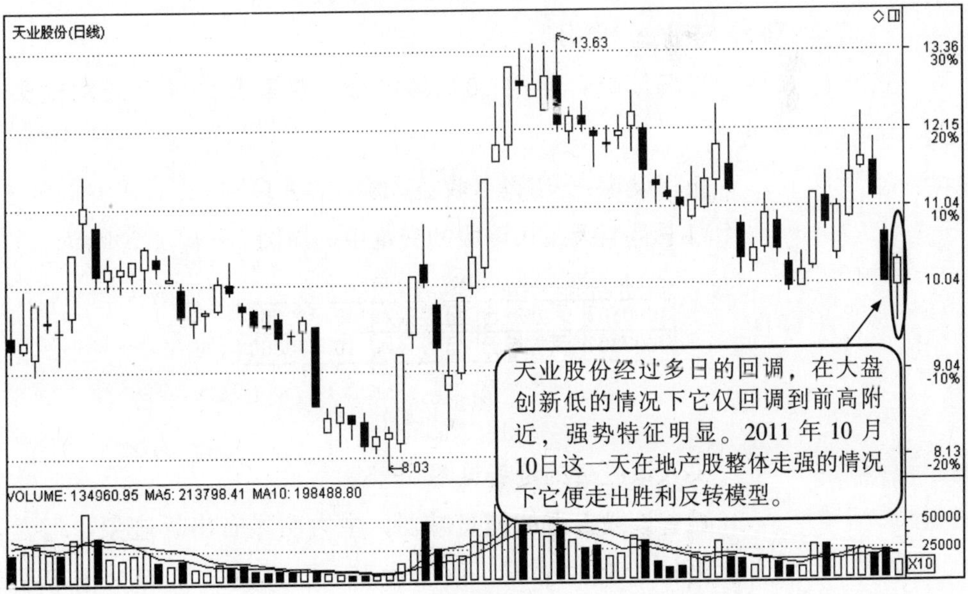
天业股份(日线)
13.63
13.36
30%
12.15
20%
11.04
10%
10.04
9.04
-10%
8.13
-20%
8.03
天业股份经过多日的回调，在大盘创新低的情况下它仅回调到前高附近，强势特征明显。2011年10月10日这一天在地产股整体走强的情况下它便走出胜利反转模型。
VOLUME: 134960.95 MA5: 213798.41 MA10: 198488.80
50000
25000
X10

图 5—2

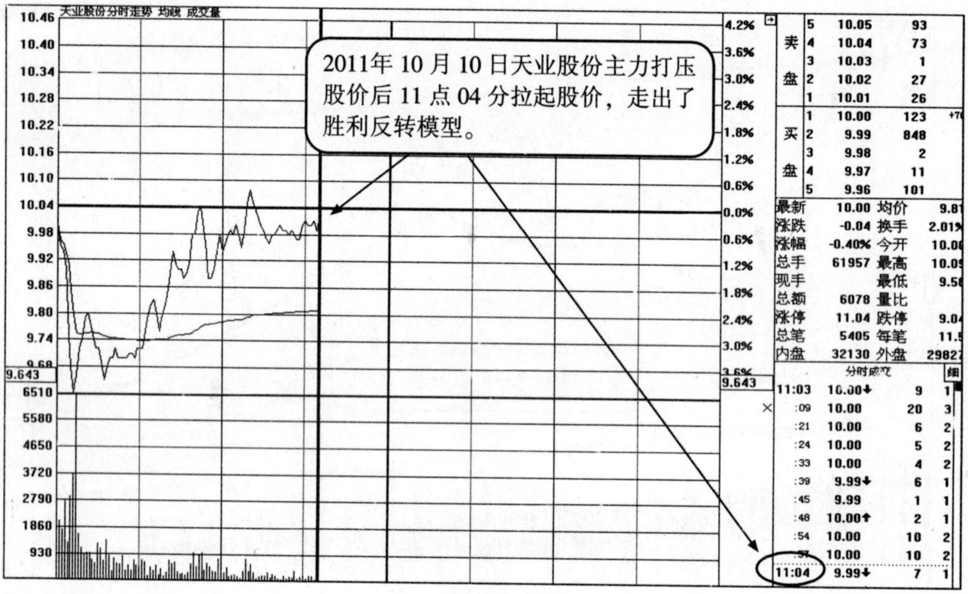

图 5—3

型条件的比对，断定进场机会来了。

上涨盈利预期：12%。

进场策略：使用 30%的资金，双重仓位（逢低两次买进）。

止损设定：—4%（收益风险比 3：1）。

以下是当天买入该股的交割单，见图 5—4。

600807	天业股份	证券买入	9.970000
600807	天业股份	证券买入	10.030000

图 5—4

买入该股后的走势见图 5—5。

随着该股上涨的能量减弱，主力明显有出货迹象，笔者分批出掉所有的筹码，落袋为安。下面是卖出的交割单见图 5—6。

该股的平均盈利为 9.3%；操作效果：4 天之内获利近

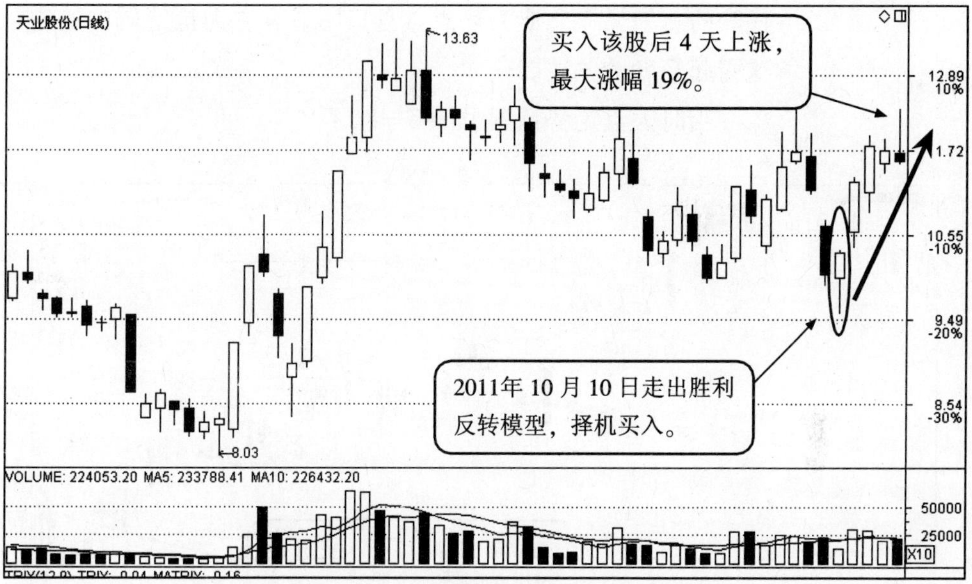

图 5—5

600807	天业股份	证券卖出	10.880000
600807	天业股份	证券卖出	10.820000
600807	天业股份	证券卖出	10.860000
600807	天业股份	证券卖出	11.800000

图 5—6

10%，定义为成功。之后笔者再次短线操作见图 5—7，又略有盈利。

600807	天业股份	证券买入	11.133750
600807	天业股份	证券卖出	11.460000

图 5—7

2. 中钢吉炭（000928）的操作过程（2011 年 10 月 12 日）

2011 年 10 月 12 日大盘的走势出现止跌反弹的迹象，盘中大部分股票开始走强，中钢吉炭、方大炭素、中国宝安为代表的石墨烯概念成为热点，盘口明显有主力抢筹码的迹象，这引起笔者的关注。

当时大盘走势情况见图 5—8。

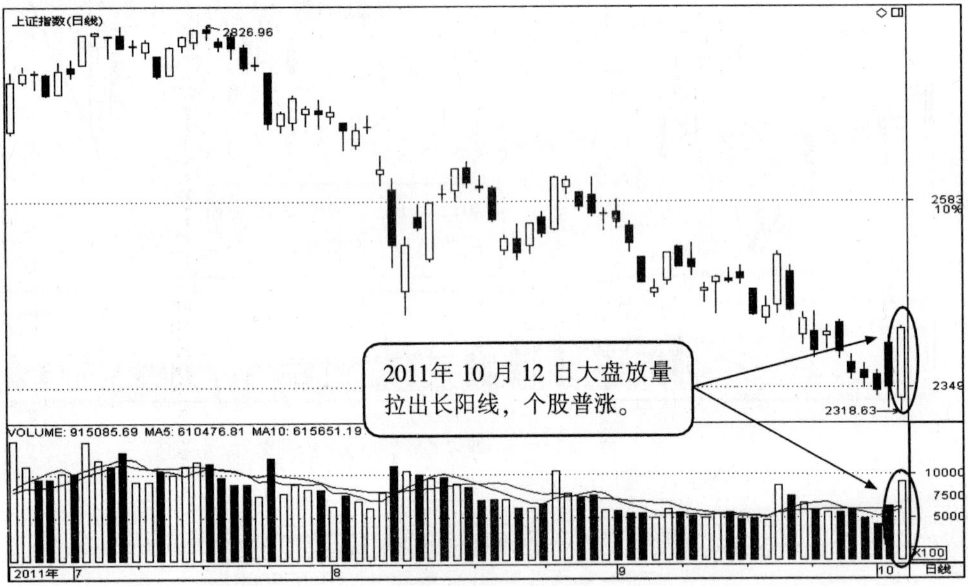

图 5—8

图 5—8 显示：2011 年 10 月 12 日上证指数创 2318.63 点新低后放量反弹，盘中个股出现普涨。此时可以逢低进场操作个股，风险不是很大。

中钢吉炭（000928）的 K 线走势如图 5—9 所示。

当天上午走出胜利反转进场模型见图 5—10。

笔者经过对中钢吉炭这一天的走势情况进行分析，发现该股符合胜利反转模型的每个条件，加上该股又是市场的热点（石墨烯概念），主力进场也明显，笔者开始分期、分批建仓了。

到收盘该股的走势情况见图 5—11。

进场策略：根据对大盘的风险分析，笔者运用资金总量

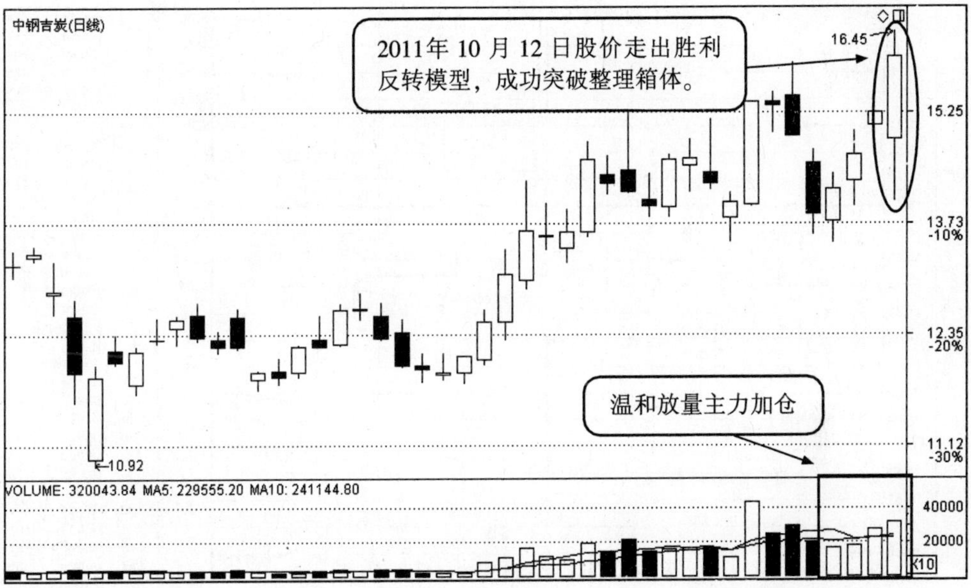
中钢吉炭(日线)
2011年10月12日股价走出胜利反转模型，成功突破整理箱体。
16.45
15.25
13.73
-10%
12.35
-20%
11.12
-30%
10.92
温和放量主力加仓
VOLUME: 320043.84 MA5: 229555.20 MA10: 241144.80
40000
20000
X10

图 5—9

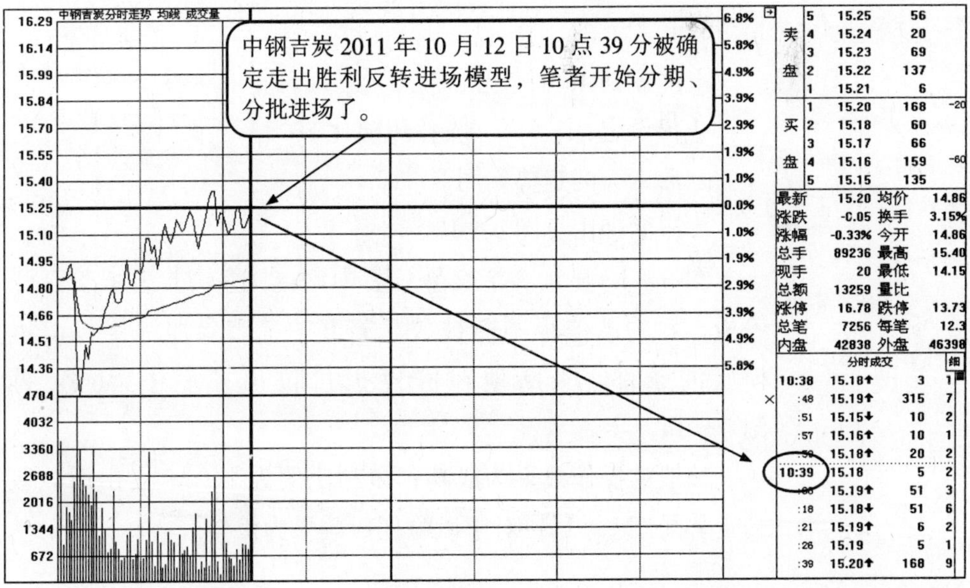
中钢吉炭分时走势 均线 成交量
中钢吉炭2011年10月12日10点39分被确定走出胜利反转进场模型，笔者开始分期、分批进场了。
16.29
16.14
15.99
15.84
15.70
15.55
15.40
15.25
15.10
14.95
14.80
14.66
14.51
14.36
4704
4032
3360
2688
2016
1344
672
6.8%
5.8%
4.9%
3.9%
2.9%
1.9%
1.0%
0.0%
卖盘
买盘
最新 15.20 均价 14.86
涨跌 -0.05 换手 3.15%
涨幅 -0.33% 今开 14.86
总手 89236 最高 15.40
现手 20 最低 14.15
总额 13259 量比
涨停 16.78 跌停 13.73
总笔 7256 每笔 12.3
内盘 42838 外盘 46398
分时成交
10:38
10:39

图 5—10

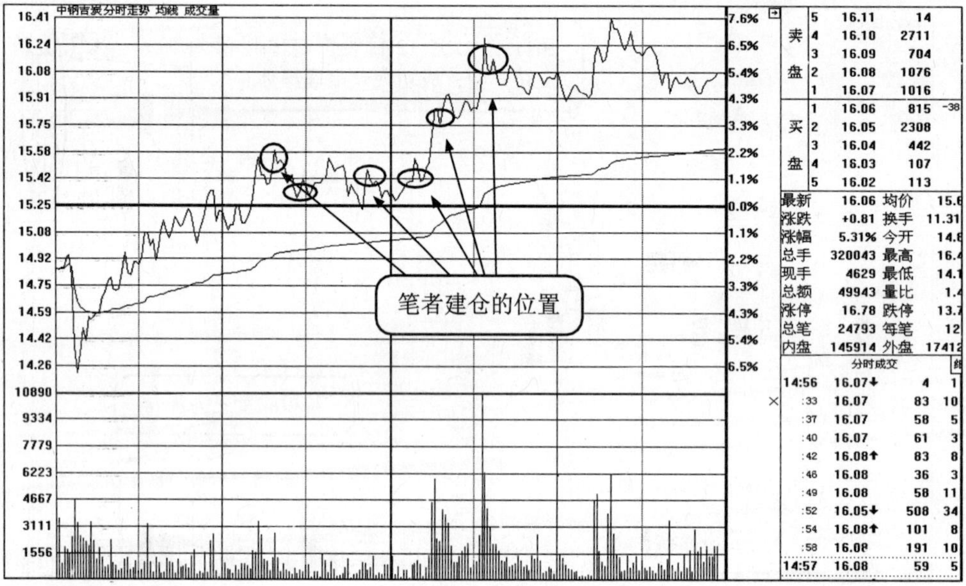

图 5—11

的 40%进行操作，多重仓位（逢低多次进场）建仓的均价在 15.75 元。

上涨盈利预期：15%。

止损设定：—5%（收益风险比 3∶1）。

之后 4 天的走势见图 5—12。

卖出的理由见图 5—13。

图 5—13 显示 3 个交易日后中钢吉炭主力拉升股价至涨停板，盘中涨停板不断被放量打开，笔者参照涨停板出货模型的条件，果断地在涨停板价位出掉手中筹码，见图 5—14。

该股的操作效果为成功；盈利比例为 14%。卖出后该股的走势见图 5—15。对于风险把控效果为极佳。

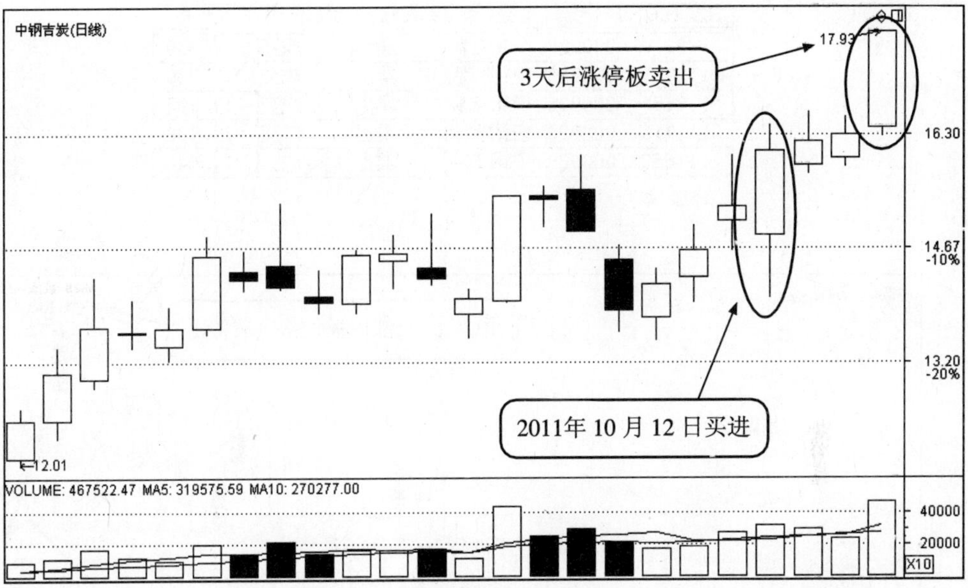
中钢吉炭(日线)
3天后涨停板卖出
17.93
16.30
14.67
-10%
13.20
-20%
2011年10月12日买进
12.01
VOLUME: 467522.47 MA5: 319575.59 MA10: 270277.00
40000
20000
X10

图 5—12

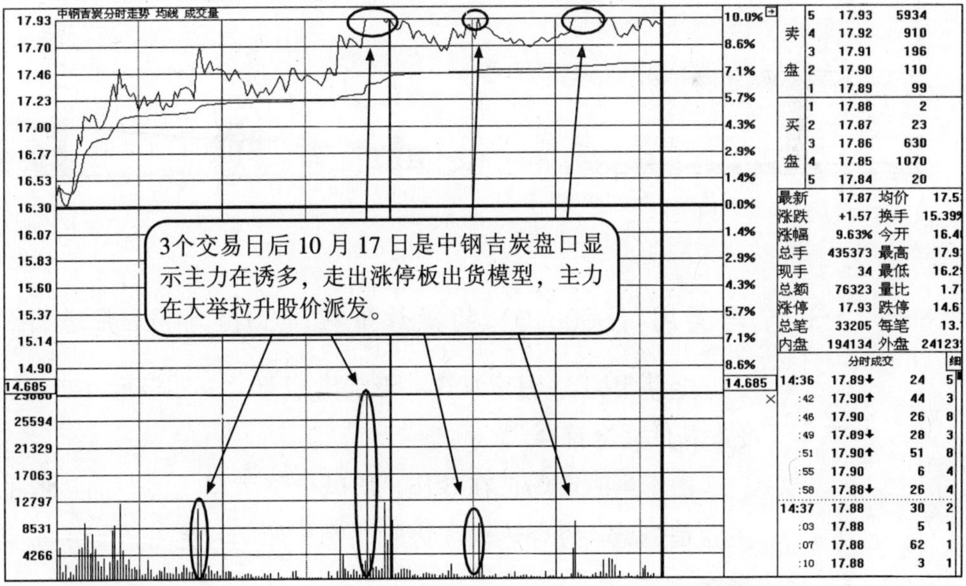
中钢吉炭分时走势 均线 成交量
3个交易日后10月17日是中钢吉炭盘口显示主力在诱多，走出涨停板出货模型，主力在大举拉升股价派发。
卖盘
买盘
最新 17.87
涨跌 +1.57
涨幅 9.63%
总手 435373
现手 34
总额 76323
涨停 17.93
总笔 33205
内盘 194134
分时成交

图 5—13

成交时间	证券代码	证券名称	买卖标志	状态说明	成交价格
112210	000928	中钢吉炭	卖出	成交	17.930
112201	000928	中钢吉炭	卖出	成交	17.930
112152	000928	中钢吉炭	卖出	成交	17.930
111713	000928	中钢吉炭	卖出	成交	17.730
111653	000928	中钢吉炭	卖出	成交	17.740

图 5—14

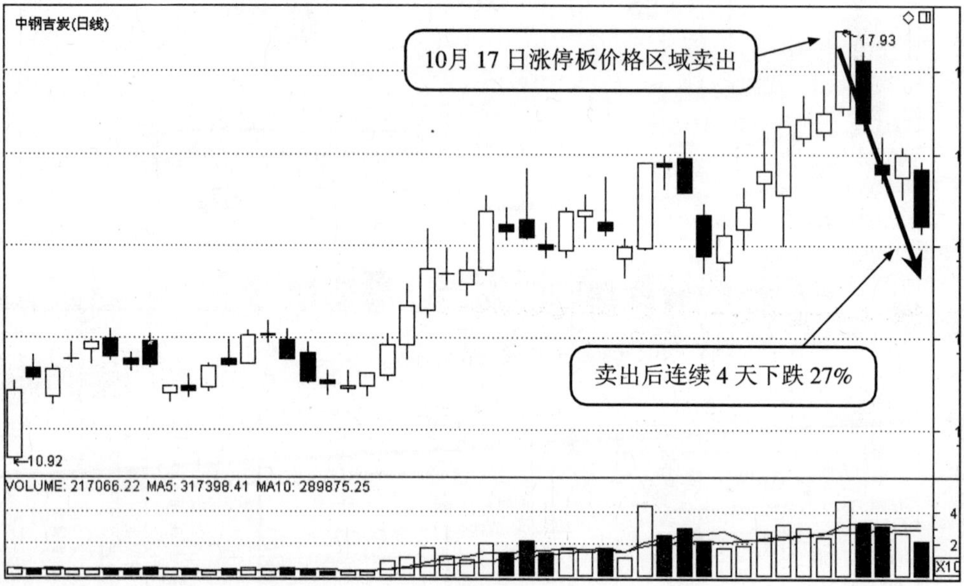

图 5—15

3. 金路集团（000510）的操作过程（2011 年 11 月 2 日）

金路集团 11 月 2 日这一天走出 U 形“15”模型，对应的 8 大条件完全符合。

由于当时市场正在炒作，烧碱价格大幅上涨，而该股的主营是烧碱，符合热点强势股票操作原则，笔者进行了重点操作。

大盘当时的走势情况见图 5—16。这一天的大盘上涨依然进行，成交量温和放大，市场交投活跃，个股普涨，此时适合个股的操作。

金路集团这一天的分时盘口交易图情况见图 5—17。

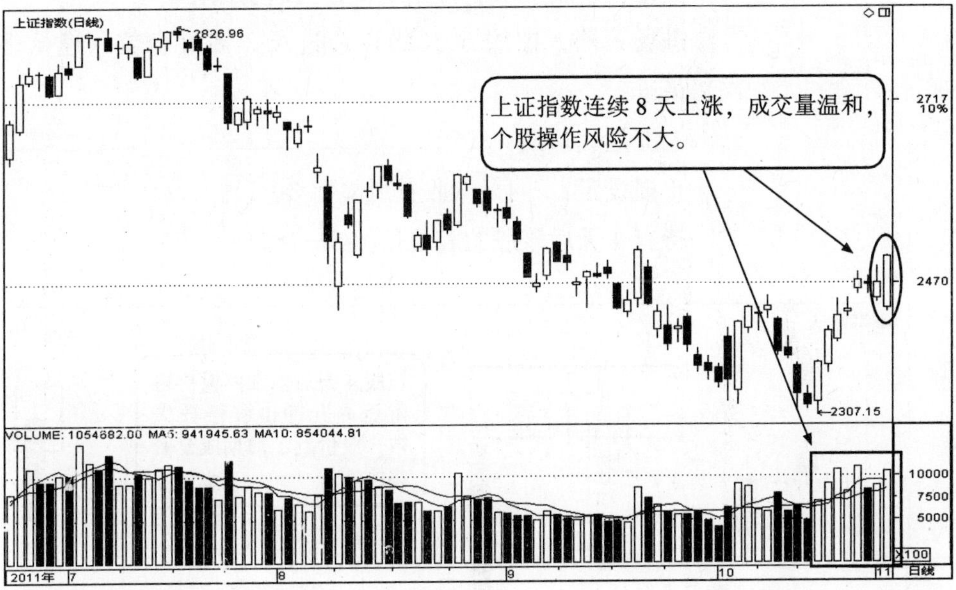

图 5—16

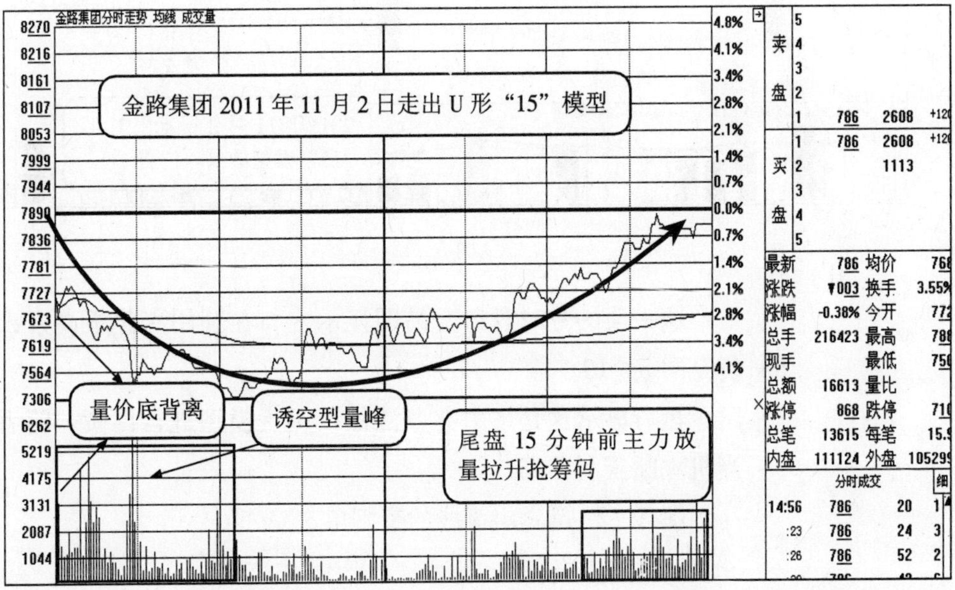

图 5—17

盘口分析：该股无论是量峰、分时图波形、挂单等等，都符合笔者的“15”模型的8个条件。

结论：该股可以进行分期、分批进场操作。

进场策略：按照50%的资金进场，多重仓位（逢低多次）买进。

上涨盈利预期：15%。

止损设定：－4%（收益风险比3：1）。

持有4天后该股的表现见图5－18。

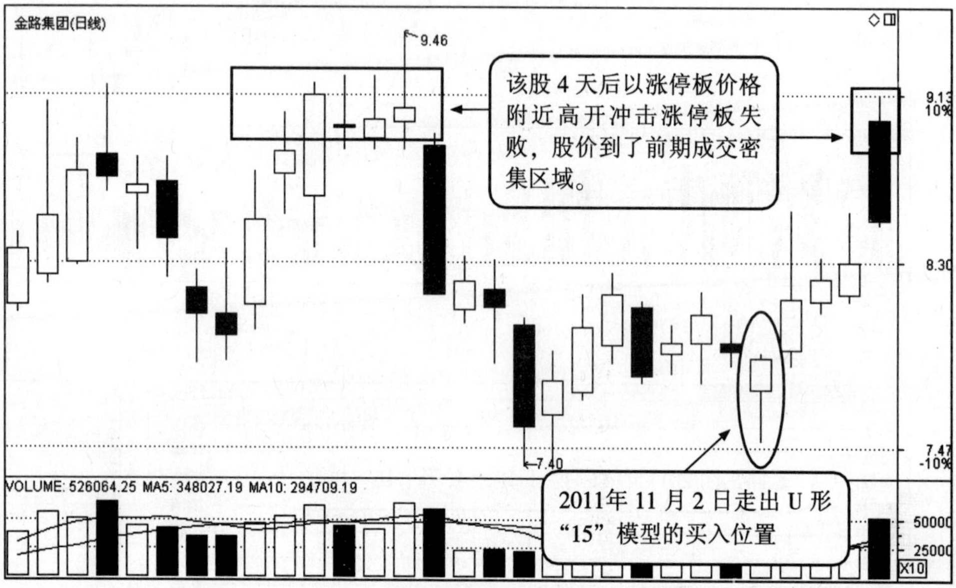

图5－18

这一天的分时盘口交易图显示主力在利用涨停板高开出货见图5－19。

盘口显示这是主力在以涨停板出货模型进行出货，笔者当机立断获利出局。

图5－20是卖出该股的交割单。

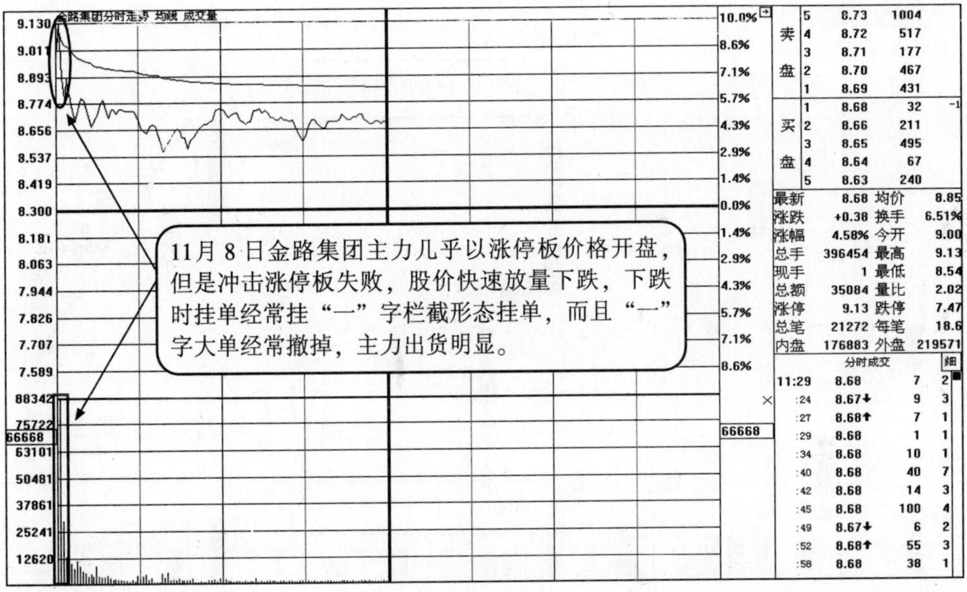

图 5—19

成交时间	股东代码	证券代码	证券名称	买卖标志	成交价格
09:53:41	0104471208	000510	金路集团	卖出	8.750
09:53:42	0104471208	000510	金路集团	卖出	8.750
09:53:43	0104471208	000510	金路集团	卖出	8.750
10:28:51	0104471208	000510	金路集团	卖出	8.750
10:28:52	0104471208	000510	金路集团	卖出	8.750
10:28:52	0104471208	000510	金路集团	卖出	8.750
10:28:52	0104471208	000510	金路集团	卖出	8.750

图 5—20

最终的盈利比例：13.8%；操作效果：成功盈利。卖出该股之后的股价走势见图 5—21。风险把控效果为极佳。

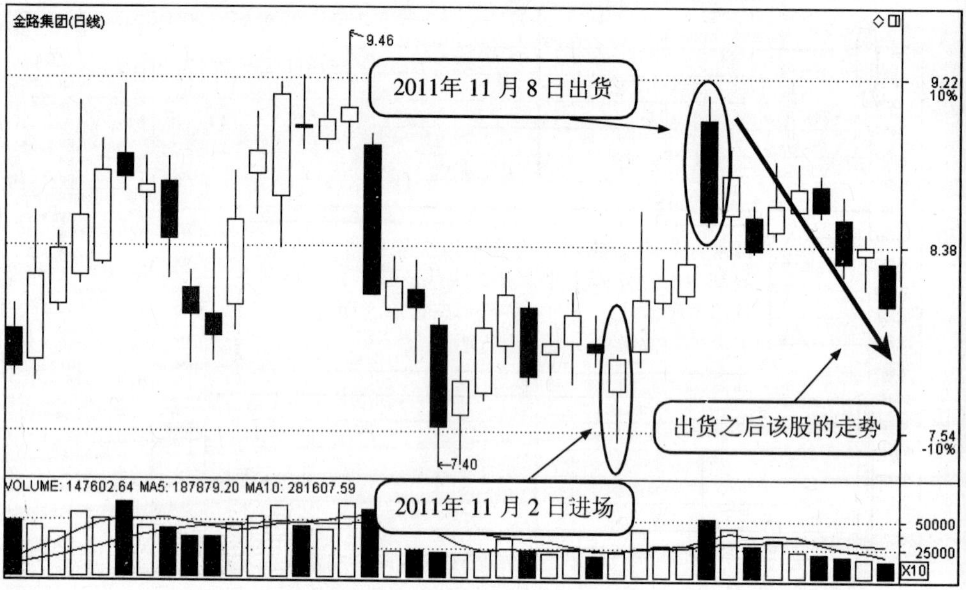

图 5—21

4. 重庆啤酒（600132）的操作过程（2011 年 11 月 23 日）

2011 年 11 月份以来重庆啤酒的走势特别抢眼；而大盘的走势情况正处于冲高回落过程中，见图 5—22。

图 5—22 显示大盘运行在回调浪中，11 月 23 日继续下跌，收盘以中阴线报收，市场环境继续恶化。市场中个股普跌，但明显有强势个股在活跃，其中重庆啤酒的走势就属于强势个股，它的走势见图 5—23。

该股这一天走出 W 形“15”模型，量峰、分时图波形和挂单等情况良好，符合笔者的“15”模型的 8 大条件。

大盘风险评估：大盘处于熊市中期，个股操作风险很大。

进场策略：操作资金不超过 10％的资金进场。

上涨盈利预期：15％。

止损设定：—5％（收益风险比 3∶1）。

买入重庆啤酒后的走势如图 5—24 所示。

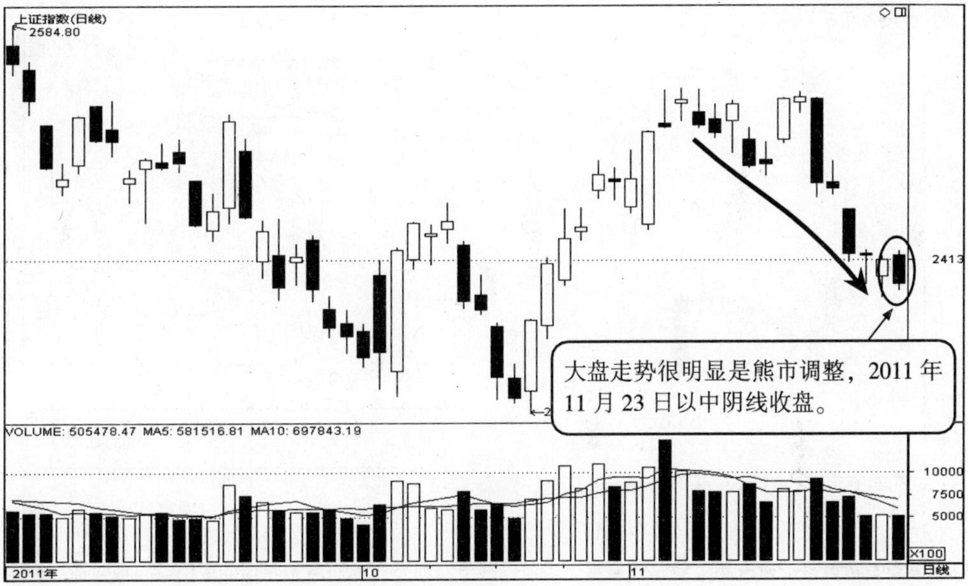
上证指数(日线)
2584.80
2413
大盘走势很明显是熊市调整，2011 年 11 月 23 日以中阴线收盘。
VOLUME: 505478.47 MA5: 581516.81 MA10: 697843.19
10000
7500
5000
×100
2011年
10
11
日线

图 5—22

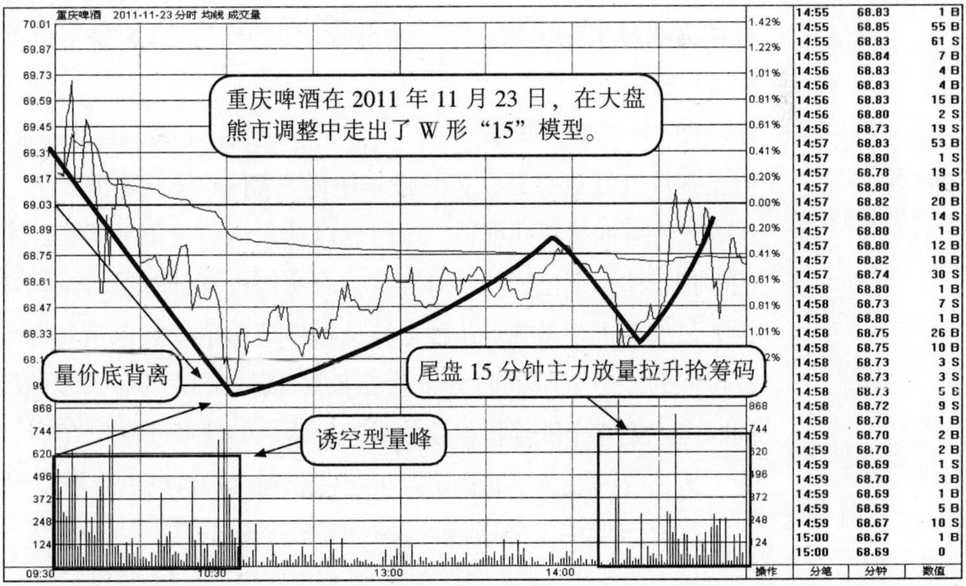
重庆啤酒 2011-11-23 分时 均线 成交量
重庆啤酒在 2011 年 11 月 23 日，在大盘熊市调整中走出了 W 形“15”模型。
量价底背离
诱空型量峰
尾盘 15 分钟主力放量拉升抢筹码
70.01
69.87
69.73
69.59
69.45
69.31
69.17
69.03
68.89
68.75
68.61
68.47
68.33
868
744
620
496
372
248
124
1.42%
1.22%
1.01%
0.81%
0.61%
0.41%
0.20%
0.00%
09:30
10:30
13:00
14:00
14:55 68.83 1 B
14:55 68.85 55 B
14:55 68.83 61 S
14:55 68.84 7 B
14:56 68.83 4 B
14:56 68.83 4 B
14:56 68.83 15 B
14:56 68.80 2 S
14:56 68.73 19 S
14:57 68.83 53 B
14:57 68.80 1 S
14:57 68.78 19 S
14:57 68.80 8 B
14:57 68.82 20 B
14:57 68.80 14 S
14:57 68.80 1 B
14:57 68.80 12 B
14:57 68.82 10 B
14:57 68.74 30 S
14:58 68.80 1 B
14:58 68.73 7 S
14:58 68.80 1 B
14:58 68.75 26 B
14:58 68.75 10 B
14:58 68.73 3 S
14:58 68.73 3 S
14:58 68.73 5 B
14:58 68.72 9 S
14:58 68.70 1 B
14:59 68.70 2 B
14:59 68.70 2 B
14:59 68.69 1 S
14:59 68.70 3 B
14:59 68.69 1 B
14:59 68.69 5 B
14:59 68.67 10 S
15:00 68.67 1 B
15:00 68.69 0
操作
分笔
分钟
数值

图 5—23

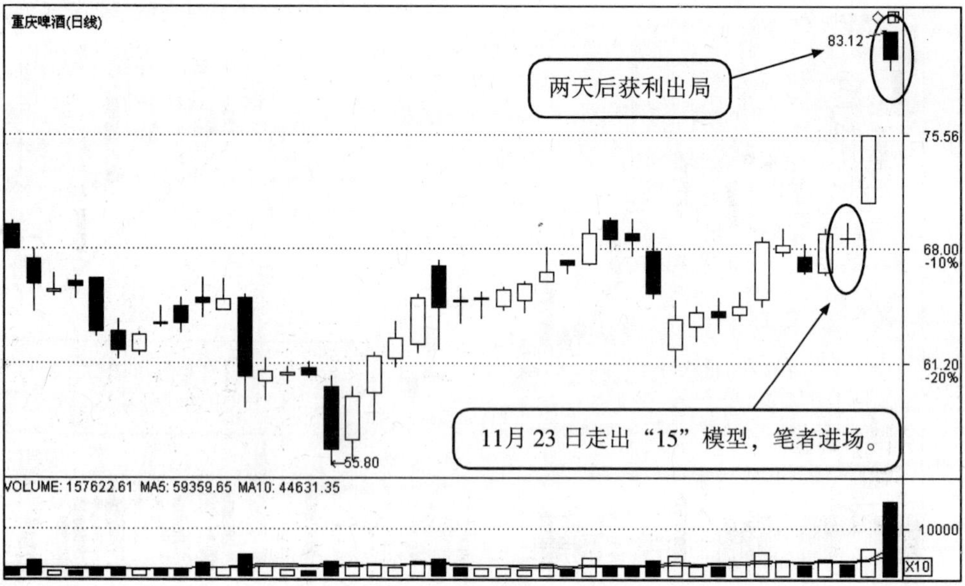

图 5—24

图 5—24 显示笔者买入后连续两个涨停板，第二个涨停板主力明显是在出货。第一个涨停板的分时盘口交易情况如图 5—25 所示。

图 5—25 显示该股 11 月 24 日上午开盘后不久即封涨停板，但是很快就放量打开。打开过程中的 9 点 43 分挂单出现上二层、下一层的夹板式挂单，按照盘口理论这种挂单形式是庄家能够控盘情况下出货的挂单形式。而涨停板打开时候的量峰是放大量的冲击型量峰，这种量峰从盘口理论角度看也是具有出货可能的。但是瞬间打开涨停板时的量峰值仅仅有 52 万股，同时考虑到这个涨停板封死的时间长达 3 小时 45 分钟，笔者认为主力出货的数量不是很多，决定持股到次日再见机行事。

次日该股的走势微妙，看一下图 5—26。

图 5—26 告诉我们：重庆啤酒 11 月 25 日涨停板开盘，不久放量打开。打开涨停板的时候量峰是向下成交量量峰，9 点 36 分的量峰值放大到 217 万股，符合盘口理论庄家出货特

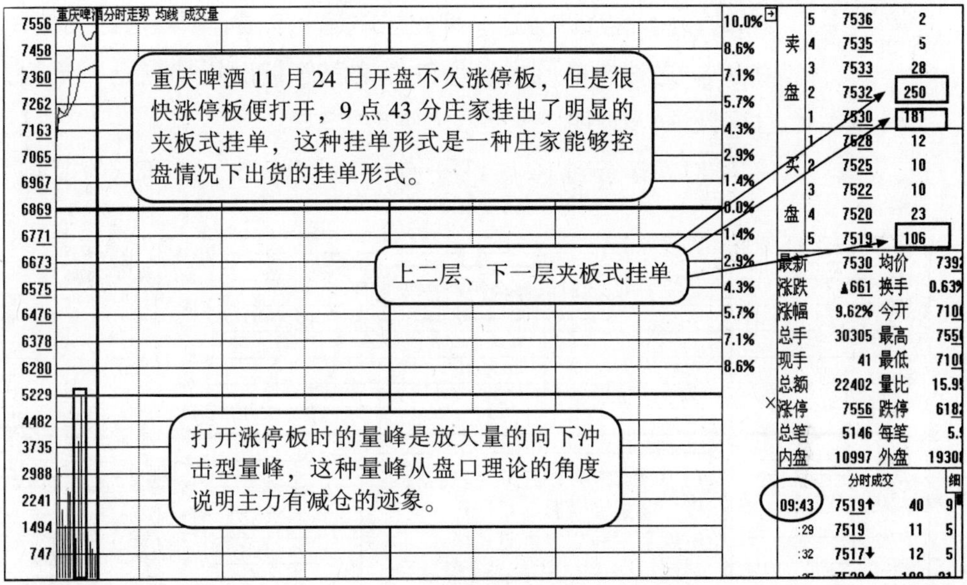
重庆啤酒分时走势 均线 成交量
重庆啤酒11月24日开盘不久涨停板，但是很快涨停板便打开，9点43分庄家挂出了明显的夹板式挂单，这种挂单形式是一种庄家能够控盘情况下出货的挂单形式。
上二层、下一层夹板式挂单
打开涨停板时的量峰是放大量的向下冲击型量峰，这种量峰从盘口理论的角度说明主力有减仓的迹象。
卖盘
买盘
分时成交
09:43

图5—25

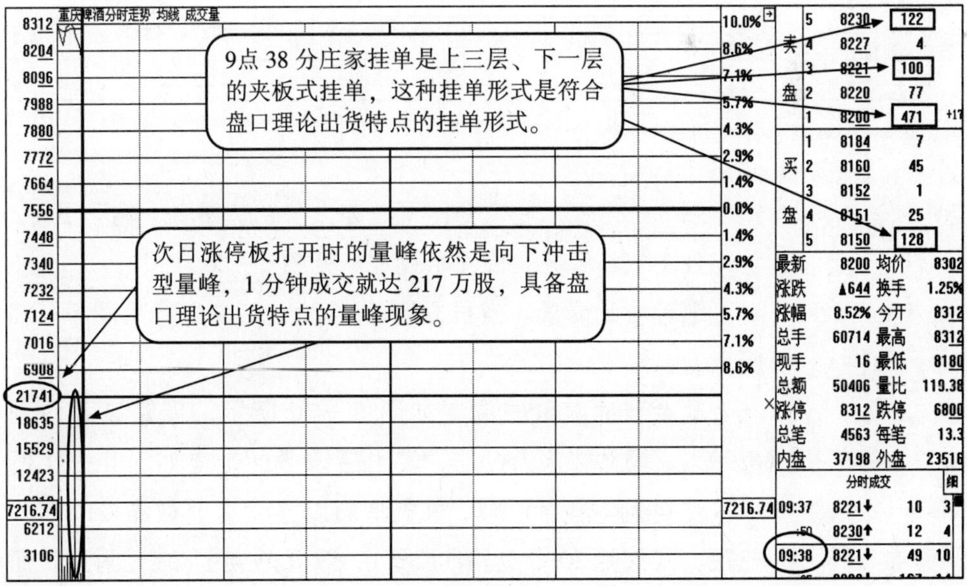
重庆啤酒分时走势 均线 成交量
9点38分庄家挂单是上三层、下一层的夹板式挂单，这种挂单形式是符合盘口理论出货特点的挂单形式。
次日涨停板打开时的量峰依然是向下冲击型量峰，1分钟成交就达217万股，具备盘口理论出货特点的量峰现象。
卖盘
买盘
分时成交
09:38
21741

图5—26

点的；而 9 点 38 分这一刻的挂单是上三层、下一层的夹板式挂单，这种挂单形式和盘口理论涨停板出货特点是一致的。这可以初步说明庄家是在大举出货。

时间运行到 10 点 22 分盘口又出现图 5—27 所示的现象。

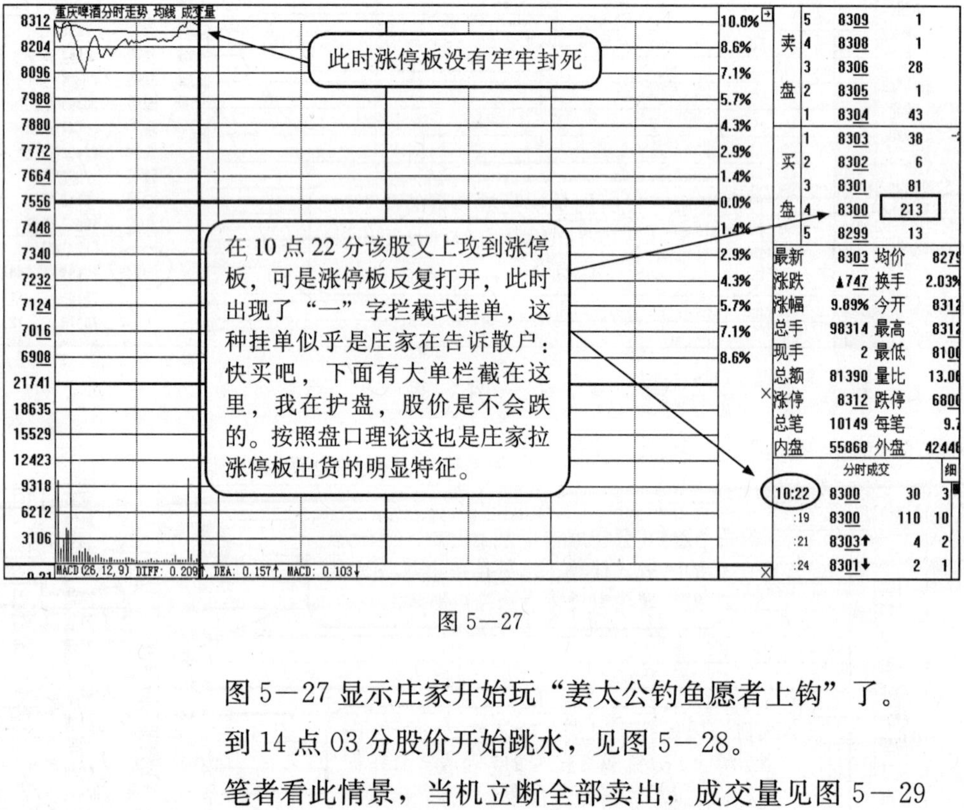

图 5—27

图 5—27 显示庄家开始玩“姜太公钓鱼愿者上钩”了。

到 14 点 03 分股价开始跳水，见图 5—28。

笔者看此情景，当机立断全部卖出，成交量见图 5—29 所示。

笔者当时卖出的位置如图 5—30 所示。最终该股盈利 17.9%。操作效果为极佳。卖出后该股的走势如图 5—31 所示。受到利空消息影响，重庆啤酒以连续 9 个跌停板的形式狂跌，仅仅用 20 个交易日股价由 83 元跌到了 20 元附近，而笔者却是在这场盛宴散场前清醒全身而退的投机客了，这是笔者有生以来最值得骄傲的操作经典。

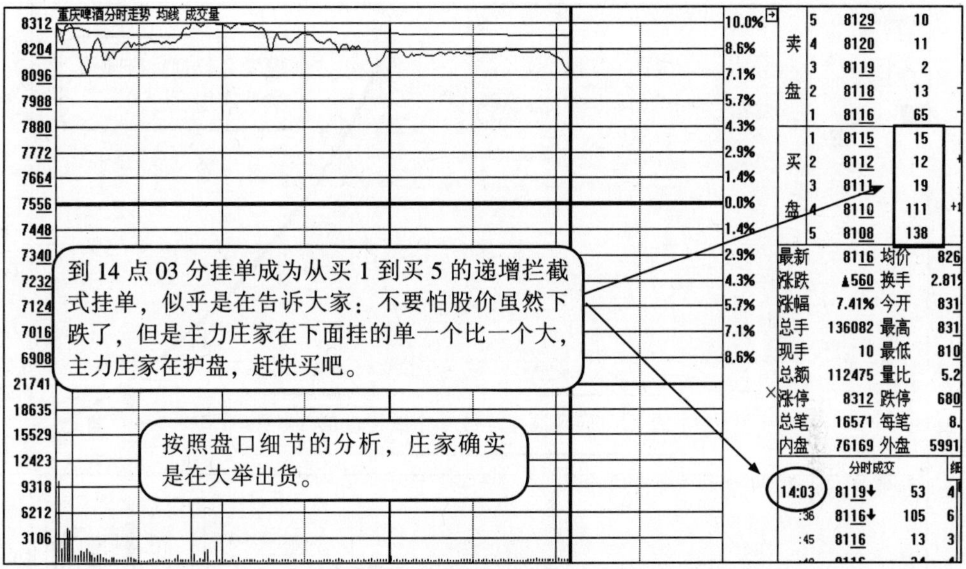

图5—28

成交时间	证券代码	证券名称	买卖标志	状态说明	成交价格
94510	600132	重庆啤酒	卖出	成交	82.520
94444	600132	重庆啤酒	卖出	成交	82.510
94435	600132	重庆啤酒	卖出	成交	82.490

图5—29

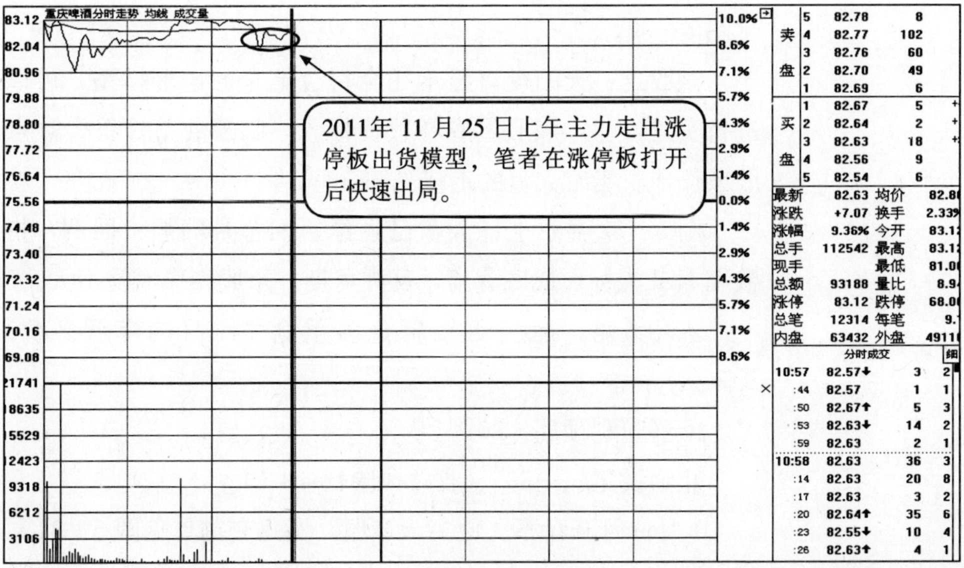

图5—30

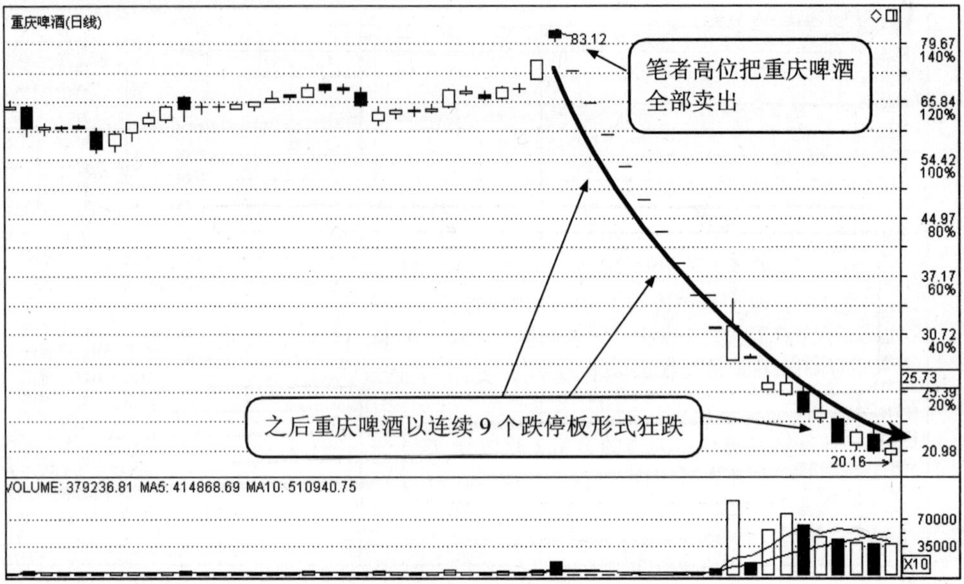

图5—31

5. 万向德农（600371）的操作过程（2012年1月9日）

2012年1月6日，这一天是周五，笔者在做收盘作业的时候，万向德农这只股票的走势映入笔者的眼帘，它的走势见图5—32。

该股这一天的盘口显示完全符合笔者的进场模型，可以进行实盘操作。该股属农林牧渔概念，临近春节，符合热点股票操作。当时大盘的走势见图5—33。

图5—33显示上证大盘已经经历两个月的熊市回调，指数和RSI指标形成底背离，反弹可期。个股操作风险不大。

进场策略：运用40%资金多重仓位（日内逢低多次）买入。

上涨盈利预期：20%。

止损设定：—5%（收益风险比4∶1）。

1月9日开盘不久便买入该股，买入交割单见图5—34。

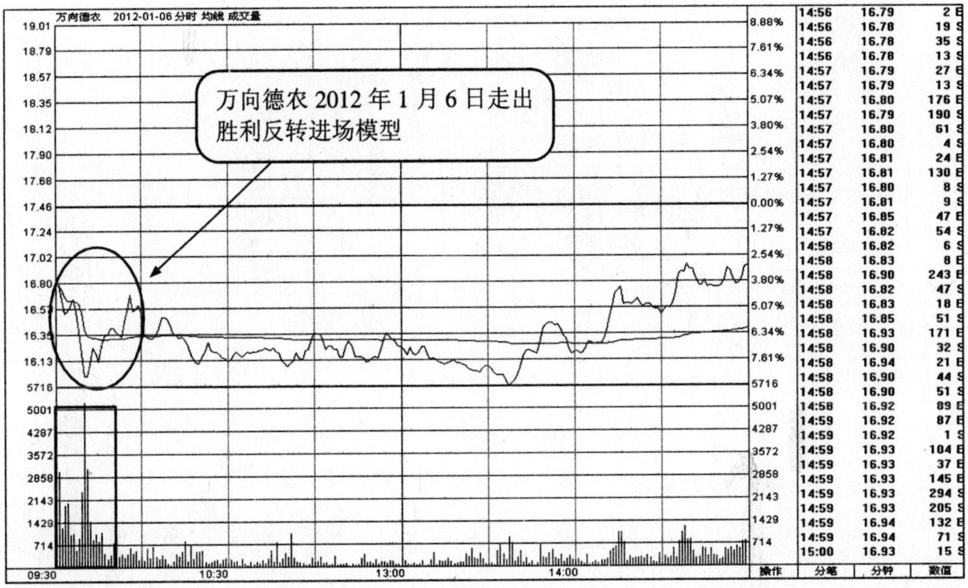
万向德农 2012-01-06 分时 均线 成交量
万向德农 2012 年 1 月 6 日走出
胜利反转进场模型
09:30
10:30
13:00
14:00
操作
分笔
分钟
数值

图 5—32

上证指数(日线)
2536.78
2012年 1 月 6 日
2363
10%
2148
2132.63
RSI(5,73,73) RSI1: 40.14 RSI2: 40.31 RSI3: 40.31
2012年 1 月 6 日上证指数
和 RSI 指标形成底背离
80.00
50.00
20.00
2011年
11
12
1
日线

图 5—33

证券名称	成交时间	买卖标志	成交价格
万向德农	10:05:18	买入	17.000
万向德农	10:05:18	买入	17.000
万向德农	10:05:18	买入	17.000
万向德农	10:05:18	买入	17.000
万向德农	10:05:18	买入	17.000
万向德农	10:05:18	买入	17.000
万向德农	10:05:18	买入	17.000

图 5—34

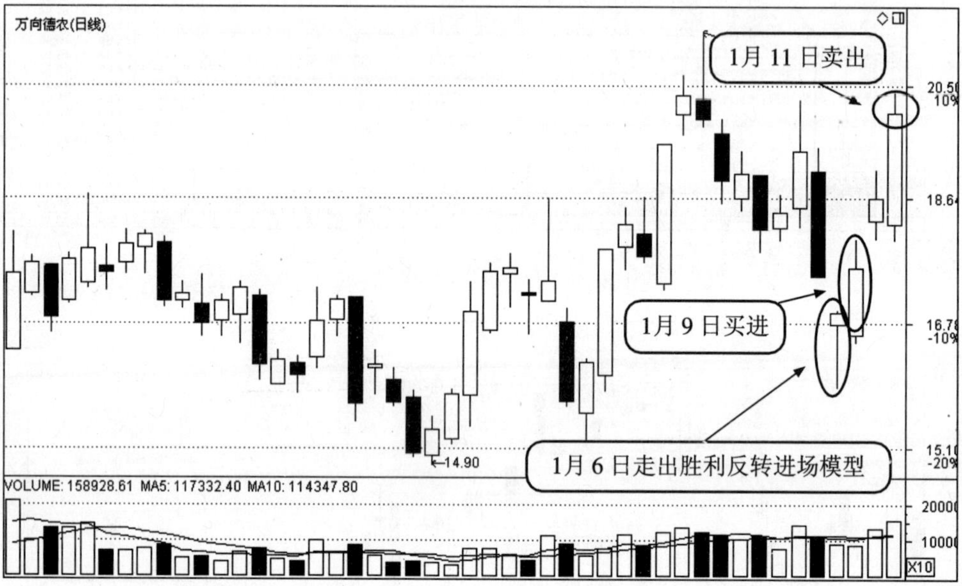

图 5—35

买入后的走势见图 5—35。

为什么 1 月 11 日要卖出该股呢？请看图 5—36。

这种情况下笔者不会贪图高利润，获利了结为先。

卖出交割单见图 5—37。该股盈利比例为 14.5%；操作效果为成功盈利。

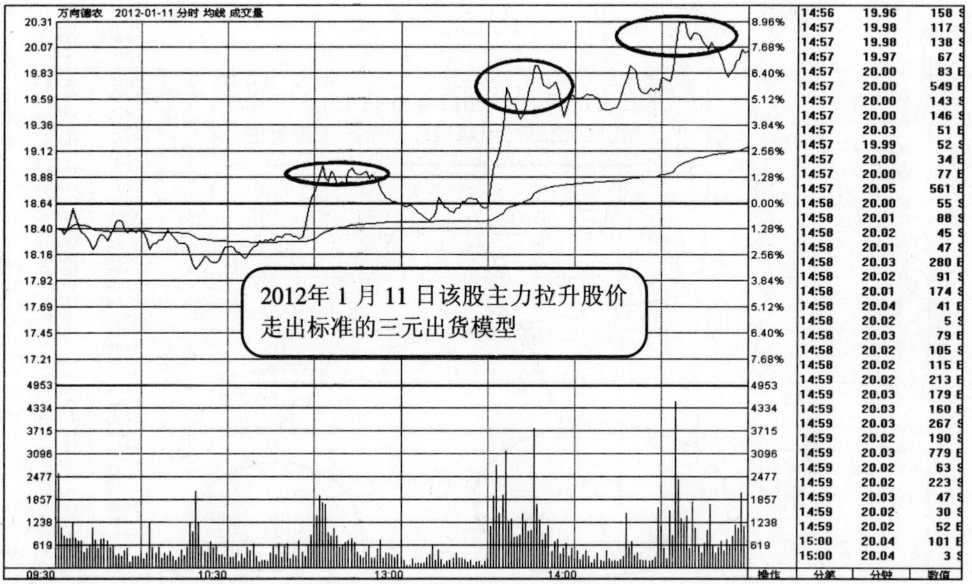

图 5—36

万向德农	13:44:53	卖出	19.730
万向德农	13:44:53	卖出	19.730
万向德农	13:44:53	卖出	19.730
万向德农	13:44:53	卖出	19.730

图 5—37

6. 白云山 A（000522）的操作过程（2012 年 5 月 15 日）

白云山 A 和广州药业连续多日成为市场热点强势股。5 月 15 日白云山 A 走出堆量模型，见图 5—38。

图 5—38 告诉我们：白云山 A2012 年 5 月 15 日分时盘口显示股价单边下行，可是量峰出现堆量特征，而这是市场里不多见的一种现象。当时大盘还处在熊市调整过程中，如图 5—39 所示。

图 5—39 显示大盘处于回调整理过程中，此时操作个股有风险。但是符合进场模型条件的个股是可以进场的，从盘

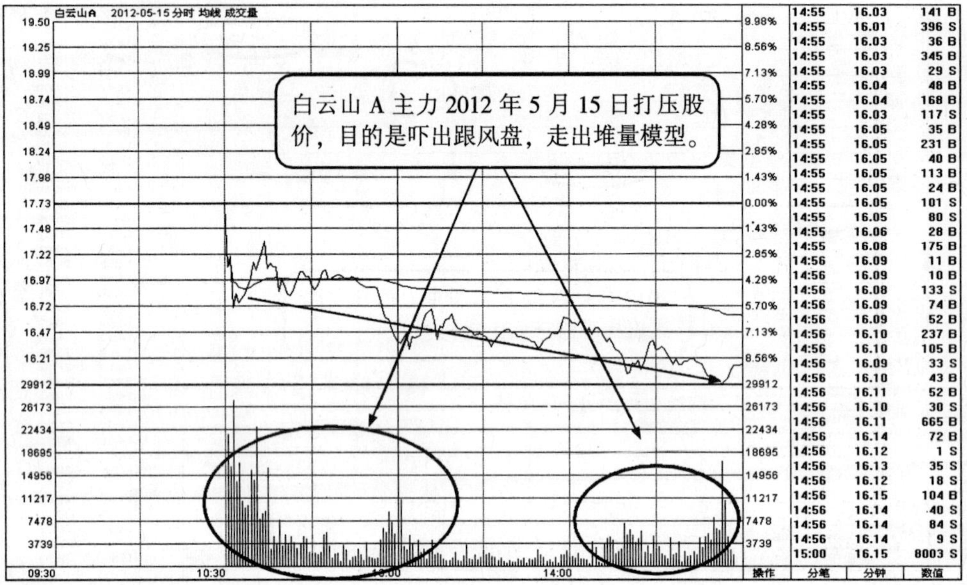
白云山A 2012-05-15 分时 均线 成交量
白云山 A 主力 2012 年 5 月 15 日打压股价，目的是吓出跟风盘，走出堆量模型。

图 5—38

上证指数(日线)
2478.38
2132.63
2345
大盘继续熊市调整中

图 5—39

口看，白云山A符合笔者的买进条件。

进场策略：不超过10%资金多重仓位（逢低日内多次）买进。

上涨盈利预期：12%。

止损设定：−4%（收益风险比3∶1）。

当天分批进场，交割单见图5−40。

20120515	000522	白云山A	买入	16.400
20120515	000522	白云山A	买入	16.400
20120515	000522	白云山A	买入	16.090

图5−40

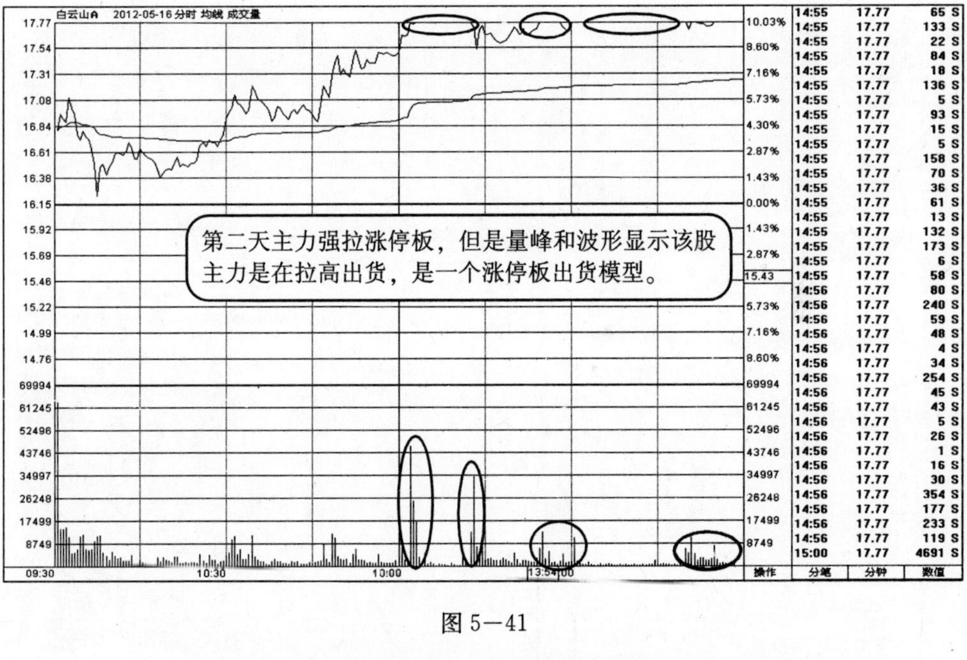

图5−41

第二天该股强势拉出涨停板，如图5−41所示。

见此情景笔者卖出该股，走势图说明主力在出货。成交单见图5−42。该股操作效果为9%盈利，风险控制效果为良。

130530	000522	白云山A	卖出	成交	17.710
130500	000522	白云山A	卖出	成交	17.700
130453	000522	白云山A	卖出	成交	17.630
130446	000522	白云山A	卖出	成交	17.700

图 5—42

第六章

资金操作规模管理模式

无论哪一位成功的投资者，他的操盘手法如何的高超，操作技术如何的娴熟，他都会对资金的操作规模管理得非常到位。就连美国华尔街的那些职业投资家都在用合理的资金操作规模管理模式，我们为什么不用呢?

笔者根据多年的投资经验，总结了以下三种情况下不同的资金操作模型，即牛市、平衡市和熊市市场中怎样使用资金，如何管理和科学地规避风险。

说起资金操作规模这个话题，笔者感触很深。早在1995年笔者刚刚进入股市的时候，丝毫没有什么资金操作规模这个概念。心想买股票就是全仓进、全仓出，因为看好的股票如果不是拿全部的资金买入的话，那么涨起来了岂不是赚钱就少了。但是，血淋淋的事实告诉我，经过一段时间这样的操作，亏损很大。

无论哪一位成功的投资者，他的操盘手法如何的高超，操作技术如何的娴熟，他都会对资金的操作规模管理得非常到位。就连美国华尔街的那些职业投资家都在用合理的资金操作规模管理模式，我们为什么不用呢？

笔者根据多年的投资经验，总结了以下几种适合在各种市场环境的资金操作规模管理模式，使用效果很好。

一、牛市资金操作规模管理模式

1. 牛市初期433模式

就是指在市场由熊转牛的时候，这时候市场成交量明显放大，涨幅榜中涨停板股票的数量开始增多，领涨板块开始出现。资金操作规模可以放大。

433模式中的“4”就是我们可以在经过对个股的分析、运用股票进场模型，可以决定买入个股的可用的资金比例。第一次建仓的资金为40%。

433模式中间的“3”就是用30%的资金来做准备，如果该股第一次建仓后出现下跌，则可以用来补仓，以摊低持仓成本。

433模式后面的“3”就是30%的资金不动，备用。

2. 牛市中期631模式

就是在市场呈现明显的强势特征情况下，这期间个股都普涨，大盘的成交量继续温和放大，涨停板的股票数量在市场中有非常多的数量。

631模式中的“6”就是指我们可以在经过对个股的分析，运用股票进场模型，可以决定买入个股的可用的资金比例为60%。

631模式中的“3”就是如果该股出现下跌，那么，我们可以用30%的资金继续补仓，以摊低持仓成本。

631模式中的“1”就是10%的资金不动，备用。

3. 牛市末期532模式

就是指在大盘上涨到相对高位，市场出现成交量明显的萎缩，涨停板的个股数量减少，成交量和大盘出现顶背离，继续上涨的动能下降时的资金管理模式。

532模式中的“5”就是我们可以在经过对个股的分析，运用股票进场模型，可以决定买入个股的可用的资金比例为50%。

532模式中的“3”就是如果该股出现下跌，那么，我们可以用30%的资金继续补仓，以摊低持仓成本。

532模式中的“2”就是20%的资金不动，备用。

二、平衡市资金操作规模管理模式 532 模式

平衡市资金操作规模管理模式：用法和牛市末期 532 模式用法相同。

三、熊市资金操作规模管理模式

1. 熊市初期 320 模式

就是指成交量、指标和指数出现底背离后，或者由于利空的出现，大盘开始进入熊市下跌的开始阶段。这个时候一般下跌的股票数量开始增多，但是还有一部分个股继续保持强势，比如盘中走出股票“15”模型、胜利反转模型、新股模型，我们可以在这几个进场模型出现的时候做短线操作。

320 模式中的“3”指的是 30%的资金用来进场买入股票，“2”指的是 20%的资金作为进场之后的保障资金，以备如果该股下跌，则可以逢低补仓滩抵持仓成本。“0”体现的是另外 50%的资金，不要体现在股票账户里，通过银证转账放到银行账户里（因为很多投资者在盘中发现急速上涨的股票会忍不住去追高买入，这样风险很大。所以最好是让这部分资金在银行里“睡大觉”）。

2. 熊市中期 230 模式

就是指在市场进入熊市中期，这个时候个股出现普跌的现象，下跌时成交量明显放大，涨幅榜中涨停板的个股极少

或者没有涨停板的股票。但是还有一部分个股继续保持强势，比如盘中走出股票“15”模型、胜利反转模型、新股模型，我们可以在这几个进场模型出现的时候进行短线操作。

230模式中的“2”指的是20%的资金用来买入股票，“3”指的是30%资金用来对建仓的20%资金作为备用，如果该股下跌，则可以用这30%的资金进行补充，以摊低成本，控制风险。“0”指的是另外50%的资金最好不要体现在股票账户里，通过银证转账放到银行账户里。

3. 熊市后期340模式

就是指在大盘经过长期的下跌熊市过程后期，成交量、指标和指数出现底背离，市场一部分板块或者很多个股成交开始活跃、涨停板的个股开始增多的这个时候，盘中走出股票“15”模型、胜利反转模型、新股模型，我们可以在这几个进场模型出现的时候可以做短线操作。

340模式中的“3”指的是30%的资金可以买入股票，“4”指的是40%的资金作为买入30%资金的备用，如果该股出现下跌，则可以用来逢低买入，以摊低持仓成本。“0”指的是另外30%的资金最好是放在银行账户里。

第七章

学习效果测试试卷

一、单选题（只有一个正确答案）每题 3 分

1. 下面四种挂单中，（　　）是递增压迫形态挂单。

A.

卖盘	5	3.86	1523
	4	3.85	665
	3	3.84	589
	2	3.83	503
	1	3.82	379
买盘	1	3.81	413
	2	3.80	828
	3	3.79	775
	4	3.78	1007
	5	3.77	83

图 7–1

B.

卖盘	5	24.38	10
	4	24.31	10
	3	24.30	2
	2	24.28	64
	1	24.25	36
买盘	1	24.23	2
	2	24.20	15
	3	24.18	4
	4	24.17	15
	5	24.16	20

图 7–2

C.

卖盘	5	7.05	477
	4	7.04	226
	3	7.03	137
	2	7.02	453
	1	7.01	321
买盘	1	7.00	31
	2	6.99	370
	3	6.98	218
	4	6.97	412
	5	6.96	289

图 7–3

D.

卖盘	5	7.78	26
	4	7.77	11
	3	7.76	58
	2	7.75	25
	1	7.74	294
买盘	1	7.72	45
	2	7.71	262
	3	7.70	412
	4	7.69	23
	5	7.68	420

图 7–4

2. 下面四种挂单中，(　　)是递减压迫形态挂单。

A.

卖盘	5	17.87	29
	4	17.86	160
	3	17.85	46
	2	17.84	166
	1	17.83	21
买盘	1	17.82	10
	2	17.81	23
	3	17.80	122
	4	17.79	4
	5	17.78	54

图 7—5

B.

卖盘	5	5.93	1090
	4	5.92	1140
	3	5.91	960
	2	5.90	487
	1	5.89	99
买盘	1	5.88	216
	2	5.87	435
	3	5.86	289
	4	5.85	487
	5	5.84	164

图 7—6

C.

卖盘	5	10.21	22
	4	10.20	820
	3	10.19	118
	2	10.18	610
	1	10.17	1947
买盘	1	10.16	143
	2	10.15	405
	3	10.14	46
	4	10.13	124
	5	10.12	704

图 7—7

D.

卖盘	5	7.79	425
	4	7.78	296
	3	7.77	253
	2	7.76	477
	1	7.75	125
买盘	1	7.74	255
	2	7.73	454
	3	7.72	341
	4	7.71	667
	5	7.70	958

图 7—8

3. 下面四种挂单中，(　　)是递增拦截形态挂单。

A.

卖盘	5	7.95	141
	4	7.94	707
	3	7.93	370
	2	7.92	239
	1	7.91	72
买盘	1	7.90	94
	2	7.89	69
	3	7.88	5
	4	7.87	2
	5	7.85	2

图 7—9

B.

卖盘	5	25.43	37
	4	25.42	3
	3	25.41	54
	2	25.40	24
	1	25.39	48
买盘	1	25.38	11
	2	25.35	48
	3	25.34	5
	4	25.33	78
	5	25.32	12

图 7—10

C.

卖盘	5	2.89	2273
	4	2.88	2177
	3	2.87	1624
	2	2.86	2578
	1	2.85	3817
买盘	1	2.84	1936
	2	2.83	2814
	3	2.82	1564
	4	2.81	1895
	5	2.80	2920

图 7—11

D.

卖盘	5	5.12	242
	4	5.11	2
	3	5.10	98
	2	5.09	78
	1	5.08	51
买盘	1	5.06	410
	2	5.05	677
	3	5.04	955
	4	5.03	1075
	5	5.02	1114

图 7—12

4. 下面四种挂单中，(　　)是递减拦截形态挂单。

A.

卖盘	5	10.91	16
	4	10.90	499
	3	10.89	143
	2	10.88	785
	1	10.87	253
买盘	1	10.86	42
	2	10.85	58
	3	10.84	173
	4	10.83	108
	5	10.82	72

图 7—13

B.

卖盘	5	13.09	33
	4	13.05	13
	3	13.04	41
	2	13.03	30
	1	13.01	7
买盘	1	13.00	26
	2	12.98	4
	3	12.97	92
	4	12.95	50
	5	12.94	4

图 7—14

C.

卖盘	5	10.27	78
	4	10.26	200
	3	10.25	241
	2	10.24	12
	1	10.23	122
买盘	1	10.20	898
	2	10.19	280
	3	10.18	204
	4	10.17	187
	5	10.16	51

图 7—15

D.

卖盘	5	5.74	463
	4	5.73	472
	3	5.72	431
	2	5.71	248
	1	5.70	58
买盘	1	5.68	403
	2	5.67	240
	3	5.66	418
	4	5.65	290
	5	5.64	586

图 7—16

5. 下面四种挂单中，（　　）是夹板形态挂单。

A.

卖盘	5	20.37	5
	4	20.36	16
	3	20.35	5
	2	20.33	48
	1	20.32	269
买盘	1	20.31	44
	2	20.30	19
	3	20.25	10
	4	20.23	45
	5	20.22	5

图 7—17

B.

卖盘	5	51.93	13
	4	51.92	80
	3	51.90	343
	2	51.88	13
	1	51.87	6
买盘	1	51.84	1
	2	51.83	2
	3	51.81	202
	4	51.80	92
	5	51.78	93

图 7—18

C.

卖盘	5	24.42	14
	4	24.40	5
	3	24.39	60
	2	24.38	46
	1	24.36	44
买盘	1	24.35	2
	2	24.32	72
	3	24.31	24
	4	24.30	29
	5	24.29	15

图 7—19

D.

卖盘	5	9.49	211
	4	9.48	339
	3	9.47	367
	2	9.46	510
	1	9.45	133
买盘	1	9.44	119
	2	9.43	371
	3	9.42	371
	4	9.41	232
	5	9.40	310

图 7—20

6. 下面四种挂单中，（　　）是“一”字拦截形态挂单。

A.

卖盘	5	8.45	1161
	4	8.44	547
	3	8.43	179
	2	8.42	549
	1	8.41	79
买盘	1	8.40	220
	2	8.39	328
	3	8.38	143
	4	8.37	97
	5	8.36	160

图 7—21

B.

卖盘	5	12.06	105
	4	12.05	61
	3	12.04	32
	2	12.03	10
	1	12.02	58
买盘	1	12.01	2
	2	12.00	80
	3	11.99	90
	4	11.98	100
	5	11.96	65

图 7—22

C.

卖盘	5	4.28	1458
	4	4.27	1135
	3	4.26	912
	2	4.25	618
	1	4.24	438
买盘	1	4.23	12
	2	4.22	326
	3	4.21	468
	4	4.20	931
	5	4.19	462

图 7—23

D.

卖盘	5	9.54	90
	4	9.53	60
	3	9.52	41
	2	9.51	36
	1	9.50	145
买盘	1	9.48	1923
	2	9.47	101
	3	9.46	92
	4	9.45	210
	5	9.44	30

图 7—24

7. 下面四种挂单中，(　　)是对称蜂窝形态挂单。

A.

卖盘	5	14.25	87
	4	14.24	63
	3	14.23	35
	2	14.22	60
	1	14.20	6
买盘	1	14.19	208
	2	14.17	103
	3	14.15	253
	4	14.14	27
	5	14.13	43

图 7—25

B.

卖盘	5	12.17	129
	4	12.16	130
	3	12.15	211
	2	12.14	40
	1	12.13	5
买盘	1	12.12	58
	2	12.10	40
	3	12.09	26
	4	12.08	10
	5	12.07	15

图 7—26

C.

卖盘	5	1.92	23895
	4	1.91	24063
	3	1.90	51081
	2	1.89	63486
	1	1.88	11119
买盘	1	1.87	32274
	2	1.86	34126
	3	1.85	11500
	4	1.84	20673
	5	1.83	25540

图 7—27

D.

卖盘	5	8.44	308
	4	8.43	224
	3	8.42	84
	2	8.41	23
	1	8.40	58
买盘	1	8.39	47
	2	8.38	218
	3	8.37	107
	4	8.36	419
	5	8.35	1831

图 7—28

8. 股票“15”模型适用的市场环境是（　　）。

A. 牛市　　B. 平衡市

C. 熊市　　D. 以上三种都可以

9. 股票“15”模型出现的时间是（　　）。

A. 上午开市后 15 分钟附近

B. 上午收盘前 15 分钟附近

C. 下午开市后 5 分钟附近

D. 下午收盘前 15 分钟附近

10. 股票“15”模型出现的当天上涨幅度最好不要超过（　　）。

A. 2.5%　　B. 3.5%

C. 5.5%　　D. 6.5%

11. 盘中如何发现股票“15”模型（　　）。

A. 上午开市后 15 分钟，用 80 键看 5 分钟涨速排名

B. 上午收盘前 15 分钟，用 80 键看 5 分钟涨速排名

C. 下午开市后 15 分钟，用 80 键看 5 分钟涨速排名

D. 14 点 15 分开始，用 80 键看 5 分钟涨速排名

12. 盘后如何发现股票“15”模型（　　）。

A. 用 50 键看涨幅排名，逐一看涨幅在 0%～2.5% 的股票

B. 用 60 键看涨幅排名，逐一看涨幅在 0%～2.5% 的股票

C. 用 70 键看涨幅排名，逐一看涨幅在 0%～2.5% 的股票

D. 用 80 键看涨幅排名，逐一看涨幅在 0%～2.5% 的股票

13. 股票“15”模型的条件之一，收盘前 15 分钟累积的成交量是全天最大的量，中盘股（流通盘 5～7 亿）每分钟最

大量峰值要求不少于(　　)。

A. 50 万股　　B. 60 万股

C. 70 万股　　D. 100 万股

14. 股票“15”模型的构成条件之一，当天打压股价的过程，打压调整的幅度不能超过(　　)。

A. 3.5%　　B. 5.5%

C. 6.5%　　D. 7.5%

15. 股票“15”模型的构成条件之一，小盘股（流通盘1～5亿）收盘前 15 分钟，每分钟成交笔数要求不少于(　　)。

A. 8 笔　　B. 9 笔

C. 10 笔　　D. 12 笔

二、多选题（有两个及以上正确答案）每题 5 分

1. 股票“15”模型的构成条件之一，从低点拉升股价的过程，买盘的挂单是(　　)。

A. 递增拦截形态　　B. 下峰窝形态

C. “一”字拦截形态　　D. 夹板形态

2. 股票“15”模型的构成条件之一，尾盘 15 分钟拉升股价的过程，挂单形式卖盘是(　　)。

A. 递增压迫形态　　B. 递减压迫形态

C. “一”字压迫形态　　D. 上峰窝形态

3. 常用的量峰种类有(　　)。

A. 冲击型量峰　　B. 攻击型量峰

C. 诱空型量峰　　D. 诱多型量峰

4. 攻击型量峰的表现形式(　　)。

A. 不间断持续爆发　　B. 纵向放大没有横向的延续

C. 瞬间爆发　　D. 纵向横向都放大

5. 诱空型量峰的目的(　　)。

A. 拉升股价　　B. 洗盘

C. 建仓　　　　　　　　D. 出货

三、判断题　每题 3 分

1. 股票“15”模型适用于牛市、平衡震荡市、熊市，其中在牛市中准确率最高。（　　）

2. 股票“15”模型构成条件之一：日 K 线表现为回调多日或横盘多日（洗盘），走出模型的前两天有两个小阳线更好，走出模型的当日不是在突破价位。（　　）

3. 股票“15”模型的构成条件之一，中盘股（流通盘5～7亿）收盘前 15 分钟，每分钟成交笔数要求不少于 20 笔。（　　）

4. 冲击型量峰是主力在盘中间歇性投入大笔资金积极买进或大单对敲造成瞬间发生剧烈波动的现象，持续时间一般在 7 分钟以内。（　　）

5. 诱空型量峰的构成条件之一：打压股价的过程，量价底背离，尾盘股价必须拉起。（　　）

6. 股票“15”模型的构成条件之一，尾盘 15 分钟拉升股价的过程，要求的量峰是冲击型量峰。（　　）

7. 股票“15”模型的构成条件之一，买盘总量大于卖盘 2 倍为好。（　　）

8. 压迫式挂单可以分为递增压迫式、递减压迫式、“一”字压迫式、上蜂窝式四种。（　　）

9. 一字拦截式多出现在主力出货时，主力的真正意图是告诉市场主力在护盘，其实主力悄悄地在出货。（　　）

10. 如果股价日 K 线处高位或阶段性高位，分时图表现为冲高小幅回落横盘，并出现夹板式挂单，则主力多在出货。（　　）

第八章
操作心得

凡是市场中的成功人士他们都有一个共同的好习惯：做操作计划和交易记录，这虽然是很繁琐、无味的，但是很有效。因为我们的大脑的记忆量是有限的，随着时间的流逝，我们的记忆就会丢失。留有一定的交易记录和过去的操作计划来随时进行查验，对我们的交易效果的总结、对经验的积累有极大的帮助。

想在任何行业和职业里取得成功就必须要有经验和知识，股票的操作也不例外，需要花时间去学习并在实践中去检验，要制订操作策略和计划，不断地加以完善。这样才可能会成功。

一个有短线操作习惯的投资者，每天要在电脑显示屏前坐4～5个小时，不停地变换界面、不停地做出各种决策。我们市场有2000多只股票，而市场中的任何一只或者多只股票是瞬息万变的。我们不可能做到对每一只股票都有非常详细的了解，于是走马观花就成了我们普遍的习惯。但是凡是市场中的成功人士他们都有一个共同的好习惯：做操作计划和交易记录，这虽然是很繁琐、无味的，但是很有效。因为我们的大脑的记忆量是有限的，随着时间的流逝，我们的记忆就会丢失。留有一定的交易记录和过去的操作计划来随时进行查验，对我们的交易效果的总结、对经验的积累有极大的帮助。笔者往往有把盘口分时图的截图、交易数据、模型的进出节点都会做详细记录，就像图8－1的模式加以文字的叙述。

最好是打印出来把它们装订成册，并编好日期与号码，以便日后查看。

这样做本身也是会对记忆有加深效果，那么日积月累很多经验就会很系统地印在脑海里，即使偶尔忘记了某一个，拿出来一查便知。凡是持续成功的投资者都有一个交易记录系统，里面有足够的信息可以在任何时候回顾查看任何一笔从进场到出场的整个过程。

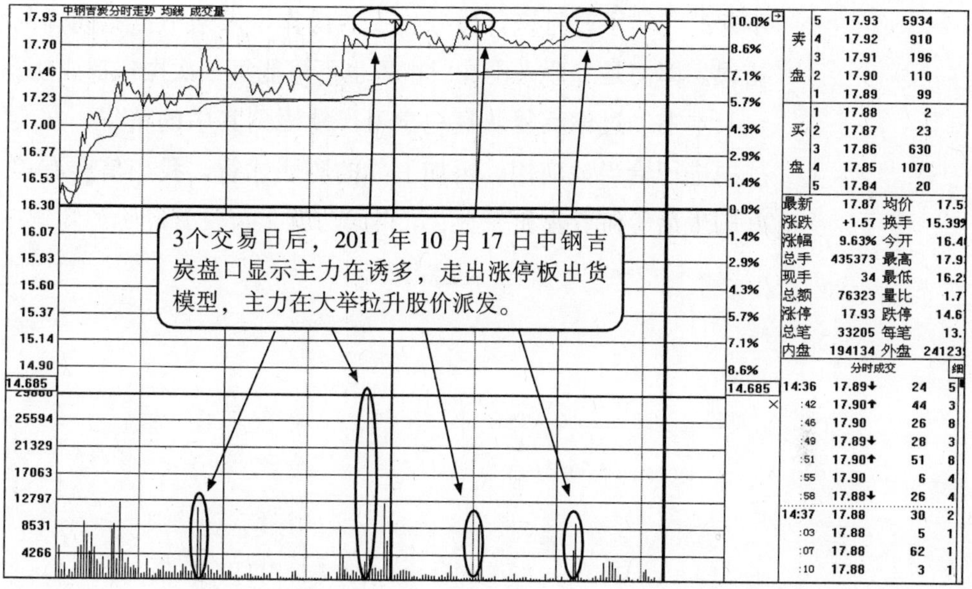

图 8—1

通过学习这本书，朋友们可以学习到笔者的盘口基础理论和把握主力的几个重要节点（挂单、量峰、进场模型），从客观的角度来讲，大多数朋友是习惯于用技术分析来指导自己的操作的，笔者在这里强调，你们应该改掉这种不科学的操作。因为事实证明市场中亏钱的人都是以技术分析来操作的。如果你相信我的观点，学习运用好盘口语言，你就会成为这个市场里成功者中的一员。

还要养成每天做盘后作业的习惯。我每天在收盘后都要稍稍休息一下，大约 1 个小时，然后把大盘、强势股、热点股都要做一下复盘，对盘口的挂单、量峰、波形和分笔成交都做了解，符合进场模型、出场模型、异动股都要做好截图、记录或者对要操作的股票输入自选股的界面加以监控，做好操作计划。

在操作的过程中请不要被操作亏损和失败所打击，灰心丧气。一个成功的投资者就应该拿得起、放得下，没什么了不起的，错了改过来，做好止损的操作，未来不再犯同样的错误。即使是专业人士在股市里也不可能每一次操作都成功。

本书经过你反复认真地学习，领悟到其中的精华，在实战中进行恰当地应用，再加上你的聪明才智，我相信会有美好的生活等待着你。

后 记

古西腊数学家阿基米德说过："给我一个支点，我就能撬动地球。"每一位股民也会这样想：给我一个好的操作方法，我就可以在股市里成功。没错，笔者也是这样想的。但是股市里只有两种人：赢家和输家，即使是赢家他也不会做到每一次操作都能做到只赢不输，只不过是他对风险的控制能力强些罢了。

《盘口语言解密与实战》这本书经过数月整理终于和朋友们见面了，这是笔者的第一本书。由于笔者的写作能力有限，书中略输文采，请朋友们谅解。

笔者只是希望借《盘口语言解密与实战》这本书能架起一座交流的桥梁，互相学习，共同进步，欢迎朋友们来信交流。

交流邮箱：2576168124@qq. com

博客：http：//blog. sina. com. cn/cfb2008